Andreas Mölzer (Hrsg.)

WAS BLEIBT VON DER DRITTEN KRAFT?

Andreas Mölzer
(Hrsg.)

Was bleibt von der Dritten Kraft?

zur ZEIT
Die Edition

3

„Zur Zeit“-Edition, Band 3

ISBN 3-900052-04-2

Satz/Umschlag: Ecotext-Verlag, Mag. G. Schneeweiß-Arnoldstein, 1010 Wien
Druck: Petitpress, Preßburg/Bratislava (SK)

Inhaltsverzeichnis

Vorwort 9
Von Andreas Mölzer

Chronologie der FPÖ-Spaltung 13
Von Friedrich-Wilhelm Moewe

I.
Unerwünschte Parteikritik – der Fall Mölzer

Endlich offen reden … 17
Andreas Mölzer im ZZ-Editorial vom 4. März 2005

Was bleibt von der Dritten Kraft? 21
Fünfzig Jahre FPÖ – fünf Jahre freiheitliche Regierungsbeteiligung
Eine Analyse von Andreas Mölzer

Vom Ablauf einer blauen Groteske 35
Von Wendelin Mölzer

Was ist Schüssels Kalkül? 39
Andreas Mölzer im ZZ-Editorial vom 11. März 2005

Keine Zukunft ohne Werte 41
Die Rückbesinnung auf alte Tugenden ist die Schlüsselfrage für die Zukunft der FPÖ
Von heinz-christian Strache

Friedrich Peter spielte ein Doppelspiel! 47
Otto Scrinzi über die Gründung und Entwicklung der FPÖ, über ihre wechselvolle Vergangenheit und über ihre unsichere Zukunft

Friedrich Peter – Der Langzeit-Obmann 49
Anton Reinthaller – Der Gründungs-Obmann 52

ÖVP – Opfer der eigenen Arroganz 53
Schon Raab und Reinthaller wollten ÖVP–FPÖ-Pakt schließen

Die Freiheitlichen müssen sich wieder finden! 59
Andreas Mölzerim Editorial vom 25. März 2005

„Platz für Kritiker von Mölzer bis Haider“ 61
Landeshauptmann Haider über die Bilanz von fünf Jahren Schwarz-Blau, über die Zukunft der FPÖ und über das Erfolgsmodell Kärnten

Jörg Haider zur FPÖ-Regierungsbeteiligung 65

Rückzug nach Kärnten oder Rücktritt 67
ABDRUCK EINES ANONYMEN BRIEFS AN JÖRG HAIDER

„Sofort raus aus dieser Partei!“ 69
Gespräch mit Kriemhild Trattnig und Alois Huber, Tochter und Sohn des Gründers Reinhold Huber der Kärntner Freiheitlichen

Was heißt hier „konstruktiv“? 75
ANDREAS MÖLZER IM EDITORIAL VOM 18. MÄRZ 2005

Nenning lässt grüßen 77
Ausschlüsse demonstrieren, wo die Macht sitzt,
nicht Recht und Weisheit.
VON ANDREAS MÖLZER

Rote Karte für freie Worte 79
GASTKOMMENTAR VON ANDREAS MÖLZER,
„DIE PRESSE“, 18. MÄRZ 2005

Die Gedanken sind frei(heitlich)? 81
GASTKOMMENTAR VON ANDREAS MÖLZER,
„DER STANDARD“, 18. MÄRZ 2005

Pressestimmen 83
Destruktive Kräfte 83
Wie blamiert 85
Meister des Spotts und der Ideologie 88
Der Landesfürst und sein Krokodil 89
Bestätigung des „rechten Flügels“ durch Medien 91
Mitleid mit Uschi 94
Ab in die Disco! 99

Briefe an „Zur Zeit“über den Ausschluss des rechten Flügels 105

II.
Die Orangen-Spalter

Eiertanz in Blauorange 119
Die FPÖ und ihr Streben nach Zukunft
Von Wendelin Mölzer

Der gescheiterte Ausschlußversuch 121
Andreas Mölzer im ZZ-Editorial vom 8. April 2005

Pressestimmen 125
Abspaltung des BZÖ

Haider nahm die Maske ab! 131
Eine Partei ohne Gesinnung und Ideologie, dafür aber mit „Narrenfreiheiten“ für die „Veitstanz-Akrobaten“
Von Kriemhild Trattnig

BZÖ – Chance für die FPÖ 137
Abgesehen von Haider ist der FPÖ mit der Abspaltung keine Person verloren gegangen, die sich bisher durch Wahlerfolge profilieren konnte
von wilhelm Brauneder

Die Chance für einen Neubeginn 141
Andreas Mölzer im Editorial vom 22. April 2005

Briefe an „Zur Zeit“über Haiders Orangen-Abspaltung 143

III.
Zu neuen blauen Ufern

„Du hast mir mein Orange verpatzt…“ 155
Strache kandidiert für FPÖ-Obmann, Haider spaltet sich als „BZÖ“ ab
Von Wendelin Mölzer

Warum braucht dieses Land eine Kraft wie die Freiheitlichen? ... 157
Streitgespräch zwischen Lothar Höbelt und Andreas Mölzer über die Zukunft des Dritten Lagers

Am Beginn einer Schlammschlacht 179
Andreas Mölzer im ZZ-Editorial vom 15. April 2005

„Hin zu den Menschen –zurück zu den Werten" 183
Leitantrag an den 27. Ordentlichen Bundesparteitag der FPÖ am 23. April 2005 in Salzburg
VON LABG. HEINZ-CHRISTIAN STRACHE, FPÖ-LPO WIEN

Unter neuer Führung 195
ANDREAS MÖLZERIM ZZ-EDITORIAL VOM 29. APRIL 2005

Briefe an „Zur Zeit" 197
über Abspaltung und Neubeginn

Pressestimmen 207
Hans-Christian Strache als neuer FPÖ-Obmann

Für Freiheit und Vaterland 209
Österreich braucht eine freisinnige und patriotische Kraft
EINE ANALYSE VON ANDREAS MÖLZER

National und Liberal für die Zukunft 211

Für eine wertorientierte Politik 217
Eine Politik, die kein Wertordnungsfundament hat, wird in der Zukunft keine Chance haben.
VON EWALD STADLER

Heraus aus dem braunen Schmollwinkel 219
Das „Gedankenjahr 2005" und das „Dritte Lager"
EINE ANALYSE VON ANDREAS MÖLZER

Vorwort

VON ANDREAS MÖLZER

Bereits seit mehreren Jahren dürfte sich beim Kärntner Landeshauptmann und seiner Umgebung die Ansicht durchgesetzt haben, dass „die Marke FPÖ" tot sei. Insbesondere nach den Kärntner Landtagswahlen des Frühjahrs 2004 war klar – O-Ton von Karl Heinz Petritz, dem langjährigen Pressesprecher Haiders – dass es kaum FPÖ-Wähler gäbe, sondern in erster Linie „Haider-affine Wähler". Dementsprechend war bei diesen Landtagswahlen bei der Wahlwerbung der Name FPÖ auch schon nahezu getilgt. Alles drehte sich um den Landeshauptmann, seine Persönlichkeit, seine Projekte, seine Aussagen.

Ebenso ist seit langen Jahren aus dem Umfeld des Bärentalers zu vernehmen, dass „Ideologien tot seien". Die richtige Analyse, wonach die Ersatzreligionen, wie sie im 19. Jahrhundert entwickelt wurden, der Liberalismus, der Nationalismus, der Sozialismus, als geschlossene Welterklärungssysteme und ihre Anhängerschaften, Parteien in Form von Ersatz-Kirchen, ausgedient hätten, wurde hier von Haider und seiner selten sehr profund analysierenden und denkenden Umgebung auf Ideale, Inhalte und Werte insgesamt ausgedehnt. Insbesondere wurde diese Aussage als Keule gegen den nationalfreiheitlichen Kernbereich der freiheitlichen Gesinnungsgemeinschaft verwendet. Immer, wenn dieser sich mit unpopulären Forderungen oder Aussagen meldete oder gar eine ideologisch fundierte und wertorientierte Politik von der Partei verlangte, versuchte man, ihn mit diesem Hinweis zum Schweigen zu bringen.

Eine der lautstärksten und konsequentesten Stimmen in diese Richtung kam vom Autor dieser Zeilen. Vom Beruf Publizist, Herausgeber und Chefredakteur einer Wochenzeitung und ständiger Kolumnist der größten Tageszeitung des Landes war er einfach in der Lage, sich ständig lautstark und mit großer Breitenwirkung zu äußern. Dies ist wohl auch der Grund, warum er jenen Kräften ein Dorn im Auge war, die rund um Haider fest davon überzeugt waren, dass künftige Erfolge nur mit einer „bedarfsorientierten Politik" von einer möglichst losen und nur auf die Persönlichkeit des Spitzenmannes hin orientierten Bürgerbewegung zu erzielen wären. Nach den merkwürdigen Ereignissen, die rund um das Stichwort „Knittelfeld" zum Absturz der Haider-FPÖ führten und der ebenso merkwürdigen Situation, dass diese Kräfte da zum großen Teil – insbesondere der schillernde Gernot Rumpold – auf der Haider-gegnerischen Seite waren, fand man sich, wie gesagt, wieder im Kärntner Landtagswahlkampf des Jahres 2004. Im darauffolgenden Europawahlkampf wollte man diese Linie fernab der freiheitlichen Traditionen, Ideale und Kernwähler weiterführen mit dem bekannten Ergebnis. Dem Autor dieser Zeilen gelang mit breiter Unterstützung des nationalen Lagers und der freiheitlichen Kernwählerschaft die Erringung eines Vorzugsstimmenmandats.

Damit hatte eine Entwicklung ihren ersten Höhepunkt gefunden, die mit der Wahl Heinz-Christian Straches gegen die Widerstände Herbert Scheibners zum Wiener Parteiobmann begonnen hatte, die sich fortgesetzt hatte bei der Wahl von Johann Gudenus zum Obmann des Rings Freiheitlicher Jugend und mit der Wahl von Karl Wimleitner zum Obmann des Freiheitlichen Seniorenrings. Diese Personalentscheidungen waren klare Signale gegen die inhaltliche Beliebigkeit und gegen die Abkehr von freiheitlichen Traditionen. Auch das Vorrücken des Volksanwalts Ewald Stadler in die Präsidentschaft der Freiheitlichen Akademie war ein weiteres Signal in diese Richtung. Der seit dem Sommer 2004 zunehmende Druck des angeblich „rechten Parteiflügels", der in Wirklichkeit nur die Repräsentanz der freiheitlichen Kernwähler bildete, ließ bei den Strategen der inhaltlichen Beliebigkeit offenbar die Gewissheit reifen, dass ehestmöglich die Entscheidung zu suchen sei. Nicht zuletzt dürfte es neben der Kritik an der glücklosen Regierungsarbeit der vormaligen freiheitlichen Minister auch der Druck auf die Parteispitze gewesen sein, in finanzieller Hinsicht in der Partei Ordnung zu machen, der diese Entscheidung beschleunigte.

Wir wollen die Ereignisse rund um die Parteispaltung nachzeichnen.

Der Autor dieser Zeilen kam in der Folge in den fragwürdigen Genuss, das Bauernopfer spielen zu sollen, beziehungsweise zuerst den Vorwand für die Säuberung der Partei vom sogenannten rechten Flügel und dann gar für die Spaltung abgeben zu sollen. Zuerst kam es zu dem ziemlich stalinistisch anmutenden einstimmigen Ausschluss durch die Kärntner Landesparteileitung und danach zum Versuch des Ausschlusses aus der Bundespartei in der Bundesparteivorstandssitzung vom Dienstag nach Ostern. Dessen Scheitern war dann schließlich der Anlass für die Gründung des orangen BZÖ und die Parteispaltung.

Im vorliegenden Sammelband versuchen wir in einer Reihe von Beiträgen und Analysen, die zum Teil und in gekürzter Form bereits in unserer Wochenzeitung „Zur Zeit" erschienen sind, die Ereignisse rund um diese Parteispaltung nachzuzeichnen. Wir bringen jene Texte, die rund um das Ausschlussverfahren gegen Andreas Mölzer erschienen sind. Wir bringen im zweiten Teil Interviews, Aufsätze und Kommentare, die rund um die Parteispaltung erschienen sind, um schließlich im dritten Teil die Neuformierung und den Aufbruch der verbliebenen herkömmlichen FPÖ zu schildern. Während im ersten Teil noch der Blick auf Haider und seine politische Strategie sowie seine Aktivitäten gegen Mölzer im Mittelpunkt stehen, stehen im dritten Teil dann die Person des neuen Parteiobmannes, Heinz-Christian Strache, und seine Zukunftsstrategien im Blickpunkt des Interesses.

Insgesamt bietet dieser Sammelband, der gewiss so etwas wie ein publizistischer Schnellschuss ist, schlaglichtartig einen Blick auf die dramatischen Ereignisse, die im Frühjahr 2005 das weitere politische Schicksal des nationalfreiheitlichen Lagers entschieden haben. Und es sind in diesem Band eine Fülle von Positionen der verschiedensten Persönlichkeiten dieses Lagers zu finden, die einerseits die Geschichte beleuchten, andererseits aber auch Wege in die Zukunft weisen. Die große Frage, „Was bleibt von der Dritten Kraft" nach 20 Jahren Haider und 5 Jahren wenig glücklicher Regierungsbeteiligung, wird in diesem Band wohl nicht letztgültig beantwortet, sie wird aber auf eine Art und Weise gestellt und mit Analysen und Betrachtungen unterlegt, die durchaus zukunftsweisend sein könnten.

Einblick in die dramatischen Ereignisse im Frühjahr 2005

Auch wenn eine desorientierte ehemalige Parteispitze ihre Gesinnungsgemeinschaft schnöde verlassen hat, auch wenn Politiker, die durch diese Partei in höchste Ehren bis hin in Regierungsämter gebracht wurden, sich unter Mitnahme dieser Pfründe samt Gehältern und künftiger Pensionen von der eigenen Basis und damit auch von den eigenen vormaligen Idealen getrennt haben, soll dieses Buch zu Optimismus Anlass geben. Vom Dritten Lager wird nicht nur eine verdienstvolle Geschichte bleiben und ein wichtiger demokratiepolitischer Beitrag für unsere österreichische Heimat, dieses Dritte Lager wird auch ganz konkret politische Zukunft haben. Nach wie vor gibt es die Probleme, die eine solche politische Kraft erfordern, und nach wie vor gibt es die Menschen, die eine solche Kraft als politische Heimat verlangen.

Annenheim, im Mai 2005

Chronologie der FPÖ-Spaltung

VON FRIEDRICH-WILHELM MOEWE

Montag, 7. März 2005

Am Nachmittag beginnt in Klagenfurt eine Klausur der FPÖ, die dazu dienen soll, die angeschlagene Partei wieder auf Kurs zu bringen. Im Zuge dieser Klausur kommt es zum offenen Schlagabtausch zwischen dem rechten Flügel um Ewald Stadler, Heinz-Christian Strache und Andreas Mölzer und der Parteiführung rund um Jörg Haider.

Resultat: Die „Rechten" räumen den Bundesvorstand, Strache tritt als Obmann-Stellvertreter der Bundes-FPÖ zurück, Mölzer erhält von Haubner eine Rüge, sich nicht mehr öffentlich kritisch zu äußern.

Dienstag, 8. März 2005

Die Öffentlichkeit erfährt zunächst von Haubner, dass die FPÖ „neu" ausgerichtet werden soll, wenig später erklärt ihr Bruder, man wolle eine Neugründung machen. Am Abend desselben Tages widerruft Haider und meint, man wolle die FPÖ lediglich neu ausrichten.

Mittwoch, 9. März 2005

Haubner, Haider, Gorbach, Scheibner und Scheuch geben eine Pressekonferenz. Sie wehren die Gerüchte rund um einen Neugründungsparteitag ab und setzen einen ordentlichen Parteitag für den 23. April 2005 an.

Mittwoch, 16. März 2005

Die Kärntner Landesparteileitung tagt in Pörtschach am Wörthersee. Landesobmann Martin Strutz stellt einen Antrag auf Ausschluß von Andreas Mölzer. Die Delegierten stimmen nach einer Mischung aus Possentheater von Jörg Haider und Erpressung durch die Parteiführung einstimmig zu.

Donnerstag, 17. März 2005

Es stellt sich heraus, dass der Ausschluß von Mölzer nicht rechtens war, zumal dieser nur von der Bundes-FPÖ ausgeschlossen werden kann. Eilig versucht Haubner zu korrigieren und verkündet, Mölzer würde auf der Bundesvorstandsitzung am 29. März 2005 ausgeschlossen werden.

Bis dahin laufen verschiedenste Gespräche und Beratungen, wie denn die FPÖ aus der Krise zu holen wäre. Vor allem die Frage nach einer neuen Parteisspitze erhitzt die

Gemüter, Haubner ist schon aus dem Spiel, die Frage ist, ob Haider oder Strache sich an die Spitze der Partei setzen können. Dass diese beiden ein Versöhnungspapier unterzeichnen, weiß die Öffentlichkeit in diesen Tagen noch nicht. Inhalt dieses Papiers ist, dass Haider Obmann und Strache geschäftsführender Obmann werden soll.

Dienstag, 29. März 2005

Mölzer soll vom Bundesvorstand ausgeschlossen werden. An die nötige Zwei-Drittel-Mehrheit „glaubt“ Haubner sicher. Der Ausschluß wird abgelehnt, die Sitzung geschlossen. Doch Haubner, die sich der Konsequenzen bewußt ist, läßt das Ergebnis im nachhinein korrigieren, zum Gelächter der Öffentlichkeit und zum Entsetzen der freiheitlichen Basis.

Jörg Haider befindet sich zu diesem Zeitpunkt auf einem ominösen Kanada-Aufenthalt. Angeblich bei Stronachs Magna-Werken.

Montag, 4. April 2005

Heinz-Christian Strache ist mit Jörg Haider zum Mittagessen verabredet, im Glauben, die Versöhnungsvereinbarung zu besprechen. Dieser erscheint zwar, allerdings nur, um mitzuteilen, dass alles obsolet sei.

Um 14 Uhr desselben Tages geben Haider, Haubner, Gorbach, Scheuch und Scheibner eine Pressekonferenz. In dieser geben sie bekannt, dass sie alle inklusive der freiheitlichen Regierungsmitglieder aus der FPÖ austreten und gemeinsam das „Bündnis Zukunft Österreich“ (BZÖ) gründen.

Hilmar Kabas wird daher automatisch zum interimistischen Obmann der FPÖ. Des weiteren gibt Strache nach Forderungen aus den Landesgruppen seine Kandidatur zum Obmann der FPÖ bekannt.

Donnerstag, 14. April 2005

Jörg Haider wird offiziell aus der FPÖ ausgeschlossen, ebenso die komplette Führungsspitze der Kärntner Landesgruppe.

Freitag, 15. April 2005

Der Hals über Kopf via SMS unrechtens einberufene außerordentliche Landesparteitag der FPÖ Kärten beschließt den Übertritt zum BZÖ – über die Köpfe der Basis hinweg.

Sonntag, 17. April 2005

Gründungsparteitag des BZÖ, lediglich 600 Besucher, Jörg Haider wird zum Obmann gewählt…

Samstag, 23. April 2005

Heinz-Christian Strache wird mit überwältigender Mehrheit der Delegiertenstimmen zum neuen Obmann der FPÖ gewählt.

Bildmontage: Schneeweiß-Arnoldstein

I.
Unerwünschte Parteikritik – der Fall Mölzer

Endlich offen reden …

ANDREAS MÖLZER
IM ZZ-EDITORIAL VOM 4. MÄRZ 2005

Die Kluft zwischen der eigenen Einschätzung und jener der medialen Öffentlichkeit in Hinblick auf die Bewertung der freiheitlichen Regierungsarbeit wird immer gewaltiger. Da verkünden Vizekanzler und Parteichefin im Trio mit dem Klubobmann, dass man wieder einmal einen Erfolg mehr zu verbuchen hätte. Der Sicherheitsgipfel weise eine unübersehbare freiheitliche Handschrift auf, man habe sich durchgesetzt. Bis auf die dümmliche, dementsprechende Schlagzeile in der Parteizeitung gehen die Kommentare quer durch die Medienlandschaft der Republik in die völlig gegenteilige Richtung: Die Freiheitlichen seien einmal mehr umgefallen, ihre Regierungsarbeit könne man nur als Lachnummer bezeichnen.

Längst hat sich in der blauen Parteispitze Bunkermentalität eingeschlichen und jeder, der die Endsieg-Parolen nicht mitmacht, wird als innerparteilicher Hochverräter stigmatisiert. Man brauche nur Teamspieler, hört man geradezu flehentlich von der Parteiobfrau, und der Klubobmann setzt drohend hinzu, alle anderen würden aus dem Spiel genommen oder bekämen schlicht und einfach keinen Ball mehr.

Die FP-Regierungsarbeit ist eine einzige Lachnummer.

Ob da nur jene Kräfte gemeint sind, die seit Jahr und Tag für eine intensive Diskussion über die Lage und Linie der Partei und für einen Neubeginn eintreten, oder auch der Kärntner Landeshauptmann, der einmal mehr via „News" wissen lässt, er werde demnächst eine neue Partei gründen, ist ungewiß. Die geradezu legendäre Anschmiegsamkeit des Klubobmanns und die schwesterliche Loyalität der Parteiobfrau lassen allerdings darauf schließen, dass der Bärentaler gewiß nicht gemeint ist, sondern nur jene, denen das Überleben des historisch gewachsenen Dritten Lagers, des nationalliberalen Bereichs im Lande, ein Anliegen ist.

Dieses Lager, das an der Wiege des österreichischen Parlamentarismus' und der österreichischen Demokratie im Jahre 1848 bei der bürgerlichen Revolution gestanden ist, dieses Lager, das in den letzten Jahrzehnten der Habsburgermonarchie die Entwicklung des österreichischen Rechtsstaats betrieben hat, dieses Lager, das 1918 an der Wiege der Republik stand und das noch 1934 bei der Machtübernahme des Klerikalfaschismus' für eben diesen Parlamentarismus kämpfte, befindet sich nunmehr im Jahre 2005 in einer Situation, die schier hoffnungslos erscheint. Der ständige Abstieg seit Beginn der Regierungsbeteiligung im Jahre 2000 und die ständigen Niederlagen bei allen Wahlen sind die eine Sache. Die völlige Verunsicherung, wofür denn diese Partei überhaupt stehen könnte, wie die weltanschauliche Fundierung ihrer Sachpolitik auszusehen haben, sind die andere Seite. Und dazu kommt dann noch das Unvermögen, den Realitäten ins Auge zu sehen und eine ehrliche, intellektuell anspruchsvolle Debatte zu führen, wie es denn in der Zukunft mit dieser politischen Kraft weitergehen solle.

Dieser Befund ist für uns von „Zur Zeit“ Anlaß, diese Analyse über die Entwicklung und den Zustand der Partei und über ihre Zukunft zu führen. Niemand sonst – nicht die Parteispitze, nicht die Parteigremien, nicht die Parteizeitung – ist offenbar willens und in der Lage, eine solche Debatte zu führen. Und die Gegner der FPÖ, die gegnerischen Medien, führen sie – wenn überhaupt – nur zum Zwecke, sie vollends zu zerstören und letztlich politisch-ideologisch zu entsorgen.

Eine völlige Verunsicherung in der Weltanschauung

Wenn wir die Frage „Was bleibt von der Dritten Kraft“ stellen, dann nicht, um schadenfroh deren Ende zu prognostizieren, sondern in der Hoffnung, dass sich aus einer offenen Diskussion ein Neubeginn ergibt. Die ebenso einfältigen wie hilflosen Appelle der Parteiführung, doch nicht zu streiten und Geschlossenheit zu demonstrieren, sind nur vordergründig taktisch verständlich. Sie resultieren weniger aus dem Bedürfnis, die Kampfkraft zu bündeln, sondern primär aus der Angst, sich neben der Häme der politischen Gegner auch noch der allzu berechtigten Kritik aus den eigenen Reihen stellen zu müssen.

Die Verweigerung einer schonungslosen Analyse und das Unvermögen, eine Diskussion über die eigene Situation zu führen, tragen aber zum weiteren Abstieg dieser Partei bei. All jene, die dem nicht tatenlos zusehen wollen, sind daher aufgerufen, sich offen, ehrlich, konstruktiv, aber auch schonungslos an dieser „Zur Zeit“-Debatte zu beteiligen. Wir werden sie in den nächsten Monaten, zumindest bis hin zum freiheitlichen Parteitag im Frühsommer, führen. Wir werden dazu alle maßgeblichen Komponenten der Partei, insbesondere auch jene der vergangenen fünf Jahrzehnte, befragen und zu Wort kommen lassen. Wir werden all jene Wissenschafter und Publizisten um Beiträge bitten, die als Kenner und Begleiter des freiheitlichen Wegs gelten. Und wir werden in dieser Debatte vor allem auch die vielen unbekannten Sympathisanten und Wegbegleiter der Dritten Kraft zu Wort kommen lassen. Sei es über Leserbriefe oder Gastbeiträge.

Neben den Fehlern der Vergangenheit, neben dem Befund, warum es so kommen musste, wie es kam, sollte uns dabei insbesondere die Frage bewegen, ob das Land in Zukunft eine politische Kraft benötigt, wie sie die FPÖ darstellt oder darstellen könnte. Gibt es das Elektorat für eine solche Partei noch, gibt es die Chance, sich in der politischen Landschaft zu behaupten, und gibt es Probleme, die die Menschen bewegen, eine solche Partei zu wählen? Die Frage der österreichischen Identität, das alte nationale Thema, die Frage der Bürgerfreiheit – man denke an die Rede- und Meinungsfreiheit –, die Frage der Zuwanderung, die Frage der Sicherheit, die Frage der Stellung Österreichs im künftigen Europa: All dies sind brennende Probleme, die – um ein Resultat dieser Diskussion vorwegzunehmen – eigentlich die Existenz einer Partei, wie sie die Freiheitliche darstellen könnte, legitimieren.

Aber darüber wollen wir in den künftigen Wochen und Monaten sprechen. In dieser Ausgabe lesen sie dazu einen grundlegenden Essay aus der Feder des Chefredakteurs und einen Beitrag der freiheitlichen Zukunftshoffnung, des Wiener Parteiobmanns Heinz-Christian Strache.

Was bleibt von der Dritten Kraft?

Fünfzig Jahre FPÖ – fünf Jahre freiheitliche Regierungsbeteiligung

EINE ANALYSE VON ANDREAS MÖLZER

Über eineinhalb Jahrzehnte bewirkten die Freiheitlichen des Jörg Haider einen der dramatischsten Veränderungsprozesse in der nationalen politischen Landschaft einer europäischen Demokratie. Von Haiders Übernahme der Parteiobmannschaft im Jahre 1986 an schien es so, als würde hier eine Rechtspartei neuen Typs die etablierten politischen Lager, sowohl das bürgerliche, als auch die Arbeiterbewegung, schlicht und einfach zertrümmern.

Der Aufstieg zu einer Partei mit tendenziell einem Drittel der österreichischen Wähler schien nicht aufzuhalten zu sein. Demgemäß war auch der freiheitliche Anspruch, man wolle das Land „politisch erneuern" und werde eine völlig neue Epoche, eben die „Dritte Republik", prägen. Demgemäß waren auch die Ängste und Kassandrarufe der Gegner dieser politischen Bewegung: Es dro-

Heinrich Zechmann, Anton Reinthaller und Wilfried Gredler: Sorgten 1956 mit der Gründung der FPÖ für die Rückkehr des nationalliberalen Lagers in die politische Landschaft Österreichs he der „autoritäre Führerstaat“, in dem Fremdenhaß und die latente Aushöhlung der Demokratie gang und gäbe wären.

Nach fünfjähriger Regierungsbeteiligung dieser Haider-FPÖ sieht das Ergebnis völlig anders aus. Keine Rede von der „Dritten Republik“, auch keine Rede vom „autoritären Führerstaat“. Vielmehr sind die mit so hohen Ansprüchen angetretenen Freiheitlichen die nahezu ohnmächtigen kleinen Partner in einer Mitte-Rechts-Koalition. Sie stehen vor der Frage, ob sie überhaupt noch eine Existenzberechtigung im politischen Spektrum der Republik haben, ob sie für das Land und seine Menschen überhaupt noch nötig sind, verunsichert, welche weltanschaulichen und tagespolitischen Positionen sie überhaupt vertreten sollen.

Die personelle Repräsentanz der freiheitlichen Regierungspartei im Jahre 5 der Regierungsbeteiligung wird von skeptischen Beobachtern der FPÖ, aber auch von innerparteilichen Kritikern als einigermaßen dürftig beschrieben: Die Parteichefin sei als solche primär in ihrer Eigenschaft als Schwester begründbar. Der Vizekanzler aus dem alemannisch-vorarlberger Politbiotop der FPÖ stammend, ein klassischer Wirtschaftsliberaler und allzu ÖVP-affin. Die Justizministerin im sozialistischen Milieu politisch sozialisiert und mäßig kompetent. Die drei Staatssekretäre politisch-ideologische Leichtgewichte. Wirklich maßgebliche Repräsentanten des klassischen, nationalliberalen Lagers gibt es in dieser Regierungsmannschaft nicht mehr. Ebensowenig Persönlichkeiten von populärem Format oder gar von jenem medialen Charisma, das den Parteiführer Jörg Haider ausgezeichnet hat.

Eine Regierung ohne nationalliberale Repräsentanten

Dieser dominiert die Partei allerdings indirekt nach wie vor. Einerseits hat er es mit einer gewissen politischen Fortüne geschafft, sich in seinem politischen Stammland Kärnten eine bislang unangefochtene, dominante Stellung als Landeshauptmann aufzubauen. Wobei die Kärntner Freiheitlichen insgesamt als weltanschaulich multipolare Heimatpartei, mit nationalem und rechtsliberalem Unterfutter, durch einem beachtlichen, ideologisch völlig beliebigen Aktionismus eine Stärke erlangt haben, die auch ohne die Persönlichkeit Jörg Haiders und auch bei einem völligen bundespolitischen Absturz der Freiheitlichen insgesamt ein Faktor bleiben müssten.

Diese Kärntner Sonderposition hat aber kaum einen positiv motivierenden Einfluß auf die Gesamtsituation der Partei im Bundesgebiet. Vielmehr bleibt es eine Tatsache, dass sich die Freiheitlichen gegenüber dem Wähler, nach außen hin also, in einer dramatischen Glaubwürdigkeitskrise befinden und das seit Jahr und Tag ohne aktuelle Aussicht auf Besserung. Und dass sie sich nach innen hin in einer nicht minder dramatischen Identitätskrise befinden.

Die Frage, wozu es diese Partei, mit welchen Wählern, welchen Inhalten und welcher politischen Strategie geben soll, bleibt gegenwärtig unbeantwortet. Nach fünf Jahren Regierungsbeteiligung versucht man sich durch die einigermaßen unkritische Auflistung wirklicher oder auch nur vermeintlicher Reformerfolge aufzurichten. Unmittelbar aber vor dem fünfzigjährigen Jubiläum der Gründung der Partei scheint man nicht wirklich in der Lage zu sein, die Frage nach deren Zukunft zu beantworten.

Wenn man auf die Zukunftsfrage der FPÖ und zur Lösung ihres gegenwärtigen Dilemmas schlüssige Antworten geben will, bleibt einem der Rückblick auf die historische Entwicklung der Partei, ihrer inhaltlichen Positionen und ihres Elektorats nicht erspart.

50 Jahre FPÖ: Die vier Perioden der Parteigeschichte

1956 bis 1970:
Die Rückkehr in die politische Landschaft als nationalliberale Honoratiorenpartei

1971 bis 1986:
Wandel durch Anbiederung – die Freiheitlichen in der Ära Kreisky

1986 bis 1999:
Glanz und Elend des Populismus' – die Freiheitlichen als Fundamentalopposition

2000 bis ?:
Scheitern in staatstragender Verantwortung – die Freiheitlichen als Mitregierer

Die Dritte Kraft, das Dritte Lager, war in Wirklichkeit in Österreich das erste politische Lager. Als Kind der bürgerlichen Revolution von 1848 hat es die Inhalte der nationalen Identität Österreichs und der bürgerlichen Freiheit bis zum heutigen Tag bewahrt. Alle anderen großen politisch-ideologischen Lager des Landes, insbesondere Sozialdemokratie und der christlich-soziale Bereich, treten wesentlich später in der österreichischen Geschichte auf und sind zum großen Teil sogar ihrerseits Abkömmlinge dieses nationalliberalen Lagers. Die Entwicklung des österreichischen Verfassungs- und Rechtsstaats sind im wesentlichen Verdienste dieses politischen Lagers. Der Hochliberalismus in den 70er und 80er Jahren des 19. Jahrhunderts, ebenso wie der Deutschnationalismus um die Jahrhundertwende, sind Ausprägungen einer politischen Kraft, die bis zum Ende der Monarchie in den cisleithanischen Ländern und im Reichsrat dominant blieb. Auch die ambivalente Haltung dieses Lagers zur Obrigkeit und zum Staat wurde bereits in der Revolution 1848 und in der darauf folgenden Entwicklung zu

Grunde gelegt: Einerseits war man revolutionär gegen Thron und Altar, gegen das Haus Habsburg, gegen die staatliche Obrigkeit, andererseits war man bereit, staatstragende Pflichterfüllung auf sich zu nehmen und aufopferungsvoll im Dienste des Gemeinwesens zu wirken. Eine Haltung, die von den Studenten der Akademischen Legion auf den Barrikaden Wiens im Jahre 1848 bis hin zur Haider-FPÖ zu beobachten ist.

Zwei Namen nur seien für das nationalliberale Lager in den letzten Jahrzehnten der Habsburgermonarchie genannt: Anton Ritter von Schmerling als der hervorragendste Repräsentant des Hochliberalismus´ und Georg Ritter von Schönerer als „der“ Vertreter des darauf folgenden Deutschnationalismus’ schlechthin. Letzterer war Lehrer und zeitweiser Wegbegleiter der Gründer der Sozialdemokratie, Engelbert Pernerstorfer und Victor Adler, ebenso wie des Stammvaters der christlich-sozialen Bewegung, Karl Lueger. Von der schillernden, politisch eruptiven Persönlichkeit des Volkstribunen Georg von Schönerer bis hin zur schillernden Persönlichkeit des späten Volkstribunen Jörg Haider spannt sich der Bogen der Geschichte des freiheitlichen Lagers in Österreich.

Der Bogen spannt sich von Schönerer bis Haider.

An der Wiege der Republik standen gemäß ihrer Stärke bei den vorhergehenden letzten Wahlen in der Monarchie naturgemäß auch die Nationalliberalen: Franz Dinghofer, der Präsident der Provisorischen Nationalversammlung, ein Nationalliberaler klassischer Prägung, war der eigentliche Gründervater der Republik Österreich. Johannes Schober, ein nationalliberaler Beamter josefinischer Prägung, war die prägende politische Persönlichkeit der Ersten Republik bis hin zur Ausschaltung der Demokratie durch Dollfuß. Es bleibt ein ruhmreiches Blatt in der Geschichte dieses nationalliberalen Lagers, dass es bis weit hinein in die ständestaatliche Diktatur des Klerikalfaschismus´ versuchte, den österreichischen Parlamentarismus und damit die demokratische Mitbestimmung zu retten. Eine traurige Tatsache hingegen ist, dass das Gros dieses Lagers nach 1933 sein Heil im Nationalsozialismus suchte.

So wie auch die anderen großen politischen Lager ihren antidemokratischen Irrweg in der Zwischenkriegszeit zu verzeichnen hatten – die Sozialdemokratie strebte zur „Diktatur des Proletariats“ und die Christlichsozialen errichteten den „autoritären Ständestaat“ – beschritten die meisten Vertreter dieses nationalliberalen Lagers den schrecklichen Irrweg hin zur NS-Rassenideologie. Die gesamtdeutschen Sehnsüchte vorhergehender Generationen schienen im Großdeutschen Reich Erfüllung zu finden. Und die romantische Überhöhung des „deutschen Wesens“ ließ sich allzu leicht zur braunen Herrenmenschen-Ideologie pervertieren.

Friedrich Peter (Bildmitte): Bewirkte mit seiner Entscheidung, die von Bruno Kreisky (links) geführte SP-Minderheitsregierung zu stützen, eine für drei Jahrzehnte währende politische Weichenstellung (rechts im Bild: der ehemalige ÖVP-Bundeskanzler Klaus)

Als schließlich die Zweite Republik aus den Trümmern des Zweiten Weltkriegs erstand, schien es so, als sei das traditionelle Dritte Lager, das deutschnationale und freisinnige, das sich einst nationalliberal hieß, insgesamt durch den Nationalsozialismus diskreditiert. Der Begriff „national" wurde mit „nationalsozialistisch" gleichgesetzt und für das Liberale gab es vorläufig in Österreich kein Sensorium. Was sollte da also eine Nachfolgepartei des nationalliberalen Lagers? Allzumal dann, wenn die meisten jüngeren Exponenten dieses Lagers durch ihre zwischenzeitliche Hinwendung zur NS-Ideologie oder durch ihre politische Sozialisierung im Dritten Reich diskreditiert waren. Demgemäß gab es von den alliierten Besatzungsmächten keine Lizenz für eine Partei dieser Art.

Erst im Jahre 1948 gelang es den beiden Journalisten Herbert A. Kraus und Viktor Reimann, mit der Gründung des „Verbandes der Unabhängigen" eine neue Partei des Dritten Lagers zu gründen. Beide kamen sie eher aus dem liberalen Bereich und es war wohl kein Zufall, dass die Parteigründung in Salzburg unter der Patronanz der amerikanischen Besatzungsmacht stattfand, was zumindest auf eine intensive Vorprüfung durch den amerikanischen Geheimdienst CIC schließen lässt. Mit seinen spektakulären Anfangserfolgen schafft es der VdU, mehr als eine halbe Million minderbelasteter Österreicher, die seit Kriegsende von den bürgerlichen Rechten ausgeschlossen waren, zurück in die politische Mitbestimmung der Zweiten Republik zu führen. Zweifellos hat der VdU damit einen wesentlichen Beitrag für die Schaffung eines breiten Grundkonsenses dieser Zweiten Republik geleistet.

Das Erzübel des Dritten Lagers, die von diesen gewissermaßen verinnerlichte „deutsche Zwietracht“, zeitigte allerdings ein rasches Scheitern und Auseinanderbrechen des VdU.

Demgemäß glaubte man um die Mitte der 50er Jahre in weiten Bereichen dieses sich gerade repolitisierenden Dritten Lagers, insbesondere in den beiden Schwerpunktgebieten Oberösterreich und Kärnten, dass die Neugründung einer weitgehend nationalen Partei zu Erfolg und Geschlossenheit führen müsste. Die eher liberalen Führungspersönlichkeiten des VdU, Kraus und Reimann, hatten es letztlich nicht geschafft, sich auf Dauer das Vertrauen der Basis der Dritten Lagers zu erkämpfen. Im Gegensatz zur Monarchie und zur Zwischenkriegszeit war diese Basis des Dritten Lagers am Anfang der Zweiten Republik einem gewissen soziologischen Wandel ausgesetzt. Es waren nicht mehr in erster Linie das mittlere Bürgertum, Freiberufler und Agrarier, die diese Basis prägten. Durch die vielen Kriegsheimkehrer und Vertriebenen, die zur Wählerschaft der Dritten Kraft stießen, war diese in verstärktem Maße gefordert, auf die sozialen Fragen der Zeit Antworten zu geben.

Unter Alexander Götz (re.) stellte die FPÖ in Graz den Bürgermeister – hier im Gespräch mit Alt-Landeshauptmann Josef Krainer sen.

Nachdem schon Georg Ritter von Schönerer in der Monarchie starke soziale Ansätze in seiner Politik erkennen hatte lassen, war es nun der VdU mit seinem „sozialen Manifest“, der in klarer antikommunistischer Ausrichtung erstmals wirklich freiheitliche Politik für den später noch so heftig zitierten „kleinen Mann“ betrieb. Nichtsdestotrotz standen das nationale und das freiheitliche Element im Mittelpunkt. Der Kampf um die deutsche Identität Österreichs war in den 50er Jahren noch ein zentrales Thema, das keineswegs nur vom Dritten Lager angesprochen wurde, sondern sehr wohl auch von der Sozialdemokratie und den Christlichsozialen. Und die Freiheit, zuerst die von den alliierten Besatzungsmächten, insbesondere von den Sowjets, und dann die wirkliche Souveränität Österreichs von allen möglichen sich aus der Situation von 1945 ergebenden Beschränkungen war nicht nur eine theoretische Forderung, sondern Inhalt ganz realer praktischer Politik.

Um mit solcher Politik erfolgreich in das innenpolitische Geschehen im

Lande eingreifen zu können, überwand man schließlich die endlosen Streitereien und gründete – nach einem kurzen Vorläufer mit der Kärntner Freiheitspartei – im Jahre 1956 die Freiheitliche Partei Österreichs. Gründungsobmann war Anton Reinthaller, der – ursprünglich aus dem Landbund kommend – ein prominenter Nationalsozialist gewesen war. Er gehörte dem Anschlußkabinett unter Seyß-Inquart an, um dann im Dritten Reich selbst Staatssekretär für Bergbauernfragen zu sein. Reinthaller galt als Exponent jener ehemaligen Nationalsozialisten, die persönlich ausgewiesenermaßen anständig geblieben waren und sich keinerlei Verbrechen bezichtigen lassen mussten. Der Erfolg der Neugründung bei den ersten Wahlen, bei denen sie kandidierte, war allerdings mäßig. Die erhoffte große Zustimmung blieb aus, die FPÖ hatte sich an den Gedanken zu gewöhnen, sich vorläufig als Kleinpartei ins System einordnen zu müssen.

Die fünfzigjährige Geschichte der FPÖ lässt sich im wesentlichen in vier Abschnitte teilen. Abschnitte, in denen sie jeweils eine völlig andere Funktion im innenpolitischen Gefüge einnahm und jeweils auch einen völlig unterschiedlichen Charakter in ihrem eigenen Inneren hatte.

Da war zuerst einmal die Phase der Eingliederung ins politische System,

Jörg Haider: Personifizierung der plebiszitären Phase der FPÖ. Der Kärntner Landeshauptmann stellte sich gerne als Anwalt des „kleinen Mannes" dar

wobei die FPÖ den Charakter einer klassischen nationalliberalen Honoratioren-Partei annahm. Diese Phase, die bis in die 70er Jahre der Ära Kreisky andauerte, war geprägt durch ein hochklassiges Wirken der freiheitlichen Mandatare im Parlament und durch eine geschickt genützte Politik als Zünglein an der Waage zwischen den beiden Großparteien. Nach dem Tod Anton Reinthallers war der neue Obmann Friedrich Peter die prägende Persönlichkeit dieser Ära. Ihn umgaben aber Parlamentarier von Format, wie Wilfried Gredler und Otto Scrinzi, Emil van Tongel und Gustav Zeilinger sowie Tassilo Broesigke.

Danach folgte die zweite Phase in der fünfzigjährigen Geschichte der Freiheitlichen Partei, die man ironisch als jene des „Wandels durch Anbiederung“ bezeichnen könnte. Nachdem die Freiheitlichen im Jahre 1970 durch ihre parlamentarische Kooperation die Bildung der Minderheitsregierung Kreisky I. ermöglicht hatten, erhielten sie zum Dank ein Kleinparteien-freundliches Wahlrecht, das ihre dauerhafte Existenz mittels entsprechender Grundmandate sichern sollte. Das sich ergebende Nahverhältnis zu den Sozialisten – repräsentiert in den beiden Persönlichkeiten Friedrich Peter und Bruno Kreisky – wurde durch eine gewisse Anbiederung an den Zeitgeist ergänzt. Diese äußerte sich am deutlichsten im seinerzeit häufig zitierten Atterseekreis, der versuchte, Grundlagen einer neuen zeitgeistig-liberalen Politik zu erarbeiten. Nachdem die Obmannschaft des erfolgreichen Grazer Bürgermeisters Alexander Götz und dessen rechtsliberaler Kurs nur ein Zwischenspiel blieben, gipfelte diese Phase des Wandels durch Anbiederung in der rot-blauen Koalition der Jahre 1983 bis 1986 unter Norbert Steger und Fred Sinowatz. Das Ergebnis dieser Phase war keineswegs die Etablierung einer urban-liberalen Kraft in der politischen Landschaft Österreichs, die auf Dauer regierungsfähig sein sollte, sondern ein Absturz der Partei in der Wählergunst auf zwei bis drei Prozent.

Als Zünglein an der Waage zwischen den Großparteien

Damit wurde die Dritte Phase in der freiheitlichen Geschichte eingeleitet, die „rechtspopulistische“, um einen negativ gemeinten Terminus der politischen Kritiker Jörg Haiders zu benützen.

Wenn man das Pauschalurteil „rechtspopulistisch“ beiseite lässt und die Haider-FPÖ, die sich zu einer Mittelpartei entwickelte, aus soziologischer Sicht charakterisieren will, ergibt sich ein komplexeres Bild: In einer 15jährigen Aufbauarbeit entstand eine plebiszitäre Emanzipationsbewegung gegen den rot-schwarzen Proporz mit nationalliberalen Wurzeln, österreich-patriotischer Ausrichtung und wertkonservativer Fundierung, angeführt von einer dominanten Politikerpersönlichkeit mit medialem Charisma.

In einem zielstrebig verwirklichten und konsequent durchzogenen Aufbauverfahren entstand von der Nationalratswahl des Jahres 1986 bis hin zu den Wahlen von 1999 eine politische Bewegung, die die politische Landschaft der Republik völlig veränderte. Das Haidersche Prinzip der Stimmenmaximierung begann mit der Rückholung des national-freiheitlichen Kernpublikums der FPÖ. Dies ermöglichte ein Wahlergebnis von nahezu 10 Prozent bei den Nationalratswahlen des Jahres 1986. Danach wurde gezielt im Wählerpotential der Volkspartei gewildert. Man sei die „bessere bürgerliche Partei“, mit Konzepten für Gewerbetreibende, Freiberufler und Bauern, man entsorgte den alten liberalen Antiklerikalismus und senkte die Hemmschwellen für katholisch-konservative Wähler, die nunmehr auch zum Teil zur FPÖ übergingen. Neben den traditionellen freiheitlich-nationalen Trachtenanzug-Trägern prägten nun sogenannte Yuppies ab Beginn der 90er Jahre das Bild von freiheitlichen Parteiveranstaltungen.

Schließlich begann man die soziale Komponente der freiheitlichen Politik verstärkt zu betonen, um das Werben um den vielzitierten „kleinen Mann“ zu intensivieren. Politikwissenschafter sprachen in der Folge dann von einer „Arbeiterpartei neuen Typs“, und tatsächlich haben bei Wahlen in den späten 90er Jahren mehr Arbeiter die FPÖ gewählt als die Sozialdemokratie.

Dieser Aufstieg zur tendenziellen Mittelpartei mit einem Wählerpotential von etwa 30 % der Österreicher vollzog sich in einem Wechselspiel aus mehr oder weniger gezielten Tabubrüchen, die der Parteichef über die Medien in periodischen Abständen unters Volk brachte und einer relativ hysterischen Ausgrenzung durch das politisch-mediale Establishment. Diese wiederum schaffte bei potentiellen Sympathisanten und Wählern zunehmende Solidarität. Je mehr Haider und die Freiheitlichen diffamiert und stigmatisiert wurden, desto enger scharten sich ihre potentiellen Anhänger um sie.

Die Haider-FPÖ veränderte die politische Landschaft.

Um aber sowohl den ideologisch fundierten Nationalliberalen als auch wertkonservativen Katholiken und leistungsorientierten Arbeitnehmern ebenso wie systemkritischen Veränderungsverlierern eine gemeinsame inhaltliche Identifikationsmöglichkeit zu bieten, war man gezwungen, inhaltlich und ideologisch zunehmend beliebig zu argumentieren. Jenseits der jeweils geltenden Parteiprogramme war im Grunde das gesprochene Wort des Vorsitzenden das eigentliche Programm.

Relativ wahllos wechselten konservative mit relativ linken Positionen, und ebenso bedenkenlos warf man traditionelle Wertvorstellungen, wie etwa das Bekenntnis zur deutschen Volks- und Kulturgemeinschaft, über Bord. Der alte hochliberale Antiklerikalismus wurde von einem Liebäugeln mit dem „streitbaren Christentum“ abgelöst. Die traditionelle freiheitliche Kritik an der Fiktion einer ethnischen, kulturell eigenständigen „österreichischen Nation" wurde von einem heftig betonten Österreich-Patriotismus beerbt. Und die alte Obsorge für die Belange des gewerblichen und bürgerlichen Mittelstandes wurde von einer immer stärker werdenden, nahezu gewerkschaftlich geprägten Kleiner-Mann-Rhetorik verdrängt. Diese inhaltlichen und ideologischen Widersprüche wurden durch die plakative Benützung einfacher Slogans, wie etwa der „politischen Erneuerung" überdeckt.

Insgesamt aber läßt sich sagen, dass diese plebiszitäre Emanzipationsbewegung, die sich da unter der Führung Jörg Haiders FPÖ nannte, im wesentlichen durch zwei Faktoren zusammengehalten wurde: durch die Person des prägenden und dominanten Parteichefs und durch das gemeinsame Feindbild des rot-schwarzen Proporzsystems. Als nach dem Eintritt der FPÖ in die Regierung beide Faktoren wegfallen sollten – Jörg Haider gab die Obmannschaft bekanntlich ab, und die alte große Koalition aus SPÖ und ÖVP wurde abgelöst – begann diese heterogene Wählerkoalition auch zu zerfallen.

Die vierte und vorläufig letzte Phase in der fünfzigjährigen Geschichte der FPÖ ist jene der Regierungsbeteiligung an der Seite der christlichkonservativen Österreichischen Volkspartei. Dass Jörg Haider – und ausschließlich auf ihn alleine ist es dabei angekommen – zu Jahreswechsel 1999/2000 diese Koalition eingegangen ist, wird heute von Analytikern der Situation der FPÖ allenthalben als Fehler betrachtet. In nachhinein allerdings ist jedermann klüger.

Der „frisch" als Vizekanzler angelobte FP-Obmann: Norbert Steger mit Bundeskanzler Sinowatz auf dem Weg in das Bundeskanzleramt – ein Weg in die politische „Anbiederung"

Schüssels ÖVP wagte die Mitte-Rechts-Koalition: Die schwer geschlagene ÖVP konnte nur zum Preise der Kanzlerschaft davon abgehalten werden, wieder mit der SPÖ zu koalieren

Damals meinte Haider offenbar, er müsse die Gunst der historischen Stunde nützen und die FPÖ in die Regierung bringen.

Menschliche und aus der damaligen Sicht auch politische Größe demonstrierte er, indem er dies zulasten des eigenen Wunsches nach der Position des Regierungschefs realisierte. Die damals schwer geschlagene ÖVP und ihr Parteiobmann Wolfgang Schüssel konnten wohl nur zum Preise der Kanzlerschaft davon abgehalten werden, neuerlich mit den Sozialisten ins großkoalitionäre Regierungsbett zu kriechen oder, wie vor der Wahl versprochen, in die Opposition zu gehen.

Andererseits war es zweifelsohne Haiders Kalkül, in dieser Regierungszusammenarbeit der prägende und treibende Partner zu sein, um nach Ablauf der Legislaturperiode in einer Neuauflage der Mitte-Rechts-Koalition als zweifelsfrei dominanter Partner selbst die Kanzlerschaft zu übernehmen. Es war gewissermaßen das italienische Modell, das Jörg Haider und seine Berater – so er sich überhaupt jemals wirklich beraten hat lassen – vor Augen hatten: Die Entsorgung der ursprünglich dominanten Democrazia Cristiana, bzw. im österreichischen Falle der Volkspartei, und ihre Auflösung in einem Mitte-Rechts-Parteienbündnis, in dem eine Haider-Partei, die mit dem historischen Dritten Lager nur mehr sehr bedingt zu tun gehabt hätte, die absolute Dominanz anstreben wollte.

Wie weit Kritiker der damaligen Regierungsbildung, wie etwa der Herausgeber der „Neuen Kronenzeitung“, Hans Dichand, Recht hatten, die hinter den Kulissen verlauten ließen, die FPÖ möge doch noch in der Opposition bleiben, um bei später folgenden Wahlen wirklich zur stärksten Partei in Österreich zu werden und damit wirklich eine politische Erneuerung umsetzen zu können, ist ungewiß.

Fest steht allerdings, dass im Zuge der lang andauernden Regierungsverhandlungen im Spätherbst des Jahres 1999 die Freiheitlichen in Umfragen schon stärker als die SPÖ waren.

Allein, es sollte anders kommen: Zwar konnte die Regierung während der Monate der EU-Sanktionen gegen Österreich ein relativ hohes Maß an Solidarisierung in der Bevölkerung für sich verbuchen. Es wurde aber doch rasch deutlich, dass das rigide Reformprogramm, das sich die „Wenderegierung“ vorgenommen hatte, nur mit massiven Einsparungen und Einschnitten im sozialen System möglich sein würde.

Deutlich wurde auch sehr schnell, dass die Freiheitlichen in Sachen Regierungs-Professionalität dem Koalitionspartner ÖVP in keiner Weise gewachsen waren. Dort eine, zwar bei Wahlen schwer geschlagene, nun aber aus dem Kanzlerbonus heraus agierende, mit jahrzehntelanger Routine ausgezeichnete Regierungspartei mit dem Hintergrund der Fachleute aus Kammern und Verbänden, hier eine gerade aus der Fundamentalopposition entwachsene Protestbewegung, die nunmehr zunehmend zum Gefangenen der eigenen vorhergehenden Oppositionsrhetorik wurde.

Die ÖVP plante die feindliche Übernahme der FP-Wähler.

Der starke Mann der Freiheitlichen saß in Kärnten und war als Landeshauptmann gebunden. Die junge Mannschaft, die Haider hinstellte und die er eher aus seiner Sekretärs-Entourage zusammensetzte, denn aus gestandenen Politprofis und Fachleuten, war für die ÖVP leicht zu „nehmen“. Der Herr Bundeskanzler höchstpersönlich nahm sich die Frau Vizekanzlerin zur Brust. ÖVP-Stratege Andreas Khol ließ seinen Funktions-Kollegen Peter Westenthaler im Bereich der parlamentarischen Arbeit an der langen Leine laufen und der neue Shootingstar der freiheitlichen Finanz- und Wirtschaftspolitik, Finanzminister Karl-Heinz Grasser, fand sich allzu schnell in der Umarmung der Industriellenvereinigung wieder. Die Ergebnisse bei ersten Regionalwahlen nach dem Beginn der Regierungsbeteiligung in der Steiermark und in Wien waren entsprechend: In etwa ein Drittel der Wähler ging verloren.

Nun mußte man im Zuge einer Regierungsbeteiligung wohl damit rechnen, dass man die Protestwähler verlieren würde. Nicht vorhergesehen hat man allerdings, dass es dem politischen Establishment, insbesondere in der ÖVP und den Medien, so schnell gelingen würde, den starken Mann der Freiheitlichen an die Peripherie zu drücken, und dass die freiheitlichen Jungstars in der Regierung und im Parlament so deutlich und konsequent zu Juniorpartnern, zu Lehrlingen in der Mitte-Rechts-Koalition degradiert werden würden.

Jörg Haiders Groll über diese Entwicklung, die zunehmende Emanzipation seiner Eleven in Regierungsfunktion und – unbewiesen, aber realistischerweise anzunehmen – große Geschäfte im Umfeld der Regierung führten schließlich zur freiheitlichen Implosion im Herbst 2002. Die medial bis zum heutigen Tag verbreitete Mär „Knittelfeld" sei der von Jörg Haider höchst persönlich inszenierte Selbstmord der FPÖ gewesen, ist bei näherer Betrachtung in keiner Weise haltbar.

Der Rücktritt der Vizekanzlerin, des Finanzministers, des Klubobmannes und in der Folge auch noch des Infrastrukturministers mit der darauf folgenden Aufkündigung der Koalition durch Kanzler Schüssel war in einer Weise inszeniert und choreographiert, die eine zufällige, gewissermaßen spontane Entwicklung ausschließt. Auch der weitere Karriereweg der Protagonisten der damaligen Tragikkomödie passt weit eher ins Bild einer genau geplanten feindlichen Übernahme eines großen Teils der freiheitlichen Wählerschaft. Das ÖVP-Ticket für den Finanzminister, eine Vorstandsposition bei Wüstenrot für die Vizekanzlerin und Stronachs Bundesliga für den Klubobmann samt Magna-Weltraumagenden für den Infrastrukturminister sind selbst bei größter Hochachtung für die Fähigkeiten der fraglichen Herrschaften mehr als bezeichnende Karrieresprünge.

Die letzte Regierungsumbildung im Kabinett Schüssel II: FPÖ-Obfrau Ursula Hauber wird als Sozialministerin und Sigisbert Dolinschek als Sozial-Staatssekretär angelobt

Und dass der Kärntner Landeshauptmann just vor der neuerlichen Übernahme der Parteiobmannschaft aufgrund einer angeblichen Bedrohung aus dem Bereich der Waffenlobby davor zurückschreckte und die Flinte ins Korn warf, ist ein weiterer bis heute nicht geklärter, hoch-grotesker Vorgang. Darauf kam seltsamerweise Mathias Reichhold als Parteichef, obwohl er es mit seinem Rücktritt war, der Kanzler Schüssel letztlich die Aufkündigung der Koalition ermöglichte. Dass eben derselbe Reichhold die Partei dann noch einige Millionen Euro kostete, weil er zwei Wochen vor der Nationalratswahl das Hasenpanier ergriff, ist schon vergleichsweise unwichtig. Es gehörte dann schon geradezu tollkühner Wagemut dazu, sich wie Herbert Haupt an die Front zu stellen und als Parteiobmann und Spitzenkandidat den Wahlgang vom 23. November 2002 zu schlagen – mit dem bekannten Ergebnis von kaum 10 % der Wählerstimmen.

Wozu braucht Österreich die FPÖ?

Das, was sich danach abspielte, der Opfergang Haupts, seine Ablösung und davor jene der anderen profilierten Nationalliberalen, wie Dieter Böhmdorfer und Reinhard Waneck, die Übernahme der Obmannschaft durch Haiders Schwester Ursula Haubner, die der Vizekanzlerschaft durch den Vorarlberger Hubert Gorbach und das zwischenzeitliche Ergebnis der Neuauflage der Koalition mit der Volkspartei als marginalisierter Partner, wurde bereits eingangs kurz skizziert.

Nach 50jährigem Bestehen und fünfjähriger Regierungsbeteiligung steht die Freiheitliche Partei Österreichs als eine politische Gruppierung da, die sich ihrer Vergangenheit zum großen Teil nicht bewusst ist, im Hinblick auf ihre gegenwärtige Situation geneigt ist, den Kopf in den Sand zu stecken, und nicht in der Lage zu sein scheint, über ihren künftigen Weg wirklich profund Auskunft zu geben. Es ist eine Partei, der Freund und Feind – mit Ausnahme der eigenen Parteiführung – bescheinigen, gescheitert zu sein. Eine Partei, von der politische Analytiker nicht mit Sicherheit sagen können, ob sie in der künftigen politischen Landschaft der Republik überhaupt einen Platz haben wird. Eine Partei, von der die eigenen Spitzenfunktionäre offenbar nicht so recht in der Lage sind zu sagen, wofür das Land und seine Menschen sie denn überhaupt benötigen könnte.

Vom Ablauf einer blauen Groteske

Jörg Haider will FPÖ neugründen – Gründungsparteitag schon in Vorbereitung – Rechter Flügel soll entfernt werden – Auslöser ist ein schonungsloser „Zur Zeit"-Artikel von A. Mölzer

VON WENDELIN MÖLZER

Es ist die Chronologie einer Groteske der Sonderklasse. Die Gründe dafür sind wohl sehr mannigfaltig, die Analyse der Geschehnisse wird erst folgen. Begonnen hat diese Geschichte schon vor längerer Zeit, die aktuellen Ereignisse allerdings nahmen erst vergangenes Wochenende ihren Lauf.

Am Sonntag, den 6. März 2005 gingen die Niederösterreicher zu ihren Wahllokalen. Grund war die Gemeinderatswahl, zu erwarten war eine weitere Schlappe der Freiheitlichen. Am Abend dieses Sonntags bestätigte

Der Beitrag von Andreas Mölzer in „Zur Zeit", Nr. 9/2005, S. 16–19, den Jörg Haider als künstlichen Grund für die Abspaltung des BZÖ vorschob

sich die Erwartung, die FPÖ stürzte von sieben auf drei Prozent ab und stellte ein weiteres Mal unter Beweis, dass der schlechte Bundestrend auch nicht vor den kleinen Kommunen halt macht.

Zwei Tage vorher, am Freitag, dem 4. März 2005, erschien die Ausgabe 9/2005 von „Zur Zeit". Diese beschäftigt sich in großem Stil mit der Frage „Wer braucht die Dritte Kraft?" Der Hauptbeitrag zum Thema ist von Andreas Mölzer, der über vier Seiten vor allem die Geschichte der Partei analysiert.

Es ist mittlerweile Montag Vormittag, der 7. März 2005. Genau vor einem Jahr gewann Jörg Haider die Kärntner Landtagswahlen und kürte sich so für eine weitere Legislaturperiode zum Kärntner Landeshauptmann. An diesem Montag im Jahr 2005 sollte jedoch etwas anderes passieren, über das der Landeshauptmann allerdings schon vorher Bescheid wußte. Zunächst gibt Haider eine Pressekonferenz, bei der er – nicht zum ersten Mal – eine Neugründung der Partei vorschlägt. Wenige Stunden später, um 14.30 Uhr, beginnt dann eine Parteiklausur, ebenfalls in Klagenfurt. Diese hatte vor allem zwei wichtige Tagesordnungspunkte: Zum einen die Finanzen der Partei, zum anderen die „strategische Ausrichtung" der Partei.

Mölzers Analyse sei parteischädigend, so Haider.

Unmittelbar vor der Klausur gibt sich Haider den Medien gegenüber wieder ruhig, keine Rede von Neugründung mehr. Es treffen der Reihe nach die wichtigsten Funktionäre ein, unter ihnen auch Klubobmann Herbert Scheibner, der vor Betreten der Klausur dem Fernsehen gegenüber mit klaren Worten den rechten Parteiflügel für die weitere Wahlschlappe in Niederösterreich verantwortlich macht.

Es folgt die Sitzung, wichtigste Teilnehmer sind die freiheitlichen Regierungsmitglieder, unter ihnen die Parteiobfrau Ursula Haubner, natürlich, wie gesagt, ihr Bruder, weiters der Generalsekretär Uwe Scheuch, dessen Bruder Kurt Scheuch, Klubobmann Scheibner, Volksanwalt Stadler, RFJ-Obmann Gudenus, Seniorenobmann Wimleitner und auch der Wiener Parteiobmann Strache. Nicht anwesend ist Andreas Mölzer, er weilt in Strassburg bei seiner Arbeit als EU-Parlamentarier.

Zunächst wird auf Wunsch des sogenannten „rechten Flügels" hin die katastrophale Finanzlage der Partei besprochen, zwei Stunden lang ohne echtes Ergebnis.

Danach dann geht's ans Eingemachte. So mancher dürfte hier wohl echte Strategien erwartet haben, doch die fast zehnstündige Diskussion beschäftigt sich in erster Linie mit Kleinigkeiten und nicht mit großen Visionen. Diese dürften schon vorher beschlossen worden sein. Denn Haider beginnt zunächst einmal, empört und unter der Gürtellinie, wie Teilnehmer an der Klausur berichten, Andreas Mölzer zu kritisieren, dies anhand des Artikels des EU-Abgeordneten in der der letzten Ausgabe seiner Zeitung. Er wäre parteischädigend und nicht akzeptierbar, so der Tenor Haiders und seiner Getreuen. Des weiteren werden Drohungen laut, die Kärntner FPÖ-Landesgruppe würde offene Inseratenrechnungen bei „Zur Zeit" nicht mehr bezahlen. (Diese wurden – offensichtlich irrtümlich – allerdings nach zweijährigem Einmahnen erst unlängst beglichen.)

Haider stellt des weiteren klar, dass sich in der Partei grundlegend etwas ändern müsste, ansonsten würde er sich mit seinen Getreuen abspalten. Darauf hin muss der Landeshauptmann die Sitzung verlassen, während seiner Abwesenheit sind es die Gebrüder Scheuch, die gegen Mölzer und die „Nationalen" wettern, auf einem Niveau, so wird berichtet, das nicht gerade feine Schule genannt werden kann. „Schmisspeppis" seien Stadler, Strache und Co., ließ Kurt Scheuch unter anderem in die Diskussion einfließen. Dennoch beruhigt sich die Situation während der Abwesenheit Haiders, ja man wurde geradezu konziliant. Als dieser zurückkehrt, nimmt dann alles seinen vermeintlich geplanten Lauf. Doch – damit dürften Haider und Co. nicht gerechnet haben – der rechte Flügel bleibt nicht stur, sondern räumt freiwillig das Feld. Heinz-Christian Strache tritt als Vizeparteiobmann zurück, Wimleitner, Stadler und Gudenus verabschieden sich aus dem Bundesparteivorstand und Mölzer gleich mit. Deren sarkastisches Argument: Dann habe die Parteiführung genug Freiheit, sich um ihre neue Strategie zu kümmern.

Ewald Stadler hat im Auftrag Jörg Haiders Stimmen für den Parteitag „Knittelfeld" gesammelt:
Jetzt verkehren sich die Fronten…

Am nächsten Tag verkündet Parteiobfrau Ursula Haubner, der rechte Flügel sei entmachtet. In Richtung Mölzer meint sie nur, er solle nicht weiterhin „parteischädigend" agieren, sonst würde es weitere Konsequenzen setzen. Außerdem würde es jetzt endlich eine echte „FPÖ neu" geben. Eine Reformgruppe, bestehend u. a. aus Haider, Haubner, Scheibner und Uwe Scheuch, werde sich mit der Renovierung der Partei beschäftigen.

Wenig später reagiert Volksanwalt Ewald Stadler und meint, er erwarte sich „nun Wahlerfolge am laufenden Band“ und widerlegt Haubners Aussage, er wäre zum Rücktritt aus dem Vorstand gezwungen worden. Er wolle mit seinem Rückzug gewährleisten, dass die von Haider geforderte „‚lässige, flotte und junge Partei‘ einschließlich Führungsmannschaft nicht dauernd befürchten muss, in Sitzungen mit unangenehmen Wahrheiten und ignorierten Ursachen im Zusammenhang mit Wahlergebnissen konfrontiert zu werden“. Laut Stadler wolle er aber Präsident der Freiheitlichen Akademie bleiben. Ob dies auch zu halten sein wird, hängt wohl von der „Neugründung“ ab.

Was dann kommt, stellt die Aussagen von Haubner in den Schatten: Wieder einmal übertrumpft sie ihr Bruder problemlos. Er kündigt eine Neugründung inklusive eines „Gründungsparteitages“ an. Die „alte FPÖ“ werde „stillgelegt“, die „Karten neu gemischt“. Die Parteispitze werde sich „aussuchen, mit welchen Landesgruppen und Funktionären man zusammenarbeiten will“. Der Fortbestand der Koalition mit der ÖVP werde jedenfalls „sichergestellt“. Haider sieht den „Anfang einer großen Veränderung“. Alle jene, die nicht mehr in die künftige FPÖ passten, werde man „hinter sich lassen“. Explizit erwähnt er Andreas Mölzer, für den „in der neuen FPÖ kein Platz mehr ist“.

Vor der Parteiklausur gibt Haider in Klagenfurt eine Pressekonferenz, bei der er – nicht zum ersten Mal – eine Neugründung der Partei vorschlägt.

Es folgten zahlreiche Reaktionen, auch die Schwester Ursula Haubner war offensichtlich vom schnellen Vorpreschen ihres Bruders überrascht und wollte zunächst nichts kommentieren. In den eigenen Reihen der Freiheitlichen war man zunächst geschockt. Nicht so die Opposition. Vor allem Josef Cap (SPÖ) „lachte“ über die Ankündigungen Haiders und fragte, seit wann Konkurse „Neugründungen“ genannt würden. Dass Haiders abermalige Ankündigung einer Neugründung diesmal ernst gemeint ist, bestätigt der Umstand, dass das freiheitliche Generalsekretariat um Uwe Scheuch schon seit Dienstag mit der Ausrichtung eines Gründungsparteitages beschäftigt ist. Geplanter Termin: Anfang April.

Was ist Schüssels Kalkül?

ANDREAS MÖLZER
IM ZZ-EDITORIAL VOM 11. MÄRZ 2005

Der Wahlkampf dürfte in Österreich schon begonnen haben. Vieles deutet darauf hin, dass sowohl die Veranstaltungen des Gedenkjahres 2005 als auch die nächstjährige EU-Präsidentschaft insbesondere vom Bundeskanzler und seiner ÖVP als Motor für die schwarze Wahlbewegung benützt werden sollen. Manche politische Beobachter meinen gar, dass Schüssel bereits in diesem Herbst wählen lassen könnte, wenn er einen plausiblen Grund hätte, die Koalition mit den Freiheitlichen vorzeitig zu brechen und – was noch viel wichtiger ist, wenn er die Chance sähe noch einige Prozentpunkte an Wählerstimmen aus der blauen Erbmasse herauszubrechen, um solcherart neuerlich Chef der stimmenstärksten Partei zu werden. Die andauernden Demütigungen, die Schüssel dem freiheitlichen Koalitionspartner – zuletzt beim Sicherheitsgipfel – zufügt, werden von eben denselben politischen Beobachtern auch als Provokationen gedeutet, um die Freiheitlichen zu Überreaktionen zu bewegen, aufgrund derer der Kanzler dann, so wie seinerzeit nach Knittelfeld, das Regierungsbündnis aufkündigen könnte.

ÖVP-Provokationen sollen blaue Überreaktionen hervorrufen, um das Regierungsbündnis gegebenfalls zu kündigen.

Mit Sicherheit jedenfalls fordert der Bundeskanzler vom freiheitlichen Koalitionspartner eine Klärung der Führungsfrage bis spätestens kommenden Herbst, damit er ungestört in die nächstjährige EU-Präsidentschaft Österreichs gehen kann. Entweder mit einem handzahmen blauen Koalitionspartner, oder – wahrscheinlich noch lieber – als wiedergewählter Chef der stimmenstärksten Partei und Kanzler, der dann bereits eine zehnjährige Ära in der Geschichte des Landes prägt.

Für den freiheitlichen Koalitionspartner allerdings wird es eng. Nun wurde der ordentliche Parteitag für Ende Juni anberaumt und die Haider-Schwester Ursula Haubner hat ihr neuerliches Antreten angekündigt. Ob es die berauschenden Umfrageergebnisse sind, die sie dazu motivieren, wissen wir nicht. Eher wohl schon der Wunsch Wolfgang Schüssels nach einem lenk- und berechenbaren Partner. Ob man solcherart beim Wähler das Umfaller-Image losbekommt und dann noch ein einigermaßen respektables Ergebnis bei den Nationalratswahlen einfahren wird können, bleibt abzuwarten.

Ein weiteres Argument für Wolfgang Schüssel, möglichst schnell zu wählen, könnte der permanent müde Zustand der sozialdemokratischen Opposition sein. Mit Alfred Gusenbauer an der Spitze kommt die rote Mannschaft schlicht und einfach nicht vom Fleck.

Bleiben noch die Grünen, die sich so oder so im neuen linken Spießertum des halbgebildeten Zeitgeistpublikums fest verankern konnten. Alexander van der Bellen und Eva Glawischnig machen sich nicht ganz unberechtigt Hoffnungen, in der nächsten Regierung zu sitzen. Ob mit Rot oder Schwarz ist ihnen einerlei und gegenwärtig hätte nach allen Meinungsumfragen Rot-Grün eine Mehrheit.

Genau das ist wahrscheinlich auch der Grund, warum Wolfgang Schüssel die FPÖ um jeden Preis und gegen jede Rücksichtnahme auf den Koalitionspartner zertrümmern möchte. Nur dort hofft er noch einige Prozentpunkte an Wählern erben zu können, um zumindest knapp Vertreter der stimmenstärksten Partei zu bleiben. Nur als solcher hat er die Chance, eine neue Regierung, sei es mit der Sozialdemokratie oder – ach, wie charmant – mit den Grünen, zu bilden. Und das bedeutet für die nach wie vor amtierende schwarzblaue Regierung, dass den Freiheitlichen all ihre Gefügigkeit und ihr Anpassungswillen an den großen Koalitionspartner nicht nützen wird. Man wird es dem Vizekanzler und der Sozialministerin und auch dem freiheitlichen Klubobmann nicht danken, dass sie in nahezu allen Bereichen, von den Türkeibeitrittsverhandlungen über die EU-Verfassung bis hin zur Wehrdienstverkürzung, vor Wolfgang Schüssels Wünschen in die Knie gegangen sind. Der Kanzler wird seinen Machterhalt gnadenlos auf Kosten der Freiheitlichen durchsetzen. Und diese werden sich so oder so, früher oder später, in der Opposition wiederfinden. Die Frage ist nur, in welcher Stärke, ob völlig marginalisiert oder noch immer als einigermaßen respektable Kraft. Von der „Dritten Kraft“ wird man dann allerdings wohl nicht mehr sprechen können.

Schüssels Machterhalt geht auf Kosten der FPÖ.

Keine Zukunft ohne Werte

Die Rückbesinnung auf alte Tugenden ist die Schlüsselfrage für die Zukunft der FPÖ

VON HEINZ-CHRISTIAN STRACHE

Es gibt gar keinen besseren Zeitpunkt, um sich mit der Zukunftsfrage der FPÖ auseinander zu setzen, als hier und heute. Denn wenn wir uns das Ganze anschauen, haben wir auf der einen Seite die parteipolitische und tagespolitische Diskussion, die derzeit im Mittelpunkt eines ganzen Pakets von Fragen steht. Die Medien berichten laufend darüber und von allen politischen Lagern kommen Wortspenden bis zum Überdruss.

Die Frage, die im Zentrum dieses Pakets steht, dreht sich um vorgezogene Neuwahlen. Es wird einerseits eifrig darüber spekuliert, ob die ÖVP oder die SPÖ die große Gewinnerin sein wird. Und andererseits wird darüber diskutiert, was im „Fall der Fälle" von einer FPÖ, die in den Umfragen konstant erschreckend niedrig liegt und kaum Erholungstendenzen zeigt, überhaupt noch übrig bleiben wird. In dieser Situation soll sich niemand irgendeiner Illusion hingeben und etwas schönreden, was nicht schönzureden ist. Denn die Lage ist ernst.

Wer als Freiheitlicher angesichts dieser Situation wirklich unter Zukunftsangst leidet, ist kein Spinner, Nörgler oder Querulant, sondern ein besorgter Realist, der sein Herzblut nicht nur in der Vergangenheit in diese Bewegung hineingelegt hat, sondern es noch immer tut, ohne einen rechten Ausweg aus der tristen Situation zu wissen.

Der zweite Grund, warum das Thema Neuwahlen derzeit so intensiv diskutiert wird, ist die durchaus auch staatspolitische Dimension der FPÖ. Denn wir werden im nächsten Jahr den fünfzigsten Geburtstag unserer Gesinnungsgemeinschaft feiern. Wenn man diese 50 Jahre freiheitlicher Politik Revue passieren lässt, egal, ob auf Bundes- oder auf Landesebene, egal, ob sich die FPÖ gerade in der Regierung oder in Opposition befand und egal, welche Persönlichkeiten im Laufe dieser Jahre an der Spitze der FPÖ standen, so wurden wichtige Beiträge geleistet und wichtige Impulse gesetzt, um diesem Österreich mehr Freiheit zu geben.

Die FPÖ muß klare Positionen zu den wichtigen Fragen beziehen.

Vielen Menschen drängte sich in den letzten Wochen und Monaten die Frage auf, wer diese so eigentümliche Rolle im politischen Spektrum übernehmen soll, wenn die FPÖ diese nicht mehr ausfüllen kann oder will. Denn der Kampf um Freiheit und Selbstbestimmung, um Gerechtigkeit, Heimat und Sicherheit ist schließlich noch längst nicht abgeschlossen.

Vielmehr ist das genaue Gegenteil der Fall: Dieser Kampf wird in der Zukunft noch viel härter zu führen sein. Denn dieser Kampf hat mittlerweile eine vollkommen neue Dimension erhalten, wenn wir etwa an die Europäische Union denken. Von der Erweiterung angefangen bis hin zur EU-Verfassung stehen die vitalen Interessen der Österreicher auf dem Spiel. Bei diesen Schicksalsfragen für Österreich kann man nicht in der Hoffnung hin und her lavieren, dass sich diese Probleme im Laufe der Zeit von selbst lösen werden. Vielmehr ist es wesentlich, dass die FPÖ hier klare Positionen bezieht, wie auch bei den anderen brennenden gesellschaftspolitischen Fragen im Zusammenhang mit Heimat, Identität, Familie oder Nation.

Während der letzten Zeit ist im Bewusstsein der Menschen außerordentlich viel in Bewegung geraten, gerade auch im Roten Wien, das als sozialistisches Experimentierfeld diente. Die mit absoluter Mehrheit regierende SPÖ ist sehr nervös, denn Bürgermeister Häupls „Heile-Welt-Theorie“ zerbricht an den harten Klippen der Wiener Realität. Die Menschen erinnern sich, dass es jahrelang auch etwas anderes gegeben hat. Sie erinnern sich, dass es die Freiheitlichen waren, die eine zu den anderen Parteien konträre Position bezogen hatten, die den Menschen Mut und Hoffnung gab. Und heute gilt es, diese Erinnerung glaubhaft aufzufrischen.

Die FPÖ muss sich – will sie an alte Erfolge anknüpfen – als eine politische Kraft darstellen, die selbstbewusst nach vorne schaut und die sich nicht davon abschrecken lässt, in Zukunft auch wieder die Oppositionsarbeit zu übernehmen. Die FPÖ darf, ganz im Gegenteil, keine Angst vor wichtigen strategischen Weichenstellungen haben. Ebenso darf die FPÖ auch nicht das Bild eines frustrierten, streitsüchtigen und griesgrämigen Alten abgeben, der über weite Strecken bereits aufgehört hat, an sich selbst zu glauben, weil er in einer chronischen Sinnkrise steckt, ohne es vielleicht selbst wahrhaben zu wollen oder weil er ganz einfach Verdrängungsarbeit statt Aufarbeitung leistet. Denn für ein solches Bild ist diese freiheitliche Bewegung viel zu wichtig für dieses Land.

Wenn die Zukunft für uns Freiheitliche eine gute werden soll, dann muss es – um dieses notwendige Wiederaufbauprojekt zum Erfolg zu bringen - ein festes Fundament und ein klares Bekenntnis zu freiheitlichen Tugenden und freiheitlichen Werten geben.

Die FPÖ darf sich nicht davon abschrecken lassen, in Zukunft auch wieder die Oppositionsarbeit zu übernehmen.

Diese Werte und Tugenden sind jedoch nicht als „alt" zu bezeichnen, nur weil sie in der Vergangenheit vielleicht etwas zu sehr verdeckt waren. Auch dürfen wir Freiheitliche uns nicht von jenen täuschen lassen, die meinen, dass man Werte und Tugenden heute nicht mehr braucht, um erfolgreich zu sein. Ebenso ist es falsch, in Hollywood-Manier kurzfristig Scheinwelten aus dem Boden zu stampfen, die gerade einmal einen Wahlkampf überstehen und anschließend ruhig in sich zusammenbrechen können.

Will die Freiheitliche Partei in Zukunft wieder erfolgreich sein, dann muss die Renaissance der FPÖ mit einer Renaissance ihrer Werte und Tugenden einhergehen. Diese Werte und Tugenden sind aber weder als alt noch als neu zu bezeichnen. Denn unsere Werte und Tugenden, die von manchen verächtlich als „alt" oder als „überlebt" bezeichnet werden, sind in Wahrheit bestehend und konstant und treten nur in immer anderen Formen auf. Die Menschen sind für diese „neue Moderne des Beständigen" offener als je zuvor. Für uns Freiheitliche gilt es daher, dieses Zeitfenster nicht ungenützt verstreichen zu lassen.

Dieses Zeitfenster ist deshalb offen, weil die Menschen weit über die Grenzen der Politik hinaus in einer Bewegung der Abkehr von der Belanglosigkeit auf der Suche nach Sinn sind. Denn Sinn ist es, der die Zeit erfüllt. Und Sinn ist das neue Prinzip einer neuen Politik. Sinn ist das Prinzip einer Politik, die sich über das, was ihr allgemein an Verdrossenheit entgegentritt, erheben kann und muss, wenn sie nicht nur bestehen, sondern auch Erfolg haben will. Diese Suche nach Sinn ist ein weites Feld, auf dem wir Freiheitliche mit unseren Antworten die besten Früchte zum Wachsen bringen.

Wenn man sich die Argumente der sogenannten linken Eliten in Wissenschaft und Politik, etwa im Zusammenhang mit Heimat oder Identität anschaut, sieht man, dass alles, was für unsere europäische Tradition identitätsstiftend ist, weggewischt werden soll. Ganz so, als wenn ein nasser Schwamm über eine beschriebene Tafel fährt. Wenn man sich anschaut, wie mit dem Hammer der „political correctness“ politische Gegner – etwa jene, die den Beitritt der Türkei zur Europäischen Union ablehnen – als Rückständige oder als Menschenfeinde bezeichnet werden, dann sieht man, dass die unheilvolle Saat der Frankfurter Schule nach wie vor wirkt. Diese Saat wirkt zerstörerisch und entwurzelnd. Sie wirkt destruktiv und hinterlässt keine Befriedigung und Hoffnung, sondern Enttäuschung, Entfremdung und Frustration. Und das, obwohl sie für sich in Anspruch nimmt, den Fortschritt zu repräsentieren.

Die Menschen spüren diesen Wind, der ihnen da entgegen bläst. Sie haben dieses Unbehagen, aber sie wissen nur noch nicht genau, woher denn dieser Wind weht. Zu sehr hat sich dieses Gedankengut schon überall breit gemacht. Und die Wurzeln so mancher politischen Entscheidung sind eben nicht so einfach zu erkennen. Aber wenn man die Wurzeln kennt, dann weiß man auch, warum so viele Früchte faul sind und den Menschen nicht schmecken.

Die unheilvolle Saat der Frankfurter Schule zersetzt weiterhin große Bereiche unserer Gesellschaft.

Wenn man sich überlegt, was das Ziel dieses „Marxismus für feine Leute“ ist, wie Golo Mann die Frankfurter Schule so treffend bezeichnet hat, kommt man zu folgenden Antworten: Nichts ist heilig. Gott ist tot. Jedes Tabu, das gebrochen werden kann, soll gebrochen werden. Und alles, was auch nur im Entferntesten den Geruch von Wert und Tradition an sich hat, ist schon deshalb abzulehnen und zu bekämpfen, weil es dies eben gibt. Man darf auch nicht vergessen, dass hier ganze Arbeit geleistet wurde und auch weiterhin geleistet wird. Die Familie zum Beispiel, die von Adorno, Habermas und Co. als Keimzelle des Faschismus „enttarnt“ wurde, ist eines der Hauptziele der Linken, das es zu bekämpfen gilt. Den Linken wäre es am liebsten, wenn man das Modell der Familie endgültig beseitigen könnte. Denn für sie ist die Familie nur der Kitt, der das, was sie als kapitalistische Gesellschaft in Bausch und Bogen abqualifizieren, noch vor dem endgültigen Untergang rettet. Also weg damit. Wenn man sich diese Gedankengänge immer wieder vor Augen hält, dann wird klar, wes Geistes Kind jene Vorstöße, wie etwa die völlige Gleichberechtigung von homosexuellen Partnerschaften mit der Ehe, sind. Und es wird auch klar, woher Utopien wie jene der gefängnislosen Gesellschaft, die in immer neuen Facetten auftaucht, eigentlich stammen.

Marx sagte einmal, dass er mit seinem Gedankengebäude nichts anderes getan hat, als die Philosophie des großen Hegel vom Kopf auf die Füße zu stellen. Und darin steckt denn auch das ganze Programm einer Gesellschaftsveränderung, die Schaffung eines neuen Menschen, den man dann dadurch adeln möchte, dass man ihn im Unterschied zur dummen Masse als anti-autoritär bezeichnet. Dieses Programm wird bis heute in Schulen, Universitäten, Medien und vielen anderen Bereichen verwirklicht und vorangetrieben und jeden, der nicht mitmacht, trifft der Bannstrahl der schon erwähnten politischen Korrektheit.

Als Freiheitliche ist es unsere große Aufgabe, den Menschen nicht nur klarzumachen, woher all das kommt, was ihnen Sozialisten und Grüne als ihre gesellschaftspolitischen Wunschvorstellungen vorsetzen und so tun, als ob es sich dabei um Selbstverständlichkeiten handelte. Wir Freiheitliche sind aufgefordert, die Menschen in unserer politischen Arbeit aufzuklären und die Unterschiede klar und präzise herauszuarbeiten. Das ist ein Teil der Sinngebung auch für uns selbst.

Aber darüber hinaus wird noch sehr viel mehr notwendig sein. Wir Freiheitliche müssen eine Politik betreiben, die den Menschen wieder den Mut macht, sich selbst etwas zuzutrauen und sich in den brennenden Fragen ihrer Existenz nicht verschweigen zu müssen. Wir müssen eine Politik betreiben, die Werte wie Familie, Kultur, Staat, Heimat nicht auf dem Müllhaufen der Weltgeschichte entsorgen möchte, sondern die zeigt, dass all das wesentlich zu unserem freiheitlichen Menschenbild gehört. Wir müssen den Menschen zuhören und ihre Sorgen und Nöte artikulieren. Und das nicht irgendwann leise und hinter vorgehaltener Hand, sondern laut und selbstbewusst. Wir müssen eine Politik machen, die den Menschen dient und die sie nicht von oben herab wie der große Schulmeister, der von sich behauptet, alles und jedes besser zu wissen, belehrt. Das ist der Weg, auf den wir uns alle wieder besinnen müssen und von dem wir uns nicht durch noch so süße Versuchungen und Verlockungen des so genannten Establishments abbringen las-

Bild: ZZ/Archiv

sen dürfen. Unseren Werten wieder ihren Stellenwert in einer durchaus modernen Erscheinungsform zu geben, das ist die Tugend, die uns auf den Erfolgsweg zurück bringen wird. Das ist die Richtung des therapeutischen Wegs, den wir einschlagen müssen, um wieder zu Kräften zu kommen für eine Zukunft, die das Prädikat gut auch uneingeschränkt verdient.

Freiheit heißt mit einem anderen Wort „Selbstbestimmung" und bedeutet bekanntlich auch Selbstbeschränkung. Diesen Grundsatz wird die FPÖ wieder lernen müssen. Sie darf nicht Macht um der Macht willen anstreben, sondern dafür, um das verwirklichen zu können, wofür sie steht. Auch in diesem Bereich geht es darum, dass wir unsere Grundsätze an uns selbst anwenden.

Das Gegenteil von Selbstbestimmung ist bekanntlich Fremdbestimmung oder Zwang. Aber zwingen kann man nur den, der sich selbst zwingen lässt. Und die FPÖ darf sich durch keine Umstände zwingen lassen, von diesem Kurs der Renaissance abzugehen. Und auf diesem Weg der Renaissance ist eine Unterordnung aller anderen Interessen, aller Hinsichten und Rücksichten unter das eine und einzige freiheitliche Ziel unbedingt erforderlich: Den Menschen in diesem Land eine ehrliche Alternative und ungetrennt davon der FPÖ eine gute Zukunft zu geben.

Der Abdruck ist das überarbeitete Manuskript des Vortrags des Autors vom 24. Februar 2005 im Liberalen Klub.

re, die öf-
hatten, be-
, die zu weite-
Eskalationen führen werden.

kursiert ein Anti-
rief, der von Haider-Opfern verfasst wurde und ebenfalls möglichst viele Unterschriften erhalten soll.
Besonders dramatisch: Hai-

FP will Haider nicht als Chef. Salzburgs FP-Chef Karl Schnell, bis vor kurzem noch glühender Anhänger Haiders, erklärt im

freilich auch die vom F
stand zurückgetretenen Ch
der blauen Senioren- und Jugendorganisationen Karl Wimleitner und Johann Gudenus. ▶

Das Strache-Lager

Immer mehr FP-Landesgruppen und die rechten Hardliner wollen Strache als FP-Chef.

FP-LÄNDER PRO STRACHE. Salzburgs FP-Chef stellt sich hinter Strache und hält auch offiziell „wenig von Haiders Comeback als FP-Chef". Er weiß, dass große Teile der FP-Basis gegen Haider mobil machen.

DIE TAKTIKER. Die FP-Rechtsaußen Ewald Stadler und Andreas Mölzer wollen nicht selbst an die FP-Spitze. Sie wollen Strache dort installieren.

DIE MANDATARIN. Die niederösterreichische FP-Chefin Barbara Rosenkranz würde auch als FPÖ-Abgeordnete der FPÖ alt treu bleiben. Gegen Haider

Bild: Ausriß „News", 11/2005, S. 19

Bruno Kreisky und Friedrich Peter: Ein historischer Händedruck, der den Weg zur 30jährigen SP-Kanzlerschaft ebnete

Friedrich Peter spielte ein Doppelspiel!

Otto Scrinzi über die Gründung und Entwicklung der FPÖ, über ihre wechselvolle Vergangenheit und über ihre unsichere Zukunft

Herr Dr. Scrinzi, was hat seinerzeit die VDU-Abgeordneten bewogen, die FPÖ zu gründen. Warum war man mit der alten Gesinnungsgemeinschaft nicht mehr zufrieden?

Scrinzi: Die alte Wahlpartei, Verband der Unabhängigen, ist sehr bald von inneren Flügelkämpfen befallen worden. Es ging also um den Grundkurs. Bleiben wir in der Tradition des alten nationalfreiheitlichen Lagers der Ersten Republik und auch der Zweiten, oder entwickeln wir uns zu einer liberalen Partei? Das hat nach dem großen Erfolg 1949 sehr bald zu internen Flügelkämpfen geführt und sich immer mehr zugespitzt. Es kam dann zu dieser Neugründung.

Diese Bipolarität, auf der einer Seiten das nationalfreiheitliche, auf der anderen das liberale Lager, ist ja in der FPÖ fortgesetzt worden. Auch in der Zeit, als Sie dem

Parlament angehört hatten, gab es auch immer diese Exponenten. Sie galten etwa als Nationaler und dann gab es z. B. Gredler auf der liberalen Seite. War das eine Form der Zerrissenheit oder hat das doch irgendwie auch einen inneren Motor dargestellt?

Scrinzi: Es war, glaube ich eher, ein Faktor mit einer gewissen Sprengkraft. Das hat dann in der Partei selber ständig zu Auseinandersetzungen geführt, wobei die Liberalen nicht sehr loyal waren. Es bestand ohne offizielles Wissen der Partei eine Österreichfraktion der Liberalen Weltunion, die fast ausschließlich aus führenden FPÖ-Funktionären und Mitarbeitern bestanden hat.

Gab es da ein richtiges Netzwerk?

Scrinzi: Das war ein richtiges Netzwerk. Mitglieder in diesem Club waren neben Gredler damals Bundesgeschäftsführer Bogner, Klubdirektor Erschen usw., also maßgebliche Leute, die in aller Stille den Beitritt der FPÖ zur Liberalen Weltunion betrieben haben. Dieser Beitritt scheiterte zuerst vor allem daran, dass der Bundesparteiobmann der FPÖ, Peter, sich daran gestoßen hat. Peter trat 79 nicht mehr an bzw. zurück, und Götz hatte die Parteiführung übernommen. Der überraschende Beitritt, der vor allem für uns Nationale überraschend war, ist unter dem eigentlich als national geltenden Götz erfolgt. Das war 1980. Und mit dem Übergang von Götz an Steger hat die liberale Fraktion der FPÖ starken Aufwind bekommen.

Steger wollte aus der FPÖ eine lupenreine liberale Partei machen.

Steger hat kein Hehl daraus gemacht, dass er mit der Partei – wie er es wörtlich genannt hatte – der Kellernazi ein Ende machen und aus der FPÖ eine lupenreine liberale Partei machen wolle. Und dieses Experiment hat die Partei auch in eine Existenzkrise gebracht, denn nachdem 1983 die rot-blaue Koalition gebildet wurde, sind wir ja binnen drei Jahren bei Umfrageergebnissen unter 4 Prozent abgestürzt.

Wie kam es überhaupt zu der Wahl eines Parteiobmannes? Gab es da in Gestalt von Friedrich Peter jemanden, der für beide Flügel Autorität ausüben konnte, oder gab es auch diesbezüglich Schwierigkeiten?

Scrinzi: Naja, in der Zeit von Friedrich Peter war sozusagen eine pragmatische Lösung gefunden worden. Peter war seiner Einstellung nach sicher einer, der sich in Richtung Liberalismus entwickelt hat. Auf der anderen Seite war er ein Obersturmführer der Waffen-SS gewesen und signalisierte nach außen hin auch den Typus der alten Nationalfreiheitlichen.

Friedrich Peter – Der Langzeit-Obmann

Friedrich Peter

Der Mitbegründer der FPÖ, der ihr auch 20 Jahre lang als Obmann vorstand, wurde am 13. Juli 1921 in Attnang-Puchheim geboren. Sein Vater stammte aus dem Arbeitermilieu, seine Mutter aus bürgerlichem Hause. Peter meldete sich 1941 freiwillig zur Waffen-SS, wo er im Mai 1945 in US-Gefangenschaft geriet. Spätere Vorwürfe zu seiner Vergangenheit beantwortete er klar und deutlich: „Ich bin nicht jenem Kreis zuzuzählen, der gepresst und gezwungen wurde, sondern ich bekenne mich noch heute, dass ich freiwillig gegangen bin. Dem Vaterland zu dienen ist keine Schande." Sein Weg in die Politik begann über den Oberösterreichischen Lehrerverein. Gemeinsam mit seinem politischen Ziehvater Anton Reinthaller gründete er die FPÖ und wurde nach dessen Tod Ende 1958 zum Bundesobmann gewählt, wo er sich als Mann des Ausgleichs und des Kompromisses galt.

Der Tatsache, dass sich ein österreichischer „Nationalismus entwickelte, trug Peter durch die Formulierung der „Deutschen Volks-, Kultur- und Schicksalsgemeinschaft" Rechnung. Nach Wahlverlusten 1962 und 1966 stabilisierte sich die Partei bei etwas über 5 Prozent. Die Versuche, sich über die SPÖ in das politische System einzubringen, setzte Peter trotz starkem Widerstand fort. 1971 konnte dank der Wahlreform und der vorigen Unterstützung der Minderheitsregierung Kreisky die Mandatszahltrotz leichter Stimmenverluste von sechs auf zehn erhöht werden. Die Affäre um die Vorwürfe Simon Wiesenthals, der behauptete, Peter habe Kriegsverbrechen begangen, löste eine langwierige Diskussion aus, die auch zum Konflikt zwischen Kreisky und Wiesenthal führte. Unter starkem Beschuss von links und rechts kandidierte Peter 1978 nicht mehr als Obmann und verließ 1986 endgültig die Politik. Die neue EU-Politik Haiders, der zuvor von Peter unterstützt wurde, veranlasste den Altobmann 1992 sogar, aus der FPÖ auszutreten. Mit Haiders Worten, man habe „keine Verlustanzeige zu erstatten", wurde dem Langzeit-Obmann ein würdiger Abschied verweigert.

G. B.

Also mit der nationalfreiheitlichen Vergangenheit konnte er den nationalen Flügel im Zaum halten und mit seinen liberalen Zukunftsperspektiven, die er nach außen getragen hat,. . ..

Scrinzi: . . .hier hat sich eine sehr starke Solidarisierung ergeben und bei allen Verdiensten, die ich Peter später zuschreiben muss, ist ja unverkennbar, dass er ein Doppelspiel gespielt hat, das nie durchschaut wurde. Er war ja 20 Jahre Parteiobmann. Es gab praktisch nie einen Gegenkandidaten, obwohl ja in der Zeit seiner Obmannmannschaft die Partei ein Drittel der Wähler verloren hat.

Er hat das aber wieder wettgemacht, indem er mit der Duldung der Minderheitsregierung eine Wahlrechtsreform zustande brachte und daher auch wieder für mehr Mandate gesorgt hat...

Scrinzi: Das ist sicher eines seiner Verdienste, obwohl er ja beteuert, es sei keine conditio sine qua non für Kreisky gewesen und dass die Bildung der Minderheitsregierung auch zu seiner, Peter´s, Überraschung erfolgt sei. Ich glaube aber, zahlreiche Indizien dafür zu haben, dass das ganz anders gelaufen ist. Zumindest so, dass man stillschweigend eine Duldung der Minderheitsregierung davon abhängig gemacht hatte, dass auch die Wahlrechtsreform komme.

Bild: Pfeiffer

Prim. Dr. Otto Scrinzi, geboren 1918 in Lienz, Nervenfacharzt. 1949–1956 Abgeordneter zum Kärntner Landtag, 1966–1979 Abgeordneter zum Nationalrat. Gründete 1984 die National-Freiheitliche Aktion (NFA) als Opposition zur FPÖ-Politik Norbert Stegers; kandidierte bei der Bundespräsidentenwahl 1986.

Buchveröffentlichungen:

„Politik zwischen Ideologie und Wissenschaft", „Kärnten – 1000 Jahre und 70"; „Südtirol – ein Elsaß an der Etsch?"; „Die Südtirolfrage"; Herausgeber von „Ich bin stolz, ein Deutscher zu sein"; „Chronik Südtirol 1959–1969", „1848 – Erbe und Auftrag"

Auf der einen Seite ist die Wahlrechtsreform anzuführen, auf der anderen Seite gab es den Wählerverlust. War es vernünftig, die Minderheitsregierung zu ermöglichen und damit ein dreiviertel Jahr später die absolute Mehrheit der SPÖ herbeizuführen?

Scrinzi: Meine Meinung dazu ist historisch gedeutet, auch wenn die offizielle Geschichtsschreibung sie nicht unbedingt übernimmt. Die Radikalisierung in der Ersten Republik, die dann zum Juli 1927 und zum Jahr 1934 geführt hat, ist dadurch begünstigt worden, dass sich die bürgerliche Mehrheit über viele Jahrzehnte gewehrt hat, der stärksten Parlamentspartei die Mitarbeit in der Regierung einzuräumen. Das hat innerhalb der SPÖ, zu einer Stärkung des radikalen, austromarxistischen Flügels geführt und den anderen Teil, Renner, Pernerstorfer und Adler auch geschwächt. In der Situation 1970 war ich dafür, den Sozialisten die Möglichkeit zu geben, ihre Regierungskünste unter Beweis zu stellen, zumal sie kein Unheil anrichten konnte, weil ja eine nichtsozialistische Mehrheit im Parlament diese Regierung jederzeit in die Wüste schicken konnte. Und für uns als kleine Oppositionspartei war das natürlich eine Gelegenheit, unsere Zustimmung von der Sache abhängig zu machen, aber auch von der Gegenleistung.

Die Minderheitsregierung Kreisky bot damals Gegenleistungen für die FPÖ.

Man scheint jetzt zu glauben, dass die Steuer- und andere Reformen beim Wähler Früchte tragen würden. Glauben Sie, wird das dieser Regierung und damit auch der FPÖ bei den nächsten Wahlen helfen.

Scrinzi: Nein. So wie die Dinge liegen, stehen hier der staatspolitisch zu bejahende, mittel- und langfristige Effekt, den negativen Kurzzeitauswirkungen gegenüber. Wir haben trotz des Verkaufs sehr viel öffentlichen Vermögens den Schuldenberg nicht abgebaut. Wir haben das unklug forcierte Nulldefizit längst wieder aufgeben müssen. Und das Schlimmste: Wir haben eine Rekordarbeitslosigkeit. Ich kann mir nicht vorstellen, dass das alles kompensiert wird, weil jeder glaubt, dass sein Enkel im Jahre 2040 die Wohltaten genießen wird.

Anton Reinthaller – Der Gründungs-Obmann

Anton Reinthaller

Dipl.-Ing. Anton Reinthaller wurde in Mettmach am 14. April 1895 geboren und verstarb dort am 6. März 1958. Er war einer der Mitbegründer der FPÖ und hatte bis zu seinem Tod die freiheitliche Politik in hohem Maße geprägt. Schon frühzeitig war Reinthaller zum Nationalsozialismus gestoßen. So war er bereits im Jahre 1923 Gemeinderat der NSDAP in Attersee und 1928 NSDAP-Ortsgruppenleiter geworden (bis 1930). 1928 und 1929 war er auch Mitglied der SA.

Nach dem Verbot der NSDAP im Jahre 1933 blieb er entgegen den aus München gegebenen Weisungen in Österreich. Im übrigen war er das einzige Mitglied der Landesleitung, das in OÖ blieb. In dieser Zeit war Reinthaller auch als Mitglied der oberösterreichischen Landesregierung vorgesehen.1938 wurde Anton Reinthaller Mitglied des „Anschluss-Kabinetts": Seyß-Inquart setzte ihn als Landwirtschaftsminister ein (11. März 1938 bis 30. April 1939). 1940 wurde er Unterstaatssekretär im Reichsministerium für Ernährung und Landwirtschaft in Berlin und 1942 Landesbauernführer von „Niederdonau"

In der Zeit nach dem Anschluss hat Reinthaller, der auch in der nationalsozialistischen Zeit nicht aus der Kirche ausgetreten war, viel für politisch Verfolgte getan. 1950 wurde er zu drei Jahren Kerker verurteilt. 1956 wählte ihn die FPÖ zum Bundesparteiobmann. Auch wenn er immer für einen Anschluss eintrat, war ihm doch auch Österreich und seine besondere Stellung ein sichtbares Anliegen. Dies äußerte sich wohl in seinem Mitwirken an der Gründung heraus aus dem VDU der Freiheitlichen Partei Österreichs, der er in den zwei Jahren seiner Obmannschaft das richtige Rüstzeug für ihre Zukunft mitgab.

In seiner Gründungsrede legte er auch deutlich klar, wie er die FPÖ ideologisch positioniert sehen wollte: „Der nationale Gedanke bedeutet in seinem Wesen nichts anders als das Bekenntnis der Zugehörigkeit zum deutschen Volk."

W. M.

ÖVP – Opfer der eigenen Arroganz

Schon Raab und Reinthaller wollten ÖVP–FPÖ-Pakt schließen

Erwin Hirnschall: Einstige Zukunftshoffnung der Freiheitlichen.

Die FPÖ nähert sich ihrem 50. Geburtstag. Sie haben von allem Anfang an die Geschicke mitverfolgt und waren maßgeblich auch an dem Bau dieser FPÖ mitbeteiligt. Es gibt im Laufe dieser Jahre eine Reihe von Meilensteinen. Was waren für Sie die wichtigsten Punkte in der Entwicklung der FPÖ?

Erwin Hirnschall: Für die Entwicklung der FPÖ, würde ich sagen, war sicherlich das Jahr 1970 entscheidend. Das war eigentlich das erste Mal, dass die Dominanz der großen Koalition bzw. der Alleinregierung von Josef Klaus gebrochen werden konnte. Und das in einer Zeit, in der es keine Parteienfinanzierung gab. Das war eine enorme Leistung. Und dann ist es Friedrich Peter mit der Unterstützung der Minderheitsregierung Kreisky gelungen, ein neues, faireres Wahlgesetz zu beschließen.

War es nicht anschließend, noch im selben Jahr, dann ein großer Fehler, dass man Neuwahlen zugelassen hat? Die Situation der Minderheitsregierung war für die FPÖ doch eine ideale.

Hirnschall: Zu diesem Zeitpunkt hatten wir das Wahlgesetz noch nicht. Es war damals die Zusage da, aber es war noch nicht unter Dach und Fach, es war noch nicht beschlossen. Und für uns war die Reform notwendig, um den Stimmen gleiches Gewicht zu geben. Wir haben für ein Nationalratsmandat davor ja ziemlich genau die doppelte Anzahl von Stimmen gebraucht wie die beiden Großparteien.

Wenn wir noch zurückgehen in die Zeit der großen Koalition und dann der Alleinregierung der ÖVP. Hat die FPÖ zu diesem Zeitpunkt eigentlich bundespolitisch in irgendeiner Form eine Rolle gespielt oder war sie nur das, was seinerzeit geplant war: eine Organisation, die der ÖVP Stimmen kosten sollte?

Hirnschall: Nein, es war zunächst nach Gründung der FPÖ das Bestreben da, mit der ÖVP gemeinsam auch auf Bundesebene zu arbeiten. Ich darf Sie erinnern, wir haben mit der ÖVP einen gemeinsamen Präsidentschaftskandidaten aufgestellt, Herrn Prof. Denk im Jahre 1957. Zwischen Bundeskanzler Raab und auf FPÖ-Seite Reinthaller, aber vor allem Emil Van Tongel, der der eigentliche Manager der Partei war, wurde dieses Konzept verhandelt, zunächst einmal einen gemeinsamen Präsidenten durchzubringen und in weiterer Folge eine Zusammenarbeit von ÖVP und FPÖ in der Regierung zuwege zubringen. Das Konzept ist damals an der ÖVP gescheitert, die nach unseren Vorleistungen keine Gegenleistung erbringen wollte.

1970 wäre ja die Gelegenheit da gewesen…

Hirnschall: Ja, da haben wir es der ÖVP angeboten, aber Klaus hat es ziemlich brüsk abgelehnt. Aus der Überlegung: Das nächste Mal schaffen wir es wieder ohne die FPÖ, die brauchen wir nicht. Mittlerweile aber hatte es aus der SPÖ interessante Annäherungsversuche gegeben, aber auch eine interessante Vorleistung, die man nicht zu gering schätzen soll. Die SPÖ hat damals signalisiert, sie wäre bereit, einen FPÖ-Kandidaten als Rechnungshofpräsidenten zu bestellen. Das wurde dann Kandutsch.

Zwischen Götz und Taus gab es eine Absichtserklärung.

Einige Zeit später hat es Alois Mock versucht, eine Koalition mit der FPÖ einzugehen, er ist aber an der innerparteilichen Ablehnung gescheitert.

Hirnschall: Das war ganz maßgeblich der damalige Kammerpräsident Sallinger, der innerhalb der ÖVP das verhindert hat. Ihm ging es um die berühmte Sozialpartnerschaft, er wollte unbedingt die schwarz-rote Koalition. Vorher gab es auch schon zwischen dem kurzfristigen Bundesparteiobmann Alexander Götz und Josef Taus die Absichtserklärung einer Zusammenarbeit, sollte es sich nach den Wahlen rechnerisch ausgehen. Es hat also durchaus Versuche gegeben, mit der ÖVP zusammenzugehen.

Die FPÖ war bis zum Aufschwung unter Haider in einer gewissen Hinsicht ein Phänomen: Sie bestand eigentlich nur aus Flügeln, einem nationalen und einem liberalen Flügel. Oder gab es dazwischen doch noch etwas?

Hirnschall: Nicht immer hat es dazwischen auch Leute gegeben, die beides vereinen konnten, die Verständnis gehabt haben für liberale Anliegen und auch für nationale Anliegen. Aber derartige Flügel gibt es ja in jeder Partei.

Wie kam es zum Eintritt in die Liberale Internationale?

Hirnschall: Das war Alexander Götz. Er hat den Antrag gestellt und unterschrieben. Jörg Haider hat das dann abrupt beendet. Ich muss sagen, das war nicht notwendig. Er hat damals Graf Lambsdorff im Zuge der Parteispendenaffäre, an der ja alle Parteien beteiligt waren, als Kriminellen bezeichnet. Das war wirklich nicht notwendig. Das haben sich die Freien Demokraten auch nicht verdient gehabt.

Hat die Entscheidung, aus der Liberalen Internationale rauszugehen, der FPÖ geschadet?

Hirnschall: Bis heute ist es ein Mangel, dass wir auf europäischer Ebene keine Fraktion haben, an der man teilnehmen könnte, um so notwendige internationale Kontakte besser zu pflegen.

Sie waren lange Zeit Spitzenfunktionär und FPÖ-Parteiobmann von Wien, eine Stadt, die plakatiert, dass sie anders sei. Gilt dies auch hinsichtlich der politischen Arbeit ?

Hirnschall: Naja, damals als ich in die Wiener Kommunalpolitik eingestiegen bin, war die Situation für die SPÖ noch viel eindeutiger wie sie es jetzt ist. Damals waren Gemeindewohnung, Parteibuch, Gemeindeposten noch viel stärker mit einander verbunden. Das hat sich dann gelockert. Da konnte die FPÖ nicht mithalten und war klarerweise immer in Opposition. Die SPÖ hätte zum Regieren niemanden gebraucht, sie hatten lange Zeit fast Zwei-Drittel-Mehrheiten gehabt und konnten sogar auf den langjährigen Koalitionspartner ÖVP verzichten. Bei dem Bau der Donauinsel etwa hat die ÖVP dagegen gestimmt. Da haben wir interessanterweise dafür gestimmt, weil ich der Meinung war, das das eine interessante Sache wäre.

Der Sallinger wollte damals unbedingt Rot–Schwarz.

Im Nachhinein betrachtet zu Recht.

Hirnschall: Bei mir hat sich diese Meinung gebildet, aus mehreren Besuchen in Budapest in der damaligen Zeit. Wo ich zufälligerweise auf der Margareten-Insel in dem Hotel gewohnt habe. Und ich habe das fantastisch gefunden, so eine Insel mitten in der Stadt, als Erholungsgebiet. Ich bin in der Früh immer schwimmen gegangen in dieses Bad, das es dort gegeben hat und habe mir gedacht, das wäre auch für Wien eine tolle Sache. Und daher waren wir zum Erstaunen mancher, die immer ein „Njet“ zu allem gewöhnt waren, dafür und die ÖVP war dagegen. Das hat dann damals die SPÖ zum Anlass genommen, die Koalition mit der ÖVP zu beenden und war alleinherrschend. Mit dem Aufschwung der FPÖ insgesamt sind wir natürlich auch in Wien stärker und stärker geworden und waren dann auch schon so weit, eine Mehrheit gegen die SPÖ zustande bringen zu können.

Im gleichen Jahr, in dem Jörg Haider Bundesparteiobmann wurde, wurden doch in Wien Landtagswahlen beschlagen.

Hirnschall: Das war ein Jahr später. Da sind wir in den Staatsenat gekommen, wir haben das erste Bundesratsmandat erzielt usw. Und bei den Wahlen 1991, da war ich das letzte Mal noch Spitzenkandidat, gab es den Sprung von acht auf 23 Mandate. Dann waren das schon zwei Stadträte und ein Landtagspräsident.

Und das zu Zeiten eines sehr populären Bürgermeisters. Es war also nicht der politische Gegner schwach sondern im Gegenteil, sogar besonders stark.

Hirnschall: Das war damals die Phase, wo man natürlich sagen muss, dass sich die große Koalition auf Bundesebene bereits totgelaufen hatte. Man hat das Gefühl gehabt, es geht nichts weiter. Die Bundespolitik hat sich sehr stark auf die Länder niedergeschlagen.

Es war eine Stärke Haiders zu signalisieren, er mache alles ganz anders und viel besser.

Hirnschall: Richtig. Und was noch dazu gekommen ist zu dem Aufwind der Bundespartei, war eine Parteienförderung, wie sie in Europa ja fast einmalig ist. Die Partei hat plötzlich finanzielle Mittel gehabt, alles zu machen, was man sich wünschen kann. Es gab da keine Begrenzungen. Wir waren nicht mehr allein auf Spendengelder angewiesen. Wenn etwas gekommen ist, war es schön, aber es war keine zwingende Notwendigkeit, Geld war da in Hülle und Fülle.

Mit der Pateienförderung gab es Geld in Hülle und Fülle.

Mittlerweile hat sich die Zeit ein bisschen geändert. Die FPÖ ist von einer Mittelpartei bei den letzten Wahlen auf nahezu ein Drittel reduziert worden. Wie soll es jetzt weitergehen?

Hirnschall: Ich möchte noch etwas dazwischen sagen. Es war die Wahl 1999, wo die FPÖ dann mit 52 Mandaten, mit 27 Prozent, zweitstärkste Partei war. Das hat damals die Chance gebracht, den alten Plan einer Regierung mit der ÖVP zu verwirklichen.

Von Haider wird heute verdrängt, dass er ja der größte Befürworter war, das zu machen und auch so, dass der ÖVP der Platz eins eingeräumt wird. Das war von Haider so geplant, gegen den Willen vieler in der Partei, die gemeint haben,

Bild: FPÖ

Jörg Haider: Seine oft „spaßorientierte" Politik brachte Wählerstimmen, sorgte aber bei vielen alten Nationalliberalen für Befremden

eine Regierungsbeteiligung wäre noch zu früh und man solle noch eine Periode warten, um dann die Nummer eins zu werden.

Das meinte etwa auch Hans Dichand, der seitens der „Kronenzeitung" die Neuauflage der rot-schwarzen Koalition befürwortete.

Hirnschall: Haider hat den Standpunkt im Bundesparteivorstand eigentlich gegen eine Mehrheit vertreten. Er ist dann sogar so weit gegangen zu sagen, es sei ihm klar, dass es Stimmen kosten würde, es aber trotzdem die Sache wert sei. Es müsse einmal in Österreich möglich sein, einen Durchbruch zu erzielen und Reformen durchzusetzen.

Der Start war ja auch nicht so schlecht?

Hirnschall: Die Stimmung in den ersten beiden Jahren war durchaus positiv ist. Ich würde sagen, bis in den Sommer 2002 hätte man sicher bei der Wahl keine 27 Prozent, aber locker wieder 20 Prozent erhalten. Vor allem Riess-Passer und Grasser sind gut angekommen. Es hat natürlich die Probleme gegeben, im Sozialministerium, im Verkehrsministerium, wo ein Wechsel nach dem anderen stattgefunden hat, die Geschichte mit dem Ein-Monats-Minister Krüger und solche Sachen. Aber darüber haben die Leute noch hinweggesehen. Der Wahnsinn ist dann ausgebrochen im Sommer, wo sich der Haider vorgestellt hat, noch dazu mitten in der Hochwasserphase, es müsse die Steuerreform vorgezogen werden und es zu dem Bruch in Folge des sogenannten Knittelfeldtreffens kam.

Worin sehen Sie die Hauptproblematik der freiheitlichen Politik in der zweiten Regierungskoalition mit Schüssel?

Hirnschall: Wissen Sie, ich habe, auch die Jahre, wo ich nicht mehr selbst politisch aktiv war, immer gewusst, wie die FPÖ bei einzelnen Themen entscheiden würde. Auf Basis des Parteiprogramms gab es eine weltanschauliche Position, auf die man sich verlassen konnte. Das ist in den letzten Jahren nicht mehr so gewesen. Im Gegenteil, meistens liege ich mit meiner Einschätzung sogar falsch.

Zum Beispiel?

Hirnschall: Nehmen Sie beispielsweise das Thema Bildungsreform. Wir haben, meines Wissens sogar im Parteiprogramm verankert, immer eine klare Position gegen die Gesamtschule eingenommen. Das ist ein europaweites, marxistisches, ideologisch begründetes Anliegen. Und jetzt sind wir auf einmal auch dafür. Da fehlt mir einfach jedes Verständnis.

Die Gespräche führte Walter Tributsch.

Die Freiheitlichen müssen sich wieder finden!

ANDREAS MÖLZER
IM EDITORIAL VOM 25. MÄRZ 2005

Im heurigen Jubiläums- und Gedenkjahr beginnen auch die Bestandsjubiläen der Freiheitlichen Partei Österreichs. Bundesweit wurde sie zwar erst mit dem Gründungsobmann Anton Reinthaller im Jahre 1956 gegründet, in Kärnten aber entstand sie bereits ein Jahr zuvor, rund um den Gründungsobmann Reinhold Huber. Demgemäß haben die Kärntner Freiheitlichen rund um Landeshauptmann Jörg Haider bereits angekündigt, dass es heuer zu entsprechenden Feierlichkeiten kommen werde. Dem in dieser Ausgabe von „Zur Zeit" abgedruckten Interview mit den Kindern des seinerzeitigen Parteigründers, Alois Huber und Kriemhild Trattnig, entnehmen wir aber, dass sich just diese der heutigen FPÖ – auch jener in Kärnten – verweigern und dass sie der Meinung sind, ihr Vater würde, lebte er noch heute, sagen: „Sofort hinaus aus dieser Partei". Eine mehr als bedenkliche Aussage, die den Granden der Kärntner Freiheitlichen vielleicht zu denken geben sollte.

Es geht darum, dass diese zutiefst zerrissene, mit sich selbst uneinige Partei wieder zu sich findet.

Das Schwerpunktthema dieser Ausgabe lautet nun „Wer versöhnt die Freiheitlichen?" Dabei geht es – wer den Aufmacher auf Seite Eins gelesen hat, weiß es schon – nicht darum, dass die gegenwärtigen Konfliktparteien in der aktuellen Auseinandersetzung um die Linie und die Führung der FPÖ miteinander wieder auf Kuschelkurs gehen oder irgendwelche mehr oder weniger faulen Kompromisse für die Zukunft schließen, nein, es geht darum, dass diese zutiefst zerrissene, mit sich uneinige Partei wieder zu sich findet. Und zu sich finden muss wohl heißen, Frieden zu machen mit den Exponenten der verschiedenen Phasen der freiheitlichen Geschichte, der diversen Parteiflügel und der unterschiedlichen ideologischen Gruppierungen innerhalb dieser Gesinnungsgemeinschaft.

Ob dies in Hinblick auf die so unterschiedlichen Persönlichkeiten und auf den möglicherweise da und dort vorzufindenden Starrsinn individuell immer möglich sein wird, ist höchst fraglich. Ob Friedrich Peter sich etwa künftig noch einmal politisch über die Lage der FPÖ äußern wird, wissen wir nicht. Auch ob er über die Rolle der FPÖ unter seiner Führung in der Entwicklung der

Republik Aussagen tätigen wird, ist ungewiss. Was aber sicher möglich ist, ist eine entsprechende Würdigung seitens der Gesinnungsgemeinschaft. Beispielsweise seitens der Parteiakademie oder auch seitens eines zwar parteiunabhängigen, aber freisinnigen und wertkonservativen Mediums, wie es „Zur Zeit“ ist, für die Person und das Wirken des Friedrich Peter. Gleich verhält es sich mit Alexander Götz und Norbert Steger, aber auch mit Susanne Riess-Passer. Ähnliches gilt für Otto Scrinzi, genauso wie für Gerulf Stix, für Norbert Gugerbauer, wie für Helmut Krünes, für Harald Ofner, wie für Gerulf Murer und Holger Bauer. Schwieriger ist es schon bei einer Reihe von Akteuren in der Ära Haider, die so gar nichts mit der freiheitlichen Gesinnungsgemeinschaft, freiheitlichem Gedankengut und dem traditionellen Dritten Lager zutun hatten und zutun haben. Wie etwa soll man Karl-Heinz Grasser in der Geschichte des Dritten Lagers verorten, wie Walter Maischberger oder Patrick Ortlieb, den Schifahrer. Wie den Herrn Peter Sichrovsky oder etwa die gegenwärtige Justizministerin Karin Miklautsch?

Da kann man sich das Versöhnungswerk und die Einbeziehung in eine große Gesinnungsgemeinschaft wohl eher ersparen.

Diese Versöhnung mit den wichtigsten Akteuren der freiheitlichen Geschichte bedingt naturgemäß auch eine Versöhnung mit den Idealen, in deren Zeichen sie angetreten sind. Das wohlverstandene nationale Element, also Patriotismus, Heimatverbundenheit und deutsches Sprach- und Kulturbewusstsein, bedürfen längst einer zeitgemäßen Neuinterpretation. Das wohlverstandene liberale Element, zweifellos genauso. Wie sieht der freiheitliche Rechtsstaat der Zukunft im Rahmen der Europäischen Union aus? Wie ist Leistungsbereitschaft und freie Marktwirtschaft sinnvoll mit sozialem Engagement für die Schwachen zu vereinbaren, und welche Anstrengungen müssen wir im Kampf um freie Meinungsäußerung im Zeitalter der tugendterroristischen political correctness aufwenden? Fragen, die nicht leicht zu beantworten sind, die aber zumindest gestellt werden müssen, wenn die Freiheitlichen sich mit ihrer Geschichte, mit ihren Idealen und ihren einstigen Spitzenfunktionären versöhnen.

Bild: Ausriß „Die Presse“, 18. März 2003, S. 2

„Platz für Kritiker von Mölzer bis Haider“

Landeshauptmann Haider über die Bilanz von fünf Jahren Schwarz-Blau, über die Zukunft der FPÖ und über das Erfolgsmodell Kärnten

Herr Landeshauptmann, wie ist Ihre Bilanz nach fünf Jahren freiheitlicher Regierungsbeteiligung?

Haider: Die FPÖ hat in dieser Bundesregierung die wesentlichen Reformen unter positiven Veränderungen bewirkt. Denken wir an die Steuerreform, denken wir an das Kindergeld, denken wir an die verstärkten Frauenrechte in der Pensionsreform, wo man die sozialistischen Belastungen für Frauen weggebracht hat. Es ist aber leider nicht gelungen, dies auch in der Öffentlichkeit deutlich zu machen, dass

Dieses demonstrativ freundliche Gespräch führte „Zur Zeit“-Chefredakteur Andreas Mölzer mit Jörg Haider vier Tage vor dem Scherbengericht gegen die Parteikritiker im FPÖ-Bundesparteivorstand. Warum es danach zum Meinungsumschwung Haiders kam, ist für die ZZ-Redaktion genauso unverständlich, wie für die Parteibasis.

ohne die Freiheitlichen diese Reformen nicht stattgefunden hätten. Denn man nehme nur das Beispiel Steuerreform her. Im Jahre 2002 hat Schüssel die Koalition auseinanderbrechen lassen mit der Begründung, eine Steuerreform sei nicht finanzierbar, außer man führe neue Steuern ein. Wir haben damals nein gesagt, dann ist das berühmte „Knittelfeld" gekommen und die FPÖ ist im Wahlkampf dafür bestraft worden, dass sie verläßlich das Wahlversprechen der Steuersenkung einhalten wollte. Und ein Jahr später wird dann dieselbe Steuerreform, die 2002 angeblich nicht möglich war, dann doch durchgeführt. Das heißt also, die Freiheitlichen setzten sich in der Sache durch. Die ÖVP ist aber dank eines in ihren Machtbereich geratenen ORF und dank vieler Bundesländerzeitungen, die von verlässlichen ÖVP-Anhängern geleitet und beeinflußt werden, in der Lage, in der Öffentlichkeit positiver auf ihre Profilierung zu setzen und Negatives der FPÖ zu überlassen.

Die FPÖ muss wieder zu einer kameradschaftlichen Festigkeit finden, auch bei unterschiedlichen Positionierungen muss es einen festen Zusammenhalt geben.

Woran liegt es dann, abgesehen von diesem medialen Netzwerk, das gegen die FPÖ arbeitet, dass die FPÖ trotz relativer Erfolge trotzdem in der Wählergunst im Moment alles andere als gut dasteht?

Haider: Wenn man in den Medien ständig schreibt, dass die FPÖ umgefallen ist, dass die FPÖ keinen Einfluss hat, dann ist der durchschnittliche Bürger geneigt, das auch zu glauben. Das ist eigentlich das Dilemma der FPÖ. In Wirklichkeit ist es so, dass man in Österreich als Minderheitspartner in einer Regierung, als FPÖ, nicht teilnehmen kann, weil letztlich die mediale Situation auch bei allen Erfolgen, die objektiv vorhanden sind, dies nicht zulässt. Die FPÖ soll zu Tode geschrieben werden, um damit wieder die alten rot-schwarzen Beziehungen aufleben zu lassen. Wer heute den großkoalitionären Blätterwald durchforstet, wird feststellen, dass hier sehr starke Beziehungen geknüpft werden, weil die SPÖ erkannt hat, dass sie das nächste Mal, wenn Gusenbauer an der Spitze ist, nicht gewinnen wird. Daher baut man bereits jetzt an einer rot-schwarzen oder schwarz-roten Koalition nach der Wahl.

Nun ist das aber doch so, dass gerade auch in den langen Jahren Ihrer Obmannschaft die Medien sehr negativ waren, dass aber die Kluft zwischen veröffentlichter Meinung und öffentlicher Meinung, sprich der Meinung der Bevölkerung, zugunsten der Frei-

heitlichen ausschlug. Heute ist eher so, dass die öffentliche und die veröffentlichte Meinung sehr kritisch gegenüber der FPÖ sind.

Haider: Das hat damit zu tun, dass wir uns in der Phase der Opposition die Themen ausgesucht haben, da haben wir die Themen bestimmt. Jetzt hat man den Eindruck, dass die Themen von der ÖVP vorgegeben werden und wir keine Themen selber bestimmen, und das ist der Fehler. Es gäbe aber genügend Möglichkeiten, sich ein Thema zu nehmen, mit dem sich die FPÖ profiliert. Es kann auch ein Thema sein, das von der schwarzen Medienlandschaft bekämpft wird. Umso besser, denn vom Inhalt wird dann die Bevölkerung sagen, „Die haben einfach Recht", auch wenn wir negative Kommentare bekommen.

Apropos Zukunftsthemen, wie sehen Sie denn die zukünftige Haltung der FPÖ in Richtung Europäische Union?

Haider: Die FPÖ war immer das kritische Element in der österreichischen Innenpolitik und auch hier zeigt sich, dass wir in Wirklichkeit vom Wähler dafür nicht bedankt worden sind. Denn die Österreicher halten zwar immer weniger von der Europäischen Union und dem Bürokratismus, dem Zentra-

Bild: Eggenberger

Jörg Haider an seinen langjährigen „Pflichtverteidiger" Andreas Mölzer: Platz auch für „kritische Teile des FPÖ-Spektrums" lismus und den ständig neuen Belastungen, die auch jetzt wieder den Nettozahler drohen, zu denen ja auch Österreich gehört. Aber sie sind andererseits doch wieder an einer kuscheligen Atmosphäre interessiert und wollen lieber gemeinsam als einsam in Europa sein. Daher lassen sie zwar die freiheitlichen Kritiker voranmarschieren, aber wählen tun sie dann die Schwarzen oder die Roten.

Was könnte man aber etwa im Bereich der EU-Verfassung ihres Erachtens konkret machen?

Haider: Meines Erachtens sollte man alle Möglichkeiten überlegen, die zur Durchsetzung einer Mitwirkung der Bevölkerung an der Beschlussfassung der Europäischen Verfassung führen. Da gibt's nach unserer Bundesverfassung noch eine Reihe von Möglichkeiten, die zu überlegen sind. Am Ende wird es wieder heißen: Ja, wir haben ja gar nicht gewußt, was wir da beschlossen haben. Leider ist Österreich ja in Wirklichkeit ein Land, in dem es keinen kritischen Journalismus und keine kritische Medienberichterstattung mehr gibt.

Mit Ausnahme der „Zur Zeit“

Haider: Mit Ausnahme der „Zur Zeit“; sicherlich, ein paar Exoten blühen ja wohl noch auf der Wiese, aber die großen Medien, das muss man einfach zur Kenntnis nehmen, fahren drüber und daher werden bestimmte Themen verschwiegen, damit sie die Österreicher nicht irritieren, wie zum Beispiel der Visa-Skandal in Deutschland, über den sehr unterkühlt in Österreich berichtet worden ist, obwohl das ein riesiges Thema ist, um zu erkennen, wohin die multikulturellen Wahnsinnsaktionen des Herrn Fischer und seiner Grünen führen. Und daher werden also auch Themen wie die Europäische Verfassung und die Gefahr, dass wir dabei wieder Rechte abgeben, überhaupt nicht diskutiert. Das Volk soll dumm sterben und froh sein, dass es mehr oder weniger autoritär regiert wird. Mit Demokratie hat das wenig zu tun. Allein wenn ich mir die Verfassung anschaue, ist das Thema der Neutralität massiv durch die europäische Verfassung angesprochen, ein Thema, das den Österreichern wahnsinnig am Herzen liegt, das aber offenbar durch die Hintertür entsorgt werden soll.

Apropos Visa-Skandal, sollte die schwarze Innenministerin nicht einmal prüfen, welche Auswirkungen der auf Österreich hatte? Und sollte sie nicht einmal vorstellig werden, ob Deutschland den verursachten Schaden nicht gutzumachen hätte gegenüber anderen EU-Ländern?

Haider: Ich glaube, es wäre ein idealer Anlass, nicht nur zu überprüfen, welcher Schaden da Österreich dadurch entstanden sind, dass hunderttausende illegale Ukrainer und Albaner usw. dank der deutschen Visa-Politik in den EU-Raum hereingeschleust worden sind. Es wäre auch der Beginn einer Diskussion über die Frage der Wirksamkeit dieser Übergangsbestimmungen am Arbeitsmarkt, weil die werden ja nicht nur durch diese Visa-Politik unterlaufen, indem man Illegale in den Arbeitsmarkt einschleust, die sich dann als Billigarbeitskräfte verdingen und Österreicher und Deutsche dafür um ihren Arbeitsplatz bringen, sondern es geht ja auch um die betrügerische Form, dass Scheinselbstständige einwandern dürfen, um sich hier zu Lohndumpingpreisen zu verdingen. Dies alles wäre ein riesiges Thema, aber in Österreich dürfen wir ja dank der schwarzen EU-Euphorie und ihrer Medienmacht darüber nicht mehr reden.

Was empfehlen Sie der FPÖ in Sachen Planung für die früher oder später auf uns zukommende Nationalratswahl, damit sie aus dem Tief herauskommt?

Haider: Die FPÖ muss sich jetzt rüsten, um auch für eine vorverlegte Nationalratswahl bereit zu sein. Zum Zweiten muss sie wieder eine kameradschaftliche Festigkeit finden, das heißt auch bei unterschiedlichen Positionierungen in den einzelnen Themenbereichen muss es einen festen Zusammenhalt geben, um als schwächer gewordene Gruppe trotzdem für die Österreicher eine wichtige Rolle zu spielen. Und zum Dritten sollte sie sich auf ganz wenige Themen konzentrieren, an denen auch freiheitliches Profil festgemacht werden kann. Dazu zählt für mich sicherlich die EU-Frage, weil die FPÖ die einzige EU-kritische Partei in Österreich ist. Dazu zählt auch die Politik für den „kleinen Mann“, die wir mit der

Jörg Haider zur FPÖ-Regierungsbeteiligung

„Die ÖVP befindet sich in einem gewissen Machtrausch, und manche glauben, dass sie sich der FPÖ bei der nächsten Wahl entledigen würde.“
Interview „News“, 32/04, 5. August 2004

„Diese Art der VP-Einmischung wird sich in der FPÖ niemand gefallen lassen“.
Interview „News“, 26/03, 26. Juni 2003

„Wir werden offenbar von lauter Hornochsen geführt in dieser Republik“
Interview „Format“, 39/04, 24. September 2004

„Hier sind Giftzähne drinnen, die man noch ziehen muss“. Haider zu den bisher bekannten Vorhaben der Regierung
„Die Presse“, 6. März 2003

Steuerreform sehr gut gelöst, aber schlecht kommuniziert haben, und wo etwa am Thema der Schwerarbeiterregelung noch einmal deutlich gemacht werden kann, dass es keine faulen Kompromisse mit der ÖVP geben darf. Die ist an diesem Thema ja nicht interessiert, die geht ja in eine andere Richtung. Die ÖVP würde ja gerne, so wie es die Industrie verlangt, unter Lohnverzicht eine flexible Arbeitszeitregelung einführen, und hätte nichts dagegen, wenn die Massen in Österreich plötzlich weniger verdienen und weniger Einkommen haben.

Wie könnte das personell ausschauen?

Haider: Personell sollte man mit der jetzigen Mannschaft die Wahlen vorbereiten, verstärkt um jene Elemente, die mehr oder weniger als kritischer Teil des FPÖ-Spektrums gelten. Das beginnt bei Andreas Mölzer und endet bei Jörg Haider.

Herr Landeshauptmann, es gibt ja nur ein funktionierendes Modell einer freiheitlichen Regierungstätigkeit in Kärnten. Wie kann man das auf die Bundespolitik umlegen?

Haider: Na ja, man müßte im Bund eine Mehrheit haben, damit man die starke Kraft in der Regierung wird, wie wir das ja erfreulicherweise in Kärnten sind. Aber es geht auch darum, dass wir selbstverständlich die Grundsätze, für die die FPÖ immer gestanden ist, versuchen umzusetzen, das heißt, auch die Politik für die „kleinen Leute“ zu machen. Dass wir durch Sozialleistungen, durch Besserstellung der Familien auch einen Weg gehen, der dem freiheitlichen Grundsatzprogramm entspricht und dass wir natürlich hier im Lande auch zeigen, dass wir die bessere Beschäftigungspolitik machen, das ist auch wichtig. Denn Kärnten ist entgegen dem früheren Trend heute jenes Bundesland, das seit mehr als 14 Monaten eine sinkende Arbeitslosigkeit und eine steigende Beschäftigung hat. Wir haben den Höchststand der Beschäftigten seit 1945, während wir im übrigen Österreich steigende Arbeitslosigkeit und sinkende Beschäftigung haben. Und das ist auch das, was die Nervosität von Schüssel und Co. ausmacht, weil sie wissen, es gibt in Wirklichkeit für einen zukünftigen Erfolg der ÖVP auf Bundesebene keine Gefahr, es sei denn, die Freiheitlichen von Kärnten verlassen ihr eigenes Land und versuchen Österreich noch einmal zu erneuern.

Rückzug nach Kärnten oder Rücktritt

ABDRUCK EINES ANONYMEN BRIEFS AN JÖRG HAIDER

Weggefährten, Mitstreiter und Freunde
der Freiheitlichen Partei Österreichs

März 2005

An den
Landeshauptmann von Kärnten
Dr. Jörg Haider

Sehr geehrter Herr Landeshauptmann, lieber Jörg!

Kaum einer wird es abstreiten:
Wenige Politiker der Zweiten Republik haben sich um die Demokratie in Österreich so verdient gemacht wie Du.
Wie Kreisky hast Du die Politik im Lande erneuert.
Im Gegensatz zu ihm hast Du auch unerträgliche Herrschaftsmonopole in Frage gestellt und sie zu einer Öffnung gezwungen.

Es wird aber auch kaum einer abstreiten, dass Du alle Deine Verdienste im Laufe der Zeit wieder verspielt hast:

- Erst hast Du die FPÖ in die Koalition mit der ÖVP geführt - gegen den Willen der meisten Mitglieder und ihrer Führungsfunktionäre.
  Als es dann nicht nach Deinen Vorstellungen lief, hast Du allein den Bruch der Koalition verursacht - mögen sich andere auch genötigt gesehen haben, ihn zu vollziehen.

- Die Maske des Vermittlers, die Du in Knittelfeld aufgesetzt hast, diente nur zur Täuschung: Du bist der geistige Vater und der organisatorische Urheber der Delegiertenversammlung in Knittelfeld.
  Viele Beteiligte haben damals eine rein inhaltliche Auseinandersetzung mit unserer damaligen Regierungsmannschaft gesucht.
  Du hast sie dazu benutzt, um diese Mannschaft in den Rücktritt zu treiben.
- Anstatt die Partei durch die Turbulenzen zu steuern, die Du verursacht hast, hast Du Dich wiederholt vor der Führungsverantwortung gedrückt und die Gesinnungsgemeinschaft mit Deinem „bin wieder da, bin schon wieder weg" der Lächerlichkeit preisgegeben.

- Du hast bewährte Mitstreiter, die eindrucksvoll in Regierungsfunktionen gewachsen sind, ebenso missbraucht und verraten wie die einfachen Mitglieder des Club Jörg, die glaubten, Dir in schweren Zeiten beistehen zu müssen.
  Sie sind sogar noch dann zu Dir gestanden, als Du die Beschäftigungspolitik des Dritten Reiches gelobt hast oder Deinen Freund Saddam Hussein im Irak besuchtest.

Du hingegen bewertest Menschen nur danach, ob sie Deinen momentanen Plänen nutzen oder nicht. Steht jemand Deiner Selbstverwirklichung im Weg, lässt Du ihn ohne jeden Sinn für Anstand, Freundschaft oder Dankbarkeit eliminieren.
Gleich, wer von Dir als Täter oder Opfer auserkoren wird, sie haben eines gemeinsam: Du mißbrauchst sie für Deine Zwecke.

- Jetzt spielst Du ein zweites Mal mit dem Feuer: Du propagierst die Neugründung einer Partei mit dem Argument, die freiheitlichen Regierungsmitglieder besser zu unterstützen, als die „alte FPÖ“ das getan habe. Bis vor kurzem hast Du keine Gelegenheit ausgelassen, dieselben Regierungsmitglieder in aller Öffentlichkeit schlecht zu machen. Und obwohl jeder weiß, dass Du der Drahtzieher hinter der Neugründung bist, bezeichnest Du Dich selbst als „einen gehorsamen Mitstreiter“, als jemanden, der „nicht Chef im Ring ist“.
Das ist ebenso feig und unehrlich wie Deine Rolle als „einfaches Parteimitglied“.
Damit setzt Du Deine eigene Schwester dem Spott und der Häme aus.
Damit legst Du die Axt an die Lebenswurzeln unserer Gesinnungsgemeinschaft.
Damit destabilisierst Du trotz Deiner scheinheiligen Beteuerungen die Regierung.

Lieber Jörg.
Die Medien haben Dich oft verleumdet.
Aber was sie Dir jetzt entgegenschreien, ist die Wahrheit.

Das Amt des Landeshauptmanns und Dein Einfluß auf die FPÖ – heute dienen sie Dir nur noch als Bühne zur Selbstinszenierung und zur Demonstration Deiner Macht.
Dieser Jahrmarkt der Eitelkeiten schreckt immer mehr Menschen davon ab, am politischen Leben teilzunehmen.
Politiker wie Du drücken die Wahlbeteiligung und bringen die demokratischen Einrichtungen in Misskredit.
Der Schaden, den Du anrichtest, geht weit über die FPÖ hinaus.
- Wir wissen nicht, wann und wo Du Deine Ideale aus den Augen verloren hast.
Aber Du verhältst Dich unwürdig.

Aus diesem Grund fordern wir Dich dringend auf, Dich auf Deine Funktion als Landeshauptmann von Kärnten zu beschränken oder Dich zur Gänze aus dem öffentlichen Leben zurückzuziehen.

Das wäre ein wichtiger Beitrag zur politischen Kultur in diesem Lande.

Wir drucken diesen Brief, der seit seinem Erscheinen im „Standard“ und seiner Zitierung in der „Kronen Zeitung“ kursiert, zur Information unserer Leser im Faksimile ab. Dies deshalb, da der Brief medial für große Aufregung sorgte und vereinzelt auch behauptet wurde, er hätte seinen Ursprung im Umfeld der „Zur Zeit“. Wir betonen allerdings, dass wir mit der Formulierung und In-Umlaufsetzung dieses Briefes nichts zu tun haben. Die Redaktion

„Sofort raus aus dieser Partei!“

Gespräch mit Kriemhild Trattnig und Alois Huber, Tochter und Sohn des Gründers Reinhold Huber der Kärntner Freiheitlichen

Frau Präsidentin, die FPÖ ist offenbar an einem Wendepunkt ihrer Geschichte angekommen, sie ist in den Umfragen ganz unten, sie scheint in der Regierung eher damit rechnen zu müssen hinaus zu fliegen, wie kann es in der Zukunft weitergehen?

Trattnig: Sie sagen es richtig, dass sie an einem Wendepunkt, das heißt an einem Tiefpunkt, angelangt ist und da wissen wir ja aus leidvoller Erfahrung, aus dem Jahr 1986, dass es hier wohl nur gilt, alle positiven Kräfte, vor allem jene, die seinerzeit schon für einen Bestand und für die Rettung der FPÖ eingetreten sind, wieder an den Tisch zu bringen und gemeinsam zu versuchen, aus dieser entsetzlichen Sackgasse herauszufinden.

Herr Abgeordneter, woran liegt es Ihrer Meinung nach, dass die FPÖ in so einem schrecklichen Zustand ist?

Huber: Für mich war man bei der Auswahl der Funktionäre viel zu wenig vorsichtig, viel zu wenig darauf bedacht, wirklich fähige Menschen in Positionen zu bringen. Um wirklich etwas in der Politik zu leisten, muss man doch von unten auf diesen Weg durchmachen, um dann die dementsprechenden Entscheidungen treffen zu können.

Alois Huber (links) und Kriemhild Trattnig (rechts)

Bilder: Pfeiffer

War man zu wenig hart, auch was die ideologische, die ideelle Haltung der Leute betroffen hat?

Huber: Absolut, man hat ja eigentlich förmlich bewusst danach getrachtet, Leute aufzunehmen, die keine Ideologie haben und die Folgen sind auch dementsprechend. Nur wer sozusagen die Vergangenheit kennt, wird auch den richtigen Weg in die Zukunft finden. Und das ist der Freiheitlichen Partei derzeit völlig abhanden gekommen.

Frau Präsidentin, Sie sprechen von den positiven Kräften – gegenwärtig in dieser Auseinandersetzung um die FPÖ-Führung ist viel von den konstruktiven und destruktiven Kräften die Rede. Sind für Sie Kritiker der jetzigen Partei destruktive Kräfte?

Es gilt hier, alle positiven Kräfte wieder an einen Tisch zu bringen, und gemeinsam zu versuchen, aus dieser entsetzlichen Sackgasse wieder heraus zu finden.

Trattnig: Nein, ganz im Gegenteil. Ich glaube, wer heute klaren Sinnes ist und die Situation der FPÖ sieht und noch dazu schweigt, der kann nur entweder als Opportunist oder als wirklich dumm abqualifiziert werden. Und die Kritiker halte ich keineswegs für destruktiv, sondern – Gott sei Dank – gibt es die noch, und wenn die FPÖ-Parteiführung einigermaßen vernünftig ist, dann muss sie sich mit diesen Kritikern und deren Argumenten ernsthaft auseinandersetzen und versuchen, wieder so etwas wie ein tragbares Konzept auf die Beine zu stellen, das sozusagen als Grundlage der Tagespolitik für alle Mandatare und Funktionäre zu dienen hat.

Nun gelten Sie, und das ist ein Klischee, aber als eine Art politische Ziehmutter des Kärntner Landeshauptmanns. Wie fühlen Sie sich denn heute in dieser Rolle?

Trattnig: Ja, um vielleicht einmal diese Ziehmutter zu definieren: Damit kann man ja wohl nur meinen, dass ich mich seinerzeit sehr hinter Jörg Haider gestellt habe, dass ich ihn auch favorisiert habe, 1986 als Parteiobmann in Innsbruck anzutreten, weil ich der Meinung war, dass er von der Intelligenz her dazu in der Lage wäre. Dass dieser Mann sich dann leider – von welchen Kräften und Mächten und Hintergrundeinflüsterern auch immer – total von jenen Grundsätzen und jener Grundlage, die diese Freiheitliche Partei eigentlich ausmachte, entfernte, konnte man nicht voraussehen. Ich muss also sagen, das macht mir keine Ehre, heute als die Ziehmutter dieses Mannes apostrophiert und angesehen zu werden.

Herr Abgeordneter, Ihr Vater hat vor 50 Jahren in Kärnten, ein Jahr vor der Bun-

Bild: Ausriß „Der Standard", 19. März 2005

despartei, die Freiheitliche Partei gegründet, was würde denn Ihr Vater zur heutigen FPÖ sagen, wenn er noch leben würde?

Huber: Der Vater würde sagen: „Sofort aus dieser Partei austreten", weil sie überhaupt nicht mehr den Vorstellungen entspricht, die man eigentlich davon gehabt hat. Auf der einen Seite waren die Schwarzen, auf der anderen Seite die Roten und eine Gruppe, das Dritte Lager, das in Kärnten oder auch in Österreich immer schon präsent war, das hat eben auch eine Plattform gebraucht. Und da sind nicht nur Liberale, sondern auch Nationale und nicht einmal wenige. Die haben heute ja wirklich keine Heimat mehr. Man muss sich ja wirklich fragen, ob man noch weiterhin bei dieser Partei bleiben soll.

Das macht mir keine Ehre, heute als die Ziehmutter dieses Mannes apostrophiert und angesehen zu werden.

Nun haben wir wahrscheinlich demnächst einmal 50-Jahr-Feiern von der FPÖ Kärnten und danach von der Bundes-FPÖ. Wie werden Sie sich den als Kinder und

Nachfahren des Kärntner Parteigründers bei diesen Jubiläumsveranstaltungen verhalten, Frau Präsidentin?

Trattnig: Zunächst einmal wird man sehen, was diese Freiheitliche Partei, wenn man das überhaupt noch so nennen kann, für Feiern gedenkt abzuhalten.

In welcher Form, in welcher Art, das wird man sich anschauen.

Dann wird man sehen, wen sie dazu einladen und das wird dann auch unsere Entscheidung beeinflussen, aber unabhängig von einer Gestaltung einer Feier der Partei, werden wir sicher noch überlegen, in welcher Form wir der Gründergeneration und der Gründerväter, und damit auch des Gründungsobmannes, unseres Vater, gedenken.

Herr Abgeordneter, Sie waren ja lange Jahre eine der prägenden Bauernpolitiker der FPÖ, nun sind ja auch heute Spitzenfunktionäre aus dem bäuerlichen Bereich, wie die Gebrüder Scheuch, tätig. Wie sehen Sie denn deren Wirkung und wie sehen Sie auch die Agrar-Politik in einer FPÖ-beteiligten Regierung?

Huber: Ich bin eigentlich von den Gebrüdern Scheuch insofern enttäuscht, denn ich habe noch ihren Großvater bestens gekannt, das war einfach ein Mann, der absolut ins Dritte Lager hineingepasst hat. Ich glaube aber, dass die beiden Brüder Scheuch genauso zu jener Gruppe gehören, die nur um Karriere zu machen sich mit allem abfinden, auch wenn sie im Inneren oft dagegen sind, nur um ihre Karriere abzusichern. Ich bin enttäuscht, vor allem auch als Bauer enttäuscht, weil man eigentlich heute überhaupt von der freiheitlichen Partei über den bäuerlichen Berufsstand nichts mehr vernehmen kann, obwohl es so viele Möglichkeiten gäbe, obwohl es so notwendig wäre. Es wäre für Uwe Scheuch viel notwendiger, sich um die bäuerlichen Anliegen zu bemühen, als den Generalsekretär abzugeben.

Eine große Schwäche von Haider ist, dass er keine wirklich fähigen Menschen um sich will.

Frau Präsidentin, Sie waren ja auch eine der Programmdenker der FPÖ und haben ja da grundlegende Konzepte erarbeitet. Wie würden Sie heute, gute 10 Jahre später, die inhaltlichen Grundlagen sehen, auf denen die FPÖ im 21. Jahrhundert aufbauen sollte oder könnte?

Trattnig: Zurzeit sieht man keine markanten Inhalte der derzeitigen Führungscrew und der FPÖ. Ich meine aber, daß es genug Grundlagenarbeit gegeben hat und die Konzepte liegen ja vor, ich erinnere an die letzte Arbeit an den Wertekatalog, den habe ich mir gerade jetzt wieder einmal durchgeschaut. Ich glaube der gäbe vielen Anhaltspunkte, ein gutes Programm erstellen zu können und es gibt ja auch andere Papiere, es wäre meines Erachtens wichtig mit Modifizierungen, die den heutigen Anforderungen entsprechen, die vorhandenen Programme auf den Tisch zu legen, zu sondieren und ein neues, möglichst kurzes Programm zu erstellen. Man könnte aus den vorhandenen Programmen durchaus wichtige Punkte herausnehmen, oder eine Übereinstimmung zu erreichen versuchen, um daraus ein Konzept zu erstellen, ein programmatisches Grundsatzkonzept, oder darauf aufbauend dann Arbeitskonzepte zur Umsetzung sachlicher Themen. Was mich am meisten stört, das ist, dass man die Familienpolitik total vernachlässigt hat, dass man vom sogenannten Frauen- und Familienreferat überhaupt nichts mehr hört, die sind bei allen Sachthemen abgetreten, obwohl auch hier vom Frauenreferat zwei Broschüren vorliegen, an die man durchaus anknüpfen kann, oder auf die man zurückgreifen kann. Daß der Herr Landeshauptmann erst jetzt in den letzten Jahren die Familienpolitik und Förderung gefunden hat, ist ja eigentlich ein Armutszeugnis, er hätte nur die Broschüren des Frauenreferates anschauen müssen, dann hätte er schon vielleicht vor 20 Jahren die notwendig einzuleitenden Maßnahmen gesetzt.

Eine letzte Frage. Können Sie sich vorstellen, unter geänderten Verhältnissen wieder stärker, sozusagen aus der Position des erfahrenen älteren Politikers außer Dienst, wieder mitzuarbeiten in einer zukünftigen FPÖ?

Trattnig: Schauen Sie, ich habe genug Jahre geopfert, fast 18 Jahre für diese Partei, davon fast 5 Jahre unbezahlt, ich habe keinerlei Ambitionen irgendwo in Erscheinung zu treten, aber in der Situation, in der die FPÖ zurzeit ist, wenn sie ernsthaft Überlegungen zeigen würde, dass sie sozusagen einen Neuanfang starten möchte und auch auf die Erfahrungen der bewährten und älteren Funktionäre zurückgreifen möchte, so stelle ich mich dann da und dort irgendwo beratend zur Seite.

Herr Abgeordneter, wie wäre es bei Ihnen mit einer Neuauflage des Huber-Plans?

Huber: Ich habe da eigentlich eine ganz klare Vorstellung. Der Huber-Plan ist heute sicher nicht mehr zeitgemäß, aber er war für den bäuerlichen Berufstand absolut richtig. Und interessanterweise hat die Europäische Union viele Vorschläge aus dem Huber-Plan aufgenommen, nur die eigene Partei hat es nie der Mühe wert gefunden, da dementsprechend am Ball zu bleiben. Abschließend möchte ich sagen, dass ich aber nur mehr unter gewissen Voraussetzungen in der FPÖ mitarbeiten würde. Wenn jemand Qualifizierter wie Strache kommt, bin ich dabei. Und wenn Haubner, oder Haider weiter am Ruder bleiben, so ist ganz sicher: Die brauchen uns nicht aus der Partei hinauswerfen, sondern wir werden selber gehen. Ich muss es einmal anbringen: Eine große Schwäche von Landeshauptmann Haider ist, dass er keine wirklich fähigen Menschen um sich will. Wenn ich vielleicht daran erinnern darf, welch gute Männer und Frauen eigentlich auf Haiders Weg geblieben sind, dann wird man mir Recht geben müssen, ob es ein Klubobmann Gugerbauer, ob der seinerzeitige Präsident Dillersberger war, ob meine Schwester und noch viele andere mehr – die sind alle auf der Strecke geblieben. Zum Regieren hätte man sie dann dringend notwendig gebraucht, aber sie waren nicht mehr verfügbar.

Das Gespräch führte A. Mölzer.

Bild: „Kronenzeitung", 15. März 2005

Jörg, der Rennfahrer

Was heißt hier „konstruktiv"?

ANDREAS MÖLZER
IM EDITORIAL VOM 18. MÄRZ 2005

Die Bundesparteiobfrau der FPÖ, Ursula Haubner, ihres Zeichens Bundesministerin für soziale Angelegenheiten und so ganz nebenbei auch noch die Schwester Jörg Haiders, will es also „nicht mehr zur Kenntnis nehmen" – das „parteischädigende Verhalten in der Öffentlichkeit", das der Autor dieser Zeilen an den Tag gelegt habe. Konkret hat es sich bei diesem angeblich „parteischädigenden Verhalten" um den vierseitigen „Zur Zeit"-Beitrag der vorletzten Ausgabe mit dem Titel „Was bleibt von der Dritten Kraft" gehandelt. Eine gewiß schonungslose und ehrliche, wie sehr kritische Analyse, die aber doch im akademischen Ton vorgebracht wurde. Eine Analyse, die deklariertermaßen zum Ziel hat, der Freiheitlichen Partei auf dem Weg zur Selbstfindung und damit zum Wiederaufstieg behilflich zu sein. Derlei Kritik wird nun also als parteischädigendes Verhalten gesehen. In einer Partei, die sich „freiheitlich" nennt, will man somit also das freie Wort und die freie Meinungsäußerung unterbinden. Einem politischen Publizisten, wie dem Autor dieser Zeilen, will man die ungehinderte Ausübung seines Berufs, nämlich politisch zu kommentieren und zu analysieren, verbieten. Und einem frei gewählten, von Vorzugsstimmen getragenen Abgeordneten des Europäischen Parlaments soll damit ein Maulkorb umgehängt werden. Nicht zu reden davon, dass einem parteiunabhängigen Blatt wie unserer „Zur Zeit" die kritische Berichterstattung untersagt werden soll.

In einer Partei, die sich „freiheitlich" nennt, will man somit das freie Wort verbieten.

Andernfalls gibt es nämlich Sanktionen: Für Mölzer ein Parteiausschlußverfahren und für die „Zur Zeit" eine ausgerechnet von FPÖ-Spitzenpolitikern ventilierte Kampagne, die Leser zum Abbestellen ihres Abos zu bewegen. Da darf man dann gewiß auch damit rechnen, dass die kleine Regierungspartei den ihr noch verbleibenden Einfluss geltend machen wird, um die paar tausend Euro Bundespresseförderung, die die „Zur Zeit" erhält, für die Zukunft zu unterbinden. Wirklich freiheitlich also. Nun könnte es dem Autor dieser Zeilen relativ gleichgültig sein, wenn man ihn aus jener Partei, der er seit 28 Jahren angehört, hinausschmeißt. Schlecht genug behandelt hat sie ihn ja während des vergangenen Europa-Wahlkampfs, als er alle Schikanen und Behinderungen seitens der Parteispitze und auch seitens des Kärntner Landeshauptmannes hinzunehmen hatte. Er könnte an Günther Nenning erinnern, der Mitte der 70er Jahre aus der

SPÖ ausgeschlossen wurde und damit zu einem Märtyrer für den freien Journalismus wurde. Möglicherweise würde er dann vom angefeindeten „Rechtsextremisten“ zum geschätzten nonkonformistischen Publizisten. Allein, wenn man einer politischen Bewegung so lang verhaftet ist, wenn die gesamte Familie und die ganze berufliche Laufbahn auf diese politische Gesinnungsgemeinschaft hin fokussiert ist, nimmt man eine solche Drohung nicht so leicht.

Da sollte man sich dann doch freuen, wenn der Herr Generalsekretär gütig sagt, natürlich wäre der Betroffene auch auf dem geplanten Bundesparteitag am 23. April geladen, wenn er nur „konstruktiv“ mitarbeite. Dazu muss gesagt werden, dass der Europa-Abgeordnete aus seiner Funktion heraus Parteitagsdelegierter ist und keiner Einladung des Herrn Generalsekretärs bedarf. Und was die Frage der konstruktiven Mitarbeit betrifft, so muss darauf hingewiesen werden, dass unter dem Autorennamen Andreas Mölzer ein halbes Dutzend Bücher und hunderte Buch- und Zeitschriftenbeiträge über die Lage, die Zukunft und natürlich die Geschichte des freiheitlichen Lagers in den Bibliotheken zu finden sind. Ob dies ein konstruktiver Beitrag für diese Gesinnungsgemeinschaft ist, beurteilen gottlob nicht allzu ehrgeizige Nachwuchsfunktionäre und auch nicht in ihrer Eitelkeit gekränkte Partei-Granden, sondern die Parteibasis, die Leser und all jene, die in der Lage sind, am intellektuellen Diskurs in diesem Lande teilzuhaben.

Es geht nur darum, die freiheitliche Gesinnungsgemeinschaft zu retten.

Aber Schluß mit solchen Ansätzen zur Selbstbeweihräucherung. Es geht darum, die politische Repräsentanz des traditionellen national-liberalen Lagers und der freiheitlichen Gesinnungsgemeinschaft, wie sie sich in den letzten Jahren und Jahrzehnten entwickelt hat, zu retten. Die glücklose Politik des Mitregierens und die gegenwärtige Unfähigkeit, Kritik hinzunehmen und positiv zu verwerten, sowie die ständig lancierten Gerüchte einer Parteispaltung haben die Existenz dieser politischen Repräsentanz ernstlich gefährdet. In den nächsten Wochen und Monaten wird sich entscheiden, ob das ehemalige Dritte Lager, das längst zum vierten im Lande herabgesunken ist, auch im 21. Jahrhundert politikfähig bleibt oder ob es in der Versenkung verschwinden wird. Mit den bescheidenen Mitteln einer kleinen Wochenzeitung sind wir bereit, geradezu verzweifelt um den Bestand dieser Gesinnungsgemeinschaft mitzukämpfen.

Nenning lässt grüßen

Ausschlüsse demonstrieren, wo die Macht sitzt, nicht Recht und Weisheit.

VON ANDREAS MÖLZER

Bescheiden sind nur Lumpen, soll Goethe gesagt haben. Dennoch sollte man bei der Wahl von Vorbildern oder bei Vergleichen mit dem Schicksal bekannter Persönlichkeiten vorsichtig sein. Wenn einer in diesen Tagen aus einer politischen Partei des Landes ausgeschlossen wird, weil er zu lautstark Kritik an der offiziellen Linie der Parteiführung übte, muss er sich dennoch zwangsläufig mit zwei anderen großen Dissidenten der Parteiengeschichte der Zweiten Republik vergleichen: Mit Franz Olah, der gerade dieser Tage als greiser Jubilar in den Gazetten aufscheint und mit dem nimmermüden Günther Nenning.

Beide waren sie zu ihren Zeiten Opfer von schweren innerparteilichen Differenzen in der heimischen Sozialdemokratie. Olah, der als begnadeter Volkstribun und kämpferischer Antikommunist zu den prägenden Gestalten der frühen Zweiten Republik gehörte, wurde von seiner vormaligen Gesinnungsgemeinschaft gar kriminalisiert.

Bild: ZZ/Archiv

Günther Nenning: Vom Doyen der heimischen Publizistik zum „Wurschtel"

Günther Nenning, der es geschafft hat, vom Paradiesvogel der heimischen Publizistik zu deren Doyen zu werden, mußte sich nur als „Wurschtel" abqualifizieren lassen. Das aber immerhin aus höchst bedeutendem Munde, jenem Bruno Kreiskys nämlich.

Die Richtungsstreitigkeiten innerhalb der heutigen freiheitlichen Regierungspartei sind nun kaum mit den seinerzeitigen großen Weichenstellungen innerhalb der Sozialdemokratie, in die Franz Olah verwickelt war, zu vergleichen. Und mit Bruno Kreisky hatte Querdenker Günther Nenning seinerzeit immerhin einen Reibebaum von internationalem Format, der in der Weltpolitik eine anerkannte Rolle spielte. Verglichen damit ist der Kärntner Landeshauptmann halt nur ein regionaler Faktor.

Ganz abgesehen davon aber sind Ausschlüsse und Ausgrenzungen von parteiinternen Kritikern durch die jeweils Mächtigen eher unerfreuliche Vorgänge. Ja geradezu unappetitlich, erinnern sie doch an die Schauprozesse im Stalinismus. Da ist nämlich Schwarz-Weiß-Malerei angesagt, da wird der Kritiker vom Parteifreund plötzlich zum Todfeind hochstilisiert. Da wird durchaus diskussionswürdige Kritik zum unverzeihlichen Delikt. Und dann kommt es eben, wie im gegenständlichen Fall vor, dass von etwa 150 Teilnehmern einer Parteitagung – konkret die blaue Kärntner Landesparteileitung – ausnahmslos alle für den Ausschluß des Betreffenden stimmen. Nicht, weil er ein überführter Raubmörder wäre oder zig Millionen Euro aus der Parteikassa mitgehen hätte lassen, nein, weil er es wagte, seine „Parteifreunde“ in der Regierung als glücklos zu kritisieren. Da muss der psychologische Druck auf die anwesenden Delegierten bei dieser Sitzung, darunter auch der eine oder andere Freund und Sympathisant des Delinquenten, schon groß gewesen sein. Eine Art Gruppendruck, verstärkt durch vielerlei Abhängigkeiten, die man eben in einem kleinen Land gegenüber dem Landeshauptmann aufgrund der Realverfassung hat.

Ausschlüsse demonstrieren, wo die Macht sitzt, nicht das Recht und nicht die Wahrheit. Und sie schaffen kurioserweise Solidarität, Solidarität von vielen Menschen gegenüber dem Ausgeschlossenen. Deshalb gilt Franz Olah heute als eine integre Gestalt der österreichischen Zeitgeschichte, deswegen ist Günther Nenning vorbehaltlos akzeptiert als der Altmeister der rot-weiß-roten Vor- und Querdenker.

Die Presse

Rote Karte für freie Worte

Jetzt wird alles gut: Scheibner fasziniert den Nationalrat, Gorbach donnert mit 180 über die Autobahn und Haider wird ohne Widerspruch zum eigenen Denkmal mutieren.

GASTKOMMENTAR VON ANDREAS MÖLZER, „DIE PRESSE", 18. MÄRZ 2005

Nun steht dem neuen Aufschwung der Freiheitlichen offensichtlich nichts mehr im Wege. Jenem Heckenschützen, der in der ersten Reihe fußfrei seine Besserwisserei absonderte, hat man es jetzt gezeigt. Schmeißt ihn raus, den Kerl, und mit ihm noch ein paar andere, die noch nie Verantwortung übernommen haben, wie den Vorsitzenden der einen oder anderen Landesgruppe, den Chef der blauen Senioren, den Obmann der freiheitlichen Jugend und den Vorsitzenden der Parteiakademie.

Jetzt wird alles gut. Dann wird Ursula Haubner wie weiland Maggie Thatcher als eiserne Lady Österreichs kämpfen. Dann wird Herbert Scheibner wie Gustav Zeilinger seligen Angedenkens den Nationalrat faszinieren und „Hubsi" Gorbach wird nur noch mit 160, nein, mit 180 über die Autobahnen donnern. Und der Kärntner Landeshauptmann wird ohne jedwede Majestätsbeleidigung zum eigenen Denkmal mutieren dürfen. Dem Reüssieren der freiheitlichen Regierungstruppe wird nichts mehr im Wege stehen.

Gnadenlose Intoleranz einer „unfreiheitlichen" Partei

Oder etwa doch nicht? Bedeutet der einigermaßen stalinistisch anmutende Versuch, die parteiinternen Kritiker hinauszuschießen, in Wahrheit eine dramatische Verengung einer Partei, die sich einst als freiheitlich empfand? Ist nicht die gnadenlose Intoleranz von Parteiausschlüssen ein Indiz dafür, dass hier nur mehr eine un-freiheitliche Partei am Werke ist? Eine Verengung, die zu zunehmender Realitätsverweigerung und zu weiteren Verlusten an politischer Bodenhaftung führen muss und damit den politischen Misserfolg weiter steigert?

Der Wähler wird das Urteil sprechen, die Basis murrt, da und dort revoltiert sie vielleicht sogar und nimmt zur Kenntnis, dass sie von der eigenen Führung ausgetauscht werden soll. Die blaue Kornblume hat längst ausgedient, der orange Schal der Zeitgeist- und Wellnessjünger soll sie ersetzen. Ideelle Fundierung der Politik hat ausgedient.

Österreich-Patriotismus, Heimatverbundenheit und deutsches Kultur- und

Sprachbewußtsein werden über Bord geworfen. Die Freiheit der Rede, der Meinung, das Eintreten für den freiheitlichen Rechtsstaat sind unwichtig geworden. Statt dessen sogenannte „bedarfsorientierte Politik“, in Wahrheit Beliebigkeit, das Buhlen um Wählergunst, um mediale Aufmerksamkeit, die Bedienung der Spaßgesellschaft. Sei es auf irgendeiner Seebühne, in irgendeinem Fußballstadion oder bei irgendeinem „Event“.

Wenn das die freiheitliche Politik der Zukunft sein soll, wenn das die freiheitliche Politik nach der Eliminierung von Mölzer, Stadler, Wimleitner, Gudenus und Co. ist, dann dürfen sich die Betreffenden wohl darüber freuen, nicht mehr Teil einer solchen Klasse zu sein. „Gesinnungsgemeinschaft“ wäre in diesem Fall ja zuviel gesagt.

Eine derartige politische Kraft aber wird auch in der politischen Landschaft des Landes auf Dauer keine wesentliche Rolle mehr spielen. Politische Gestaltungskraft umzusetzen in Regierungsarbeit, wird aus einer solchen Wellness-Gemeinschaft nicht realisierbar sein, ganz abgesehen davon, dass die historisch gewachsene freiheitliche Gesinnungsgemeinschaft nach 150 Jahren aus der Geschichte getilgt wäre. Und da stellt sich dann wieder die Frage, ob sich dann nicht doch Kräfte finden werden, die sich in den Dienst dieser Weltanschauung stellen werden.

Rausschmiss

KARIKATUR: PETAR PISMESTROVIC

Die Gedanken sind frei(heitlich)?

Die FPÖ steht vor dem politischen Orkus. Und wenn einer aus den geschlossenen Reihen ausschert, heißt es flugs: „Schmeißt ihn raus, den Kerl!"

GASTKOMMENTAR VON ANDREAS MÖLZER, „DER STANDARD", 18. MÄRZ 2005

Das waren noch Zeiten, als man bei den Freiheitlichen Voltaire zitierte. Nein, nicht den Kelag-Kassier, sondern den französischen Aufklärer. „Ich lehne alles, was du sagst, ab, werde aber alles dafür tun, dass du es sagen kannst", hat der alte Freigeist seinerzeit gemeint und war den Freiheitlichen ein willkommenes Argument, als es darum ging, gegen die Ausgrenzung durch das politische Establishment und gegen die Verweigerung des politisches Diskurses zu kämpfen.

Heute stehen die Dinge anders. Heute sind die Freiheitlichen als Teil der Regierung selbst Teil des politischen Establishments. Und wenn sich dann unliebsame parteiinterne Kritiker zu Wort melden, will man von Voltaire natürlich noch nie etwas gehört haben. Was ich Ihnen, Herr Generalsekretär, auch gerne glaube.

Genau aber davon abgesehen bleibt es eine Tatsache, dass Herr und Frau Österreicher mehr oder weniger die Ansicht teilen, dass diese Regierung und insbesondere ihr freiheitlicher Teilhaber ihr mehr oder minder segensreiches Wirken abgeschlossen haben. Ganze sieben Prozent der Wähler sind es noch, die dafür bereit wären, Dank abzustatten. Und die nächsten Wahlen, daß wissen Sie besser als ich, Herr Generalsekretär, kommen früher als wir es alle uns vorstellen können. Damit aber steht die FPÖ vor dem politischen Orkus.

Wäre allein diese Tatsache nicht Grund genug für eine gnadenlose, in die Tiefe greifende und selbstkritische Debatte über den Zustand, die Leistungen und Fehlleistungen (wohl eher letztere) der Partei? Wäre es nicht Grund genug, Vor-, Quer- oder auch Nachdenker vor den Vorhang zu rufen und zu retten, was da noch zu retten ist?

Doch nein, Herr Generalsekretär, wir lassen die Presseabteilung auf vollen Touren laufen: Eine Erfolgsmeldung hetzt die nächste. Intern versichern wir einander, wie ungerecht die Medien zu uns sind, und weinerlich nehmen wir zur Kenntnis, dass der Bürger und Wähler schlicht und einfach zu ignorant ist, um unsere ach so beeindruckenden Leistungen für Land und Leute zu erkennen.

Wenn dann einer ausschert und die dicht geschlossenen Reihen der vereinten Straußen-Kompanien aufschreckt und diese ihre Köpfe zwangsläufig aus dem Sand ziehen, heißt es flugs: „Schmeißt ihn raus, den Kerl!" Damit haben wir das Problem schon gelöst. Oder nicht, Herr Generalsekretär?

Früher einmal hieß es, die Gedanken sind frei und das Recht auf freie Meinungsäußerung, das freie Wort, waren oberste Postulate der Freiheitlichen Partei. Heute gilt es als Majestätsbeleidigung, wenn man dem blauen Altmeister der Stimmenmaximierung zu widersprechen wagt und ihn an seine erschlaffende Strahlkraft erinnert. Er zelebriert dann die Verstoßung des Unbotmäßigen, und Schwesterlein müht sich redlich, den Anschluß an die sich überschlagenden Entwicklungen nicht zu verlieren.

Voltaire ist tot und uns ist auch schon schlecht. Innerparteiliche Demokratie und Meinungsfreiheit in der freiheitlichen Partei sind allenfalls schöne Schlagworte, wenn die Regierenden ungestört – und sei es bloß für ein oder zwei Monate – weiterregieren wollen, haben ewig unverbesserliche Kristikaster gefälligst zu schweigen. Das war im Zentralkomitee der KPdSU so, das hatte der alte Mao, der verblichene Tito und gewiss auch der Braunauer unseligen Gedenkens gewußt.

Und dennoch: Die Gedanken sind frei, und die Worte auch.

Frankfurter Allgemeine
ZEITUNG FÜR DEUTSCHLAND

Destruktive Kräfte

Die Freiheitliche Partei Österreichs am Scheideweg

Reinhard Olt in der „Frankfurter Allgemeine Zeitung“, 18. März 2005, S. 12

Andreas Mölzer ist gewiß nicht verantwortlich für den erbarmungswürdigen Zustand, in dem sich die Freiheitliche Partei Österreichs (FPÖ) befindet. Die „Schuld“ des einzigen Abgeordneten, der ihr im Europäischen Parlament verblieb, besteht in gelegentlichen Unkenrufen. Sein jüngster war Anlaß für den Kärntner FPÖ-Landesverband, dem er fast drei Jahrzehnte angehörte, und für die Bundesparteivorsitzende Haubner, Jörg Haiders Schwester, den Unbequemen auszuschließen. Mölzer, ein eigenständiger Kopf, hatte die FPÖ einer schonungslosen Analyse unterzogen. Sein Befund in der von ihm mitherausgegebenen Wochenzeitung „Zur Zeit“ gipfelte er in der Feststellung, die FPÖ sei ein „nahezu ohnmächtiger kleiner Partner in einer Mitte-Rechts-Koalition“, dem „Freund und Feind – mit Ausnahme der eigenen Parteiführung – bescheinigen, gescheitert zu sein“.

Man muss seiner drastischen Zustandsbeschreibung nicht folgen. Selbst andere als nur Wohlmeinende sind der Ansicht, dass die FPÖ durchaus das eine oder andere Scherflein zum Regieren beigetragen hat – wenngleich das ausschließlich von ihr erzeugte innere Gewürge mitsamt des enormen Personalverschleißes viele Spuren der schwarz-blauen Koalition verdeckt. Insofern ist Mölzers Befund nicht für alle zwingend. Gewiß ist dagegen weithin, dass die FPÖ im fünfzigsten Jahr ihres Bestehens der Status einer marginalisierten politischen Größe zukommt. Seit dem Eintritt in die Regierung am 4. Februar 2000 erlitt sie – mit Ausnahme der Landtagswahl in Kärnten im März vorigen Jahres – in allen Wahlen massive Stimmenverluste. Hielten sich diese jedoch bis zum Bruch der ersten ÖVP/FPÖ-Koalition noch in „erträglichen“ Grenzen, so endeten die vorgezogene Nationalratswahl im November 2002 wie auch alle neun weiteren Voten der Bevölkerung bis hin zur Kommunalwahl in der Steiermark am vergangenen Sonntag jeweils im Desaster. Mölzers Rezeptur zur erhofften Gesundung der an Auszehrung leidenden Partei läuft auf den Gang in die Opposition hinaus, auf Rückkehr zu Standpunkten und Wertvorstellungen, wie sie der FPÖ zu eigen waren, ehe ihr unter Haiders Vorsitz (1986 biss 2000) zunächst die mit der großen Koalition aus SPÖ und ÖVP Unzufriedenen in Scharen zuliefen, aber auch Populismus, Beliebigkeit und Entideologisierung Einzug hielten. Inhaltliche Reinheit, Klarheit des Standorts: Das sind Fixpunkte, in denen Mölzer und Gleichgesinnte die Bestandssicherung und ein ersprießliches Fortkommen des „Dritten Lagers“ gewährleistet sehen wollen, welchem neben ÖVP, SPÖ und Grünen der Rang als dritte Kraft längst abhanden gekommen ist. Das Verlangen Mölzers nach einer Verjüngung im Bundesparteivorsitz hat den Coup des legendären Parteitags zu Innsbruck zum Vorbild. Damals stieß der junge Haider den Parteivorsitzenden und Vizekanzler Steger vom Thron und die in kleiner Koalition mit der SPÖ verbundene, bei knapp fünf Prozent dümpelnde Regierungs-FPÖ zurück in die Opposition. Doch nicht nur Meinungsforscher bezweifeln, dass mit der Rückkehr zu vormaligen Programmatik in Wahlen heutzutage ein Stimmenanteil erzielt werden könnte, der über der in Österreich gültigen Hürde von vier Prozent läge. Auch Haiders Idee, die Partei neu zu gründen, hat nicht nur zum Ziel, den Niedergang aufzuhalten, sondern die Partei auf erhofftem höheren Niveau zu konsolidieren. Wie der von ihm durchgesetzte Regierungseintritt und wie die Politik des Spagats aus Opposition und Regierung, die er seit dem damit verbundenen Rücktritt vom Parteivorsitz verfolgt, speist sich sein Handeln aus Motiven, welche an die „permanente Kulturrevolution“ Maos erinnern. Derzeit scheint sich Haider von Meinungsumfragen leiten zu lassen, die ihm, wenn schon nicht für den Fall der Rückkehr an die Parteispitze, so doch wenigstens für die Trennung von den „destruktiven Kräften“, als die Mölzer und seine Mitstreiter jetzt herhalten müssen, bei einem Wählerpotential von etwa zehn Prozent Fortune verheißen. Neben aller sonstigen Egomanie, die verkennt, dass er und seine damaligen Getreuen – identisch mit Funktionären, die mit Mölzer weitgehend eines Sinnes sein dürften – für die Malaise des Jahres 2002 verantwortlich sind, scheint zweifellos auch der außerordentliche Wahlsieg in Kärnten den Narziss Haider zu bestärken. Indes glaubt er, in vermeintlicher Anknüpfung an Vergangenes endlich wieder nach Höherem streben zu sollen – anstatt sich darauf zu konzentrieren, Standfestigkeit sowie Solidität just dadurch zu beweisen, dass die Bundes-FPÖ wenigstens einmal eine volle Legislaturperiode in Regierungsverantwortung durchstünde.

Frankfurter Allgemeine
ZEITUNG FÜR DEUTSCHLAND

Wie blamiert

Reinhard Olt in „Frankfurter Allgemeine Zeitung", 30. März 2005

Der Bundesvorstand der FPÖ wollte mit einem Parteiausschluß des Europaabgeordneten Andreas Mölzer eigentlich Einmütigkeit demonstrieren. Mölzer wurde – nachdem er schon aus dem Kärntner Landesverband ausgeschlossen worden war – nun aber mit einem so knappen und juristisch anfechtbaren Beschluß aus der Partei geworfen, daß die FPÖ-Führung wie blamiert dasteht.

Das trifft vor allem die Parteivorsitzende Ursula Haubner. Die Schwester des Kärntner Landeshauptmanns Jörg Haider – der selbst nach Kanada gefahren war, statt an der Sitzung des höchsten Parteigremiums zwischen den Parteitagen teilzunehmen – wirkt beschädigt. Die Führungskrise der FPÖ bleibt ungelöst und wird die Partei wohl bis zu einem Sonderparteitag am 23. April in Salzburg weiter beschäftigen.

Mölzer nennt seinen Ausschluß „eindeutig statutenwidrig". Die Satzung sehe „klar und deutlich" vor, daß zwei Drittel der stimmberechtigten Mitglieder des Vorstands dafür zu sein hätten, was bei 23 Anwesenden mindestens 16 gewesen wären.

Deshalb will sich Mölzer ans Parteigericht wenden. In der Nachtsitzung zum Mittwoch hatten 15 Anwesende gegen und sieben für Mölzers Verbleib in der Partei gestimmt. Entscheidend war demnach eine Stimmenthaltung, von der zu klären war, ob sie als ungültig zu werten ist. Das telefonisch angerufene Parteigericht – am Mittwoch wollte Mölzer wissen, Frau Haubner habe nur mit einem der drei Mitglieder gesprochen – war der Meinung, die Stimme sei ungültig, weshalb bis zu einer endgültigen partei- und zivilgerichtlichen Klärung der Ausschlußbeschluß in Kraft ist.

Mölzer, seit 28 Jahren in der FPÖ, ist eine Art Leitfigur des nationalkonservativen Parteiflügels. Er verfügt über eine nicht geringe Gefolgschaft – vornehmlich unter jenen im sogenannten „Dritten Lager", denen der vom „einfachen Mitglied" Haider schon so lange bestimmte Kurs der Partei zuwider ist. Das hat auch mit dem von Haider betriebenen Eintritt in die Regierung zu tun. Mölzer und die Seinen glauben, daß die FPÖ die Regierung wieder verlassen müsse, um zu „gesunden", auch wenn sie das in der gegenwärtigen Situation der faktischen Parteispaltung nicht mehr als Bedingung ansehen. Sie irritiert die koalitions- und tagespolitisch bedingte Aufgabe von Grundsätzen der Partei, die sie eine Unterwerfung unter den Zwingherrn ÖVP nennen. Und noch mehr ist ihnen die Entideologisierung des politischen Geschäfts zuwider. Mölzer pflegt in diesem Zusammenhang mit am schärfsten das Gebaren Haiders anzuprangern.

So war es nicht immer gewesen. Mölzer, 1952 in Leoben geboren, hatte Jurisprudenz, Geschichte und Volkskunde in Graz studiert und zunächst in seiner steirischen Heimat gearbeitet. 1985 wechselte er nach Kärnten, wo sich seine Karriere parallel zum Aufstieg Haiders entwickelte, den der scharfzüngige und schreibgewandte Mölzer wohlwollend begleitete. „Jörg! Der Eisbrecher" hieß eines seiner Bücher. Einer größeren Öffentlichkeit wurde Mölzer, der früher Mitarbeiter der „Aula" ("Zeitschrift der freiheitlichen Akademiker") und Chefredakteur der FPÖ-Wochenzeitung „Kärntner Nachrichten" war, 1992 bekannt, als man sich über seine Befürchtung erregte, daß in Deutschland und Österreich eine „Umvolkung" bevorstehe.

Der fünffache Vater Mölzer, der sich gerne als „Kulturdeutscher" bezeichnet, galt damals als Chefideologe der Partei. Das Verhältnis zum Kärntner Landeshauptmann, der einst von der österreichischen Nation als einem „Hirngespinst" und einer „Mißgeburt" gesprochen hatte, trübte sich, als Haider die „Deutschtümelei" zugunsten eines Österreich-Bewußtseins aufgab. Mölzer verlegte sich nach dem Verlust seines Bundesratssitzes und der Ablösung als Chef des FPÖ-Bildungswerks gänzlich auf die Publizistik.

Als Verfasser von Kolumnen für „Die Presse" und „Neue Kronen Zeitung" und vormaliger Mitarbeiter der „Jungen Freiheit" gründete er die Wochenzeitung „Zur Zeit" und positionierte sie als „wider den politisch korrekten Zeitgeist" gerichtetes „rechtsliberales Blatt".

Die beiden Kontrahenten näherten einander noch einmal an, als Haider Mölzers Bemühungen zur Schaffung eines Netzwerks zwischen rechtsstehenden Parteien in Europa belohnte und ihn mit der Beratung in Kulturfragen betraute.

Mölzer kritisierte aber wiederholt die Amtsführung Haiders, indem er ihm Beliebigkeit, Konturenlosigkeit und ein Abgleiten in eine „Wörthersee-Eventkultur" vorwarf. Der endgültige Bruch vollzog sich dann mit

Mölzers Kandidatur für das Europäische Parlament. Es gelang ihm, sich auf der Parteiliste den dritten Platz zu sichern und dank eines erfolgreichen Vorzugsstimmenwahlkampfes, gegen einen von Haider und der Parteiführung unterstützten vormaligen Abgeordneten zu reüssieren.

Dr. Jekyll and Mr. Hyder

Bild: „Kurier", 18. März 2005

KLEINE ZEITUNG

Meister des Spotts und der Ideologie

Andreas Mölzer (52) provoziert mit Feder und Zunge – nicht nur die FPÖ

Antonia Gössinger in „Kleine Zeitung", 18. März 2005

„Ironie ist die Waffe der Machtlosen", sagt Andreas Mölzer und läuft in diesen Tagen zur Hochform in dem Fach auf. Es heißt: Spott und Hohn. Jörg Haider nennt er „ein Signal der Vergangenheit", mit FP-Obfrau Ursula Haubner hat er „Mitleid" und seine Kärntner Ex-Parteifreunde nennt er „Ohrenbläser und Schleppenträger". Wie machtlos er mit diesen massiven Attacken ist, bleibt abzuwarten.

Vorerst hat der frühere Chefideologe der freiheitlichen Partei und derzeit einzige blaue Europa-Abgeordnete den über ihn verhängten Parteiausschluss zur Kenntnis nehmen müssen. Es scheint, als hätte Mölzer ihn provoziert, um die finale Auseinandersetzung zu beschleunigen – zwischen einer „Werten und einer ideellen Basis verhafteten Politik", wie sie ihm vorschwebt, und einer „Politik der reinen Beliebigkeit", wie er sie Haider und Haubner vorwirft. Mölzer stand schon einmal am Beginn einer Spaltung der FPÖ. Mit seiner Befürchtung, dass sich in Deutschland und Österreich eine „Umvolkung" anbahne, rief er Heide Schmidt auf den Plan, das Liberale Forum zu gründen. Damals stand Haider zu Mölzer, so wie nach Knittelfeld, diesem blauen Waterloo, als Mölzer Haider verteidigte, obwohl er vom FPÖ-Alt-Parteichef schon zwei Mal abserviert worden war – 1994 als Leiter des FPÖ-Bildungswerks und 2001 nach zweijähriger Konsulenten-Tätigkeit als Kärntner Kulturbeauftragter. Der gebürtige Steirer, der sich als „Kulturdeutscher" mit Kärntner Heimatbewußtsein sieht, war nach dem Geschichtestudium, einer Zeit als Universitäts-Assistent in Graz und Redakteur der freiheitlichen Akademiker-Zeitschrift „Aula" 1985 zur FPÖ-Kärnten gekommen, wo er Haiders Aufstieg begleitete. 1997 hat Mölzer die rechte Wochenzeitung „Zur Zeit" gegründet, mit deren Leitartikeln er jetzt Haider zur Weißglut getrieben hat. Mit seiner Familie lebt der fünffache Vater am Ossiacher See und pendelt zwischen Kärnten, Wien, Brüssel und Strassburg, seit er im Vorjahr vom nationalen Lager („das ist der Kern, nicht der Flügel", so Mölzer) ins EU-Parlament gewählt wurde. Dort hat er bisher einmal Aufmerksamkeit erregt – als er sich von einer zum 60. Jahrestag der Befreiung von Auschwitz verabschiedeten Resolution zum Antisemitismus distanzierte.

DER STANDARD

Der Landesfürst und sein Krokodil

Mölzer ist der Stachel im Fleisch

Barbara Toth in „Der Standard",
12./13. März 2005

Mehr als zwanzig Jahre arbeiten Andreas Mölzer und Jörg Haider, unterbrochen durch zwei Zäsuren, schon zusammen. Anfang der Neunzigerjahre war Mölzer Chef des Freiheitlichen Bildungswerkes und Kärntner Bundesrat. Der erste Bruch am, als Mölzer 1992 seinen Spruch von der „Umvolkung" prägte, Haider erst zu ihm hielt und ihn dann fallen ließ. 1997 gründete er die „rechtsliberale" Wochenzeitung „Zur Zeit", zwei Jahre später machte Haider ihn zu seinem Kulturberater in Kärnten. Als solcher spiele er die Rolle von Haiders „Krokodil", vertraute er einer englischen Tageszeitung einmal an. Der Kampf gegen die Kulturschickeria liegt Mölzer, der sich als Hüter des wahren, freiheitlichen Gesinnungsgrals versteht, am besten. Als er nicht nur gegen die linken, sondern auch gegen die rechten Yuppies in Haiders „Freizeitzirkus" am Wörthersee zu sticheln begann, kam es zum zweiten Bruch. Anders als Haider war Mölzer nie bereit, sich flexibel auf dem Weg nach oben zu biegen – weder ideologisch noch lebensphilosophisch. Haiders „Buberlpartie, das Herumtingeln durch Discotheken, der Wettbewerb um den tiefsten Sonnenbank-Teint und das neueste Handymodell waren ihm stets ein Gräuel. Haider wiederum veräppelte seinen ehemaligen Haus- und Hof-Ideologen zuletzt als Wärter eines „ideologischen Museumsvereins“. Dahinter stehen zwei grundsätzlich unterschiedliche Auffassung über das Wesen der FPÖ: Mölzer hat sie immer als grundsatzorientierte Lagerpartei gesehen, Haider als populistische Bewegung, die, Ideologie hin oder her, Stimmen maximiert. Und auch wenn Mölzer betont, nie die Funktionärskarriere angestrebt zu haben, sah er sich gegenüber Haider intellektuell immer zumindest ebenbürtig und zelebriert das auch. Anders als andere von Haider „Verstoßene“ gelang es ihm, sich eine relativ eigenständige Existenz im blauen Umfeld aufzubauen. Damit gehört Mölzer, der zwei Jahre jünger ist als Haider, zu den ausdauerndsten Kritikern des Wahlkärntners – und zu seinen hintergründigsten. Denn Mölzer gemahnt Haider an seine Wurzeln, seine politischen Kostümwechsel – und an sein Alter.

Pressestimmen

Bestätigung des „rechten Flügels“ durch Medien

KURIER

Warum man wegen fünf unliebsamen Mitgliedern die ganze FPÖ neu gründen muss, ist rätselhaft. Man hätte sie, bei entsprechender Beweislast, wegen parteischädigendem Verhalten einfach ausschließen können. Doch ein solches ordentliches Verfahren scheut die Parteiführung…

… Besonders bemerkenswert ist der Fall Mölzer: Er war der deutschnationale Chefideologe und errang gegen den Willen der Parteiführung das 2004 das einzige EU-Mandat der Freiheitlichen. Der Dissident hat nachweislich Rückhalt bei der Basis, aber trotzdem – oder deswegen? – keinen Platz in der FPÖ-neu. …

Christof Kotanko, „Kurier“, 9. März 2005, S. 2

Samstag, 12. März 2005 **3**

Die Rechten haben Recht

Der Titel ist, wie wir gleich sehen werden, falsch, aber er ist ein so… …ner Kalauer, …

…ben zu und sind w…
wie ihre Parteioberen, ratlos.

Diese Ratlosigkeit ist rätselhaft, denn es gibt ohnehin nur einen Weg aus der Krise: Die FPÖ muss bei der nächstbesten Gelegenheit in die Opposition, denn bei den Wahlen, das ist die nächstschlechteste Gelegenheit, wird sie ihr ohnehin nicht erspart bleiben. Die *Stadlers, Straches* und *Mölzers*, **die „Rechten“, haben Recht**, sie wissen, dass die FPÖ ihre Regierungschance vertan hat und in die Opposition muss. Man mag sie ablehnen oder nicht: Sie sind die Realisten, die *Haubners, Gorbachs* und *Scheibners* sind die Träumer.

Der Zeitpunkt für den sofortigen Wiedereinstieg in die O… wäre gar nicht …

Ausriss: „Salzburger Nachrichten“, 9. März 2005

Der Blätterwald: Gab des „Rechten“ oft Recht.

„Alte Herren“: Anspielung auf die Verortung vieler FPÖ-Poltiker in national-freiheitlichen Korporationen

KURIER

... Es sei „das Lächerlichste“, eine Gruppe in die Wüste zu schicken, die man eigentlich einbinden müsste“, kritisierte der Alt-Obmann im Gespräch mit dem Kurier die Eliminierung der Rebellen Heinz-Christian Strache, Andreas Mölzer und Ewald Stadler aus Parteiführung beziehungsweise führenden Gremien. Der FPÖ fehle offenbar die intellektuelle Kraft, sich mit kritischen Stimmen auseinanderzusetzen....

Andreas Schwarz, „Kurier“, 9. März 2005, S. 3, über ein Gespräch mit Norbert Steger

DER STANDARD

„... Jetzt also zur Neugründung. Der rechte Flügel der Partei soll zusammengestutzt werden. Deren finsterste Elemente, vor gar nicht langer Zeit noch Haiders engste Vertraute, sollen kalt ausgeschlossen werden. Erinnert ein wenig an Ostblock-Methoden. In den kommunistischen Parteien wurde der Apparat auf ähnliche Weise von unfolgsamen Mitgliedern gesäubert. …

Michael Völker, „Der Standard", 9. März 2005, S. 32

Die Presse

„… Mit der Lossagung des rechten Flügels rund um die Stadlers und Mölzers ist jedenfalls eine Spaltung der Freiheitlichen praktisch vollzogen. Aber: Auch das ist für eine ohnehin schon geschrumpfte kleine Regierungspartei nicht so ohne weiteres zu verkraften. Schließlich war dieser Kreis jahrelang eine verlässliche Kerntruppe des Dritten Lagers. ….

Karl Ettinger, „Die Presse", 9. März 2005, S. 1

Salzburger Nachrichten

… Die Stadlers und Straches und Mölzers der FPÖ werden ihre negativen Energien ab sofort gegen die eigene Parteiführung richten. Frau Haubners Tage sind gezählt.

Und auch die Tage der FPÖ sind gezählt. Denn Stadler und die Seinen repräsentieren den einzigen Parteiflügel, der dieser arg gestutzten Partei noch verblieben ist. Wird auch noch dieser Flügel abgestoßen, besteht die FPÖ nur noch aus ihrer Regierungsbeteiligung. Ist die Regierungsbeteiligung vorbei, und das wird eher über kurz als über lang der Fall sein, ist es auch mit der FPÖ vorbei…

Andreas Koller, „SN", 9. März 2005, S. 1

DIE BÖSEN

Ewald Stadler: Dobermann, populärer Rädelsführer der Rechten. *F: APA*

Andreas Mölzer: Der „Zur Zeit"-Mann rechnet mit Parteispitze ab. *Foto: AP*

Heinz-Christian Strache pocht auf seinen „Wiener" Weg. *F: APA*

Johann Gudenus: Nachwuchshoffnung des nationalen Lagers. *Foto: Newald*

Karl Wimleitner: Obmann der FP-Senioren mit Oppositionsallüren. *Foto: APA*

Seite 28

Bild: Ausriss „Der Standard", 9. März 2005

Die „Bösen": Jene Vertreter der FPÖ, die für einen an Werten orientierten Kurs der Partei stehen

Mitleid mit Uschi

Zum Auftritt der (Ex-)FPÖ-Parteichefin in der ORF-Pressestunde

Der Ausruf „arme Uschi" entfährt dem „Krone"-Kommentator im Hinblick auf den Auftritt der freiheitlichen Bundesparteiobfrau in der jüngsten ORF-Pressestunde. Zwar geißelte sie – pflichtschuldigst – ihre parteiinternen Kritiker, tunlichst darauf achtend, sie nicht beim Namen zu nennen und sprach stets von „Heckenschützen und solchen Figuren, die da erste Reihe fußfrei sich zurücklehnten, ohne etwas Konstruktives zu tun".

Als aber dann ORF-Moderator Fritz Dittelbacher offenbar im Wunsche, Jörg Haiders fragwürdige Rolle zu demaskieren – sie mit drei Zitaten konfrontierte, in denen die Regierung und auch die FPÖ-Mitregierer hart kritisiert wurden, kam es zur großen Fehlleistung. Von wem diese Aussagen seien, fragte der ORF-Redakteur. Na zweifellos von einem dieser Heckenschützen, der sich da „erste Reihe fußfrei zurücklehnt und nichts Konstruktives tut", meinte Frau Haubner, weil sie in ihrer Nervosität wohl dachte, das seien wieder mal typische Mölzer-Aussagen. Von Jörg Haider, erklärte darauf Herr Dittelbacher und Uschi Haubner flüchtete nur in den peinlichen Ausflug, von Leuten, die konstruktiv mitarbeiten würden, wie Jörg Haider, akzeptiere sie jede Kritik. Alles weitere erschöpfte sich in eher peinlichen Allgemeinplätzen. Auch auf die vortägige Ankündigung ihres Bruders, doch den Parteichef machen zu wollen, gab Frau Haubner keine definitive Antwort und da-

Parteiobfrau Haubner: Aufs Glatteis geführt

mit bleibt die freiheitliche Basis einmal mehr im Dunkeln, was die künftige Parteiführung betrifft. Im Hintergrund der Fernseh- und Radioauftritte der Geschwister Haider und Haubner vom vergangenem Wochenende dürfte der Wunsch des Bundeskanzlers stehen, nur den „konstruktiven Kräften" im ORF ein Forum zu bieten, um die Koalition ja nicht zu gefährden. Chefredakteur Mück jedenfalls soll den Vernehmern nach geäußert haben, „die Looser" sollten möglichst nicht mehr über den Bildschirm kommen, weshalb auch eine mehr oder weniger fix geplante „Offen Gesagt"-Diskussion am Sonntag über die parteiinterne Kritik in der FPÖ abgesagt wurde. Stattdessen kam Jörg Haider „im Journal zu Gast" zu Wort, um – zum wievielten Mal eigentlich? – seine Anwartschaft auf dem Parteiobmann zu verkünden und am Sonntag darauf in der Pressestunde seine Schwester, um ihre Überforderung zu demonstrieren. Red. ZZ

Bild: ORF

Pressestunde

vom 13. März 2005

Dittelbacher: Ich lese Ihnen jetzt ein paar Zitate aus den vergangenen zwei Jahren vor:

„Die Volkspartei will der FPÖ politische Sklaverei verordnen. Aber nachdem ich zur Freiheit geboren bin und nicht zur Sklaverei neige, habe ich eine andere Sicht der Dinge. Aber es gibt sicher manche, die eine Knechtschaft lieben." – Ein anderes: „Der Schüssel-Grasser Kurs hat sich selbst demaskiert. Das ist der Kurs von zwei Leuten, die die Bodenhaftung verloren haben, die völlig abgehoben agieren. Das ist zutiefst unredlich." – Ein letztes: „Die FPÖ stellt sich leider den lohnenden Aufgaben nicht. Sie muss eine bessere Gesamtleistung erbringen. Unsere Wählerschaft erwartet, dass sich in der FPÖ bald etwas Inhaltliches tut."

Wissen Sie, von wem diese Zitate sind?

Haubner: Ich weiß das nicht. Ich sage, es sind Zitate von jemandem wahrscheinlich, der in der ersten Reihe fußfrei sitzt und noch nie eine Funktion gehabt hat, und ich denke, das ist etwas, was ich so nicht akzeptiere, und ich denke, es muss jeder seinen Beitrag leisten, dass es besser wird.

Dittelbacher: Sie sind alle von Jörg Haider aus den Jahren 2003 und 2004.

Die Presse

... Denn was der Haider neuerdings angefeindete EU-Abgeordnete Andreas Mölzer in seinem Magazin „Zur Zeit“ schreibt, ist schlicht und einfach wahr: Von Haiders Übernahme der Parteiobmannschaft 1986 an schien es so, „als würde hier eine Rechtspartei neuen Typs die etablierten politischen Lager... zertrümmern“. Doch nun sei die FPÖ zum „nahezu ohnmächtigen kleinen Partner“ einer Mitte-Rechts-Koalition geworden, die vor der Frage steht, „ob sie überhaupt noch eine Existenzberechtigung im politischen Spektrum der Republik hat. Dem ist nichts hinzuzufügen.

Martina Salomon, „Die Presse“, 10. März 2005, S. 2

KLEINE ZEITUNG

... Stadler, Mölzer und Strache waren nicht wegen ihrer Ideologie gefährlich, sondern weil sie die Oppositionssehnsucht der Basis instrumentalisierten...... Der Abstieg begann mit dem Eintritt in die Regierung. Inzwischen ist die FPÖ zur Mehrheitsbeschafferin des Kanzlers herabgesunken.

Erwin Zankel, „Kleine Zeitung“, 10. März 2005, S. 8

profil

... Weil er inzwischen seine Schwester an die Parteispitze gehievt hat, zieht er (Haider, Anm.) nicht mehr gegen die Regierungsmitglieder ins Feld, sondern gegen Stadler, Strache, Mölzer und Co. Weil die genau das gemacht haben, was er selbst getan hatte und bisweilen tat: Über die Koalition mit der ÖVP zu maulen, hin und wieder – ohne wirkliche Konsequenz – Widerstand ankündigen ...

Oliver Pink, „profil“, 11/2005, 14. März 2005, S 23

NEWS

In der vorletzten „Zur Zeit“-Ausgabe hatte Mölzer unter

Ausriss: „OÖ-Nachrichten“, 14. März 2005

Fehlerteufelchen ... OÖN-Karikatur: BUL

BARBARA COUDENHOVE-KALERGI

Schade um Mölzer!

Aus der Wirrnis der FPÖ-Konflikte habe ich als Mediennormalverbraucherin vor allem eine Botschaft mitgekriegt: Andreas Mölzer und Ewald Stadler, weil destruktiv, sollen raus und „flotte, lässige, lockere Typen", weil konstruktiv, sollen rein.

Meine spontane Reaktion auf diese Nachricht hätte ich noch vor wenigen Monaten nicht für möglich gehalten. Mir tat es plötzlich leid um diese ultrareaktionären Altgermanen. Sie standen wenigstens noch für irgendetwas. Was jetzt offenbar kommen soll, ist die Machtergreifung des Schnöseltums.

Andreas Mölzer, längere Zeit so etwas wie ein Chefideologe der Freiheitlichen, repräsentiert einen historischen Strang des österreichischen Dritten Lagers: Deutschnationalismus, schlagende Verbindungen, Gegnerschaft zur Moderne, Festhalten an so genannten traditionellen Werten wie Vaterland, Familie und Autorität, Abscheu vor Überfremdung, Rassenmischung und Multikultura- durchaus keine Liberalen, sondern ebenfalls Rechte, nur plus Golfschläger und minus Bildung.

Ein… z… t… …tschafts-ka… in Kärnten erblicken dürfen. Ein hübscher junger Mann, der zu Anfang kurz auftauchte, ein paar Hände schüttelte und alsbald wieder verschwand. Ein typischer Freiheitlicher (kärntnerisch: „Freiheitliher") eben, meinte ein anwesender Bauernfunktionär, interessiert sich für nix. Und der Bauer erzählte von einem Interview, dass der FPÖ-Mann kürzlich einer lokalen Zeitung gegeben hatte. Dieser wurde dabei nicht nur nach seinen Stärken, sondern auch nach seinen Schwächen befragt.

Antwort: Schwächen? – Keine. Und woran er glaube? Antwort: Nur an mich selbst. Es geht nichts über ein gesundes Selbstbewusstsein.

Jörg Haider sagt wahrheitsgemäß, er sei der einzi-

DER STANDARD
Montag, 14. März 2005 | Österreichs unabhängige Tageszeitung | Herausgegeben von Oscar Bronner | € 1,30
Organizer wird zum Navigator
Revolution in der Bildmedizin
Schade um Andreas Mölzer!
Die Strategien des Anlagestars Mobius

Ausriss: „Der Standard", 14. März 2005

„„Jörgi, der Zerstörer“: Viele Karikaturisten verwiesen auf die gar nicht konstruktive Rolle des Kärntner Landeshauptmannes.

Ausriss: „kleine Zeitung“, 9. März 2005

Kronenzeitung:
14. März 2005, S. 2

dem Titel „Was bleibt von der dritten Kraft“ eine für ihn folgenschwere Analyse der FPÖ von ihren Anfängen unter der vormaligen NS-Größe Anton Reinthaller über den Aufstieg unter Jörg Haider bis hin zur tristen Gegenwart als „ohnmächtiger kleiner Partner in einer Mitte-rechts-Koalition“ verfasst. Wie immer man zu Andreas Mölzers Ansichten sonst auch stehen mag, so falsch liegt er mit diesem Befund jedenfalls nicht.

Peter Pelinka, „News“, 10/05, 10. März 2005, S. 36

NEWS

… Was all seinen vermeintlichen und tatsächlichen Gegnern stets verwehrt geblieben ist, will Haider nun in seiner ihm eigenen Demut ganz für sich beanspruchen: das endgültige Aus

Ab in die Disco!

Auszugsweises Gespräch der „Kleinen Zeitung" mit Lothar Höbelt (9. März 2005, S. 3)

Bild: ZZ/Scheibe

... Ist der rechte Flügel der FPÖ wirklich das Problem der FPÖ?

Höbelt: Entmachten kann man nur jemanden, der Macht hatte. Ob die Herren Mölzer und Stadler so mächtig waren, bezweifle ich. Nein, das Problem der FPÖ hat einen Namen: Jörg Haider. So lange der aktiv ist, lässt er niemanden aufkommen. Insofern ist die Haubner die bestmögliche Lösung, weil sie als Schwester ein Naheverhältnis zu ihm hat.

... Klingt so, als ob Sie es Haider nicht zutrauten, dass er den Karren wieder aus dem Dreck zieht?

Höbelt: Ha, ha, ha. Haider will eine junge, flotte Partei, sagt er. Na bitte, wer sind in Wien die Jungen und die Flotten? Das sind die Einwandererkinder, die gegen ihn sind oder nicht wählen dürfen.

Das Milieu der 80er Jahre existiert nicht mehr. Die Yuppies, die Haider gewählt haben, machen sich heute Sorgen über ihre Frühpension.

Zugegeben: Haider hat noch immer eine tolle Kondition. Aber er ist mit seinem Alter halt nimmer so der Strahlemann. Ganz ehrlich:

Wer nimmt einen 55jährigen, der in Discos herumturnt, denn ernst?

der umstrittensten Partei der Zweiten Republik – zeitgerecht vor ihrem 50. Geburtstag.

Ob sich der einstige blaue Übervater freilich wirklich von den dunklen Schatten seiner Parteigeschichte verabschieden kann und „mit einer flotten, neuen Wohlfühlpartei" – vielleicht mit der Feel-good-Farbe Orange? – „neu starten" kann, bleibt abzuwarten. ...

Isabelle Daniel, „News", 10/05, 10. März 2005, S. 24

DER STANDARD

... Da gibt es einerseits die „ideologischen Tiefwurzler", wie sich Andreas Mölzer selber gerne sieht, eine bei näherem Hinsehen allerdings auch wieder recht vielfältige Gruppe aus traditionsverbundenen Nationalen und bürgerlich-antiklerikalen Liberalen. ...

... Und dann wird man den Eindruck nicht los, dass in der Volkspartei mit gewisser Häme darauf gewartet wird, dass da noch ein paar weitere Freiheitliche kommen.

Andererseits: Viele können es nicht mehr sein – und manche, gerade vom jetzt gescholtenen nationalliberalen Flügel, werden den Weg zur christlichsozialen ÖVP auf keinen Fall antreten.

Conrad Seidl, „Der Standard“, 10. März 2005, S. 32

Frankfurter Allgemeine

Ob der Ausstoß derer, die für einen von der FPÖ-Gründergeneration propagierten national-liberalen Konservatismus stehen, schon Auftrieb genug gibt für ein Durchstarten „ohne Ballast“, ist ebenso fraglich.

Reinhard Olt, „Frankfurter Allgemeine Zeitung“, 9. März 2005

APA

Alles, was den großen Erfolg der FPÖ bewirkt habe – als verändernde Kraft aufzutreten, den Proporz aufzubrechen oder für Steuersenkung einzutreten – sei weg. Um neu durchstarten zu können, müsste sich die FPÖ „im rechten Spektrum mit Stadler oder Mölzer verankern. Aber da reden wir dann von einer Fünf-Prozent-Partei“, so Beutelmeyer.

„Apa-online“, 11. März 2005, über den Meinungsforscher Werner Beutelmeyer

Die Presse

Derzeit läuft diese Dynamik auf eine Spaltung im Zuge des Parteitages Ende April hin. Sollte das tatsächlich der Fall sein, wird es spannend zu sehen, wie breit die Unterstützung der Basis für den rechten Flügel tatsächlich ist. Nimmt man die erfolgreiche Vorzugsstimmen-Kampagne des deutschnationalen Chefideologen Andreas Mölzer bei den EU-Wahlen als Maßstab, wird die jung-lässig-moderne Partei, die sich Jörg Haider basteln will, nicht wirklich eine Massenbewegung werden.

Michael Fleischacker, „Die Presse“, 12. März 2005

Frankfurter Allgemeine

Andreas Mölzer ist gewiss nicht verantwortlich für den erbarmungswürdigen Zustand, in dem sich die Freiheitliche Partei Österreichs (FPÖ) befindet. Die „Schuld“ des einzigen Abgeordneten, der ihr im Europäischen Parlament verblieb, besteht in gelegentlichen Unkenrufen. Sein jüngster war Anlass für den Kärntner FPÖ-Landesverband, dem er fast drei Jahrzehnte angehörte, und für die Bundesparteivorsitzende Haubner, Jörg Haiders Schwester, den Unbequemen auszuschließen.

Reinhard Olt, „Frankfurter Allgemeine Zeitung“, 18. März 2005

Neue Zürcher Zeitung

Der rechtsnational eingestellte EU-Parlamentarier Andreas Mölzer ist in der Nacht auf Donnerstag aus der Kärntner FPÖ ausgeschlossen worden… Die von Haider ins Visier genommenen Rechtsnationalen reagierten mit harter Kritik an Haider; die schärfsten Angriffe kamen von Haiders früherem Weggefährten und „Chefideologen“ Mölzer. Dieser will seinen Parteiausschluss nicht tatenlos hinnehmen und rechtliche Schritte einleiten. Ob Haiders Rechnung aufgeht, ist fraglich. Denn Haiders Stoßrichtung bei der Neulancierung der Freiheitlichen trifft genau jene, die in der seit Knittelfeld geschrumpften Partei den harten Kern der FPÖ ausmachen, die im deutschtümelnd-rechtsgerichteten Gedankengut Verhafteten…

„Neue Zürcher Zeitung“, 18. März 2005

Die Presse

Wenn „Ur-Freiheitliche“ wie Andreas Mölzer keinen Platz mehr in dieser Partei haben, dann wird es für die übrige Gefolgschaft bald auch keinen mehr dort geben. Dann erst hat Haider erreicht, was er vielleicht schon 1986 anpeilte: Er ist ganz allein. Nur noch die große Schwester bleibt bei ihm. Vielleicht.

Hans-Werner Scheidl, „Die Presse,“ 18. März 2005

NEWS

Höhepunkt: Ausgerechnet der Motor dieses selbstmörderischen Prozesses annonciert sich jetzt als Retter. Jener Jörg Haider, der 2002 Riess-Passer und Grasser wegmobbte, danach Herbert Haupt abmontierte und derzeit Gorbach & Haubner als politische Marionetten missbraucht, will die Partei zu alter Größe führen, indem er die von ihm selbst großgezogenen Mölzers und Stadlers ausgrenzt, gar indem er egomanisch ein Durchgriffsrecht auf allen Ebenen fordert.

Peter Pelinka, „News“, 11/05

KURIER

Nicht Haider ist „die abgezogene Handgranate in Schüssels Hosensack“, wie der Standard anno 2000 mutmaßte. Haider ist vielmehr dabei, sein Regierungsprojekt selbst zu sprengen.

Christof Kotanko, „Kurier“, 18. März 2005, S. 2

Kronen Zeitung

Nach dem Parteiausschluss des EU-Abgeordneten Andreas Mölzer wenden sich nämlich nicht nur Rechts-Nationale von Haider ab. Vielmehr beginnen sich viele in der FPÖ zu fragen, ob der Jörg Haider von heute nicht doch erheblich an politischer Strahlkraft eingebüßt hat.

Peter Gnam, „Kronenzeitung“,
20. März 2005

OÖNachrichten

Selbst für seine treuesten Anhänger ist Haider nach allem, was bis und seit Knittelfeld passiert ist, nicht mehr der politische Messias, dessen politische Wendungen ungefragt nachvollzogen werden. Haider wäre, sollte er allen Zweiflern zum Trotz doch seine Ankündigung wahr machen, ein Obmann auf Bewährung.

Josef Achleitner, „OÖ. Nachrichten“, 17. März 2005

Sollten Haider und Co. Glauben, nur der aus der FPÖ ausgeschlossene EU-Abgeordnete Mölzer, Volksanalt Stadler und vielleicht Wiens FPÖ-Chef Strache stünden hinter diesen Umsturzplänen, so könnten sie sich schwer täuschen: Die Bewegung „raus aus dieser Koalition mit der ÖVP“ zieht sich bereits durch alle Landesorganisationen der Freiheitlichen bis hin nach Kärnten. Die Exekution wird am 29. März stattfinden. An diesem Tag soll der Ausschluss des EU-Abgeordneten Mölzer, laut FP-Generalsekretär Scheuch, über die Bühne gehen.

Peter Gnam, „Kronenzeitung“, 19. März 2005

OÖNachrichten

Jörg Haider hat die Freiheitliche Partei in ungeahnte Höhen geführt, und jetzt reißt er sie in den Abgrund. Seine Persönlichkeit spielt dabei eine große Rolle.

Alt-LH Josef Ratzenböck, „OÖ. Nachrichten“, 19. März 2005

Tiroler Tageszeitung

Die blaue Regierungsfraktion sucht, getrieben von Haider, ihr Heil in einer Vorwärtsstrategie. Sie spricht von Neugründung. Tatsächlich geht es darum, Regierungsämter zu behalten und Zeit zu gewinnen: Haider soll ein Neustart ermöglicht werden. Doch warum die Wähler den mitmachen sollen, ist schleierhaft. Und welche andere Partei wird nach der Wahl die dann orange Chaostruppe als Partner haben wollen? Die Nationalen rund um Strache, Mölzer und Stadler sind überzeugt, dass die FPÖ ihre Seele verkauft und nur in der Opposition genesen kann. Also: Raus aus der Regierung.

Günther Schröder, „Tiroler Tageszeitung“, 18. März 2005

die tageszeitung

Heute sieht Mölzer in Haider nur mehr einen eitlen Altpolitiker, der seine eigene Partei mutwillig in die Selbstvernichtung reitet. Der Wahlkärntner gilt als Vordenker der FPÖ. Während der Mehrheit des Parteivolks eher unterdurchschnittliche Bildung und Intelligenz nachgesagt wird, ist Mölzer ein stramm rechter Intellektueller. Aus seiner deutschnationalen Gesinnung hat er eine Marke gemacht.

Jetzt ist er dort ein wilder Abgeordneter, denn die Partei hat ihn verstoßen. Mölzers Sünde: er sprach angesichts der Selbstzerfleischung in seiner Postille aus, was bisher nur linke und unabhängige Kommentatoren zu sagen wagten.

Der deutschnationale Kern der FPÖ hält zu seinem Sprachrohr. Ätzende Kritik von rechts außen wird Haider und Co. auch in Zukunft nicht erspart bleiben.

„die tageszeitung“ (Berlin), 30. März 2005

Neue Zürcher Zeitung

Der Vorstand der österreichischen Freiheitlichen hat in der Nacht auf Mittwoch den extrem rechtsgerichteten EU-Abgeordneten Andreas Mölzer formell aus der Partei ausgeschlossen. Dieser will das Abstimmungsergebnis anfechten. Für die Parteichefin Ursula Haubner, die zusammen mit ihrem Bruder Jörg Haider und der Kärntner Landesgruppe den Hinauswurf des unbotmäßigen Mölzer initiiert hatte, ist es ein Pyrrhussieg, der ihre prekäre Situation an der Parteispitze offensichtlich werden lässt.

„NZZ", 31. März 2005

DER STANDARD

Damit wäre der äußerste rechte Rand der ohnehin äußerst rechten FPÖ abgesprengt. Manche politischen Beobachter mutmaßen bereits, das sei der Preis für eine Finanzierung durch Onkel Frank Stronach. Der könne es sich international und besonders in Kanada, wo seine Tochter Belinda eine politische Karriere macht, nicht leisten, mit einer entsprechend belasteten Partei in Verbindung gebracht zu werden. Das sei der Hintergrund, warum Haider gar so auf den Ausschluss des FPÖ-Urgesteins Andreas Mölzer drängte.

Hans Rauscher, „Der Standard", 5. April 2005

OÖNachrichten

Ein brandgefährliches Spiel, denn Haiders Selbsteinschätzung von der intakten Strahlkraft wird mittlerweile hauptsächlich durch seinen in umschmeichelnden Kärntner Hofstaat genährt. Überall sonst haben sich längst mehr oder weniger große kritische Zirkel gebildet. Dass gleich fünf blaue Landeschefs gegen den Mölzer-Ausschluss votiert haben, ist nur ein Beweis dafür.

Lucian Mayringer, „Oberösterreichische Nachrichten", 31. März 2005

Salzburger Nachrichten

Natürlich ist es nicht die FPÖ, sondern Jörg Haider, der seiner Schwester auf dem Gewissen hat. Er war es, der in seiner Kärntner Landespartei den Ausschluss Mölzers in die Wege leitete und Haubner damit in Zugzwang brachte, in der Bundespartei dasselbe zu tun. Er war es, der sich dann feige nach Kanada absetzte und seine Schwester im Parteivorstand ihrem Schicksal überließ. Dieses Verhalten ist menschlich unanständig und politisch hinterhältig.

Andreas Koller, „Salzburger Nachrichten", 31. März 2005

DER STANDARD

Es galt, den vom Landeshauptmann in einem Wutanfall angeordneten Parteiausschluss von Andreas Mölzer zu beraten und tunlichst umzusetzen. Für Jörg Haider ist das typisch: Entscheidungen scheut er. Und die Drecksarbeit, nämlich seinen ehemaligen Lieblingsideologen der Gesinnungsgemeinschaft zu verweisen, sollen andere erledigen, da will er sich nicht die Hände schmutzig machen.

Michael Völker, „Der Standard", 30. März 2005

KURIER

Der flotte Standpunktwechsel ist eine Konstante bei Haider. Von anderen fordert er Grundsatztreue. Noch etwas ist bei ihm ein altes Muster: Wenn es hart auf hart geht, seilt er sich ab. Die Weggefährten haben seine Konfliktscheu oft beschrieben. Mit dem ewigen „Ich-bin-wieder-da-ich-bin-schon-weg" nervt er das Publikum seit Jahren. Beim gestrigen Parteivorstand schrammte Obfrau Haubner knapp an seiner Blamage vorbei. Mölzer ist man losgeworden, die Krise aber sicher nicht beigelegt.

Christoph Kotanko, „Kurier", 30. März 2005

Die Presse

So kommentierte der steirische Autor Gerhard Roth die Gründung des Bündnis Zukunft Österreich (BZÖ): „Die BZÖ sollte eigentlich MPÖ heißen – Mehrheitsbeschaffungspartei Österreichs. Sie wurde nur dafür gegründet, damit die ÖVP einen Partner hat, der ihr bei der nächsten Wahl wieder die Mehrheit beschaffen soll. Wirtschaft und Industrie, von Frank Stronach angefangen, haben großes Interesse daran, dass die ÖVP einen bürgerlichen Partner behält. Es schaut aus, als wäre es von langer Hand geplant. Da steckt ein strategischer Plan dahinter: Zuerst wurde Andreas Mölzer hinausexpediert. Damit hat man die ideologische Symbolfigur entfernt. Dann mussten die anderen ähnlich Denkenden folgen. Sie alle waren übrigens bis vor kurzem mit Haider einer Meinung. Er hat sich quasi selbst mit ausgeschlossen, jedenfalls so wie er früher war. Es wundert mich, dass man ihm das jetzt abnimmt."

„Die Presse"-online, 5. April 2005

Die Presse

Eben noch haben die FPÖ und ihre Parteichefin Haubner mit einer letzten Kraftanstrengung den Rechtsausleger Andreas Mölzer ausgeschlossen. Viel Aufwand um nichts. Denn nur eine Woche später ist Haubner als Parteichefin erlöst, nachdem sie in den vergangenen Monaten beständig auch von ihrem Bruder Jörg Haider blamiert und desavouiert worden ist.

Karl Ettinger, „Die Presse", 5. April 2005

KLEINE ZEITUNG

KlZtg: Bei der ersten Zerstörungsaktion in Knittelfeld haben Sie aber noch tatkräftig mitgeholfen.

Stadler: Sie werden sich festhalten müssen, wenn ich Ihnen sage, wer dort mitgewirkt hat: Das ist von Haider und Haubner ausgegangen. Ich wurde mit anderen von Haider zum Kärntner Hof der Brüder Scheuch hinunterbestellt und mit der Tatsache konfrontiert, dass Haider an die Parteispitze zurückkehren will.

Haider hat mich gebeten, die Erklärungen für Knittelfeld einzusammeln

Auszug aus einem Interview mit Volksanwalt Ewald Stadler, „Kleine Zeitung", 5. April 2005

Briefe an „Zur Zeit“ über den Ausschluss des rechten Flügels

FPÖ – Die Suche nach dem Existenzgrund

Die FPÖ ringt seit ihrer Gründung 1956 um eine klare strategische Positionierung und um einen tragfähigen Existenzgrund. Andreas Mölzer hat die Zick-Zack-Entwicklung der so genannten Dritten Kraft treffend dargestellt. Bis 1986 dümpelte sie im einstelligen Prozentbereich herum. Dann übernahm Jörg Haider das Kommando und gestaltete die langweilige, gesichtslose Partei zu einer kreativen, dynamischen Bewegung um. Er mobilisierte die Bürgerinnen und Bürger, sich mit ihm auf den Weg hin zu einer freiheitlichen Gesellschaft zu machen, was immer das genau sein sollte. Er lehrte das politische Establishment und dessen Sprachrohre in den Medien das Fürchten. Schonungslos und glaubwürdig deckte er auf, was faul war im Staate Österreich.

Es entwickelte sich eine Dreieinigkeit von Person, personifiziertem Programm und persönlichem Weg. Haider war das Programm, sein Weg war das Ziel. Auf dem Höhepunkt seines Schaffens scharte er mehr als eine Million Unterstützer um sich. Dann zog sich der „Leitwolf“, erschöpft und verwundet von den Giftpfeilen der politisch Korrekten zurück. Die Weggefährten verloren rasch die Orientierung. Die Suche nach dem Existenzgrund begann von vorne.

Jörg Haider hat Außerordentliches geleistet und bewirkt. Doch seine Dynamik und Kreativität ersparte den Weggefährten die Mühen des selbstständigen Denkens und Handelns. Sie hatten sich auf ihn blind verlassen. Die Bewegung entwickelte sich nach seinem Rückzug aus der Front wieder zu einer normalen Partei zurück und taumelt nun orientierungslos gefährlich nahe am Abgrund.

Attraktive Themen sind zuhauf vorhanden, sie liegen auf der Straße. Die FPÖ muss dringend ein wirksames Gegengewicht zu denen bilden, welche die Identität und die Werte unserer Republik im Sumpf der europäischen Beliebigkeit und Sinnleere fahrlässig untergehen lassen.

Der neue „Leitwolf“ muss seiner Bewegung deutlich machen, wofür sie auf Basis welcher Werte einsteht, und was sie unterscheidbar von den konturlos schwammigen politischen Mitbewerbern macht. Programm und Weg müssen von der Führungspersönlichkeit unabhängig bestehen können.

Dr. Günter Steinegger,
4209 Engerwitzdorf/OÖ

Mölzers Verdienste

In großes Erstaunen versetzt habe ich heute auch im niederländischen Radio gehört, dass die FPÖ Mölzer nicht länger als Mitglied der Partei haben will. Es tut mir sehr leid; Mölzer kann sich das großartige Wahlergebnis der FPÖ im Jahre 1999 als Verdienst anrechnen; die Kärntner Nachrichten vor dem „Zeitalter“ von Armin Kordesch und Helmut Prasch sind dank ihm erfolgreich geworden; sein Verdienst für Kärnten ist groß. Seine vereinenden Aktivitäten für die rechten Organisationen Europas sind – meiner Meinung nach – bisher von anderen unerreicht (Vlaams Belang, Nieuw-Rechts, FPÖ und Front National auf einem Treffen zu verbinden, hat noch niemand geschafft)...

Vor kurzem war ich wieder in Österreich, wo ich die Chance hatte, die Wochenzeitung „Zur Zeit“ zu kaufen. Ich finde diese Zeitung sehr interessant und bin großteils einverstanden mit den Meinungen; vor allem die Heimatliebe in „Zur Zeit“ trifft mich sehr. Aber Mölzers eigenen Verdienst zum Trotz hat die FPÖ ihn ausgegrenzt. Ich kann es nicht verstehen. Warum? Diffamierend! Trotzdem hoffe ich sehr, dass Mölzer weitermacht, Europas Rechte zu vereinen.

Marcel Bas,
Universität Leiden, Niederlande, per E-Mail

Haider schadet

Lieber Andreas Mölzer! Nun ist es mit der FPÖ also vorbei. Zumindest verlassen die von Dir zurecht als „Nullgruppler“ und „Bierzelt-Sozialisten“ Bezeichneten die FPÖ. Wieder einmal schadet Jörg der Partei und der freiheitlichen Sache. Ich muss mir nur die Zwischenstände für die steirischen Gemeinderatswahlen in der Internetumfrage für meine Mariahofer Ortsgruppe ansehen, wo wir in den letzten beiden Tagen knapp zwei Prozentpunkte verloren haben.

Ich würde es sehr begrüßen, wenn auch die Nationalliberalen der FPÖ sich nicht womöglich ganz zurückziehen würden, sondern entweder eine neue Bewegung ins Leben rufen (wieso sollte nicht wieder einmal eine Partei die Bezeichung „nationalliberal“ im Namen führen?) oder die FPÖ übernehmen, wobei die Marke FPÖ natürlich massiv beschädigt ist.

Jedenfalls würde ich mich sicher engagieren.

Daniel Pirker (24, Student in Klagenfurt),
per E-Mail

Wofür steht die FPÖ?

Ich bin kein Mitglied der FPÖ, auch wenn ich seinerzeit gerne und oft FPÖ gewählt habe. Ich hatte damals – in der Zeit nach Steger – die Überzeugung, dass die FPÖ für eine Politik steht, die sie sehr deutlich von den anderen Parteien abhebt und hinter der auch eine Ideologie steht, auch wenn ich mit dieser nicht unbedingt übereingestimmt habe. Mit Eintritt der FPÖ in die Regierung hat sich allerdings für mich die Meinung schrittweise geändert.

Die Partei war gekennzeichnet von Quertreibereien, einer Orientierungslosigkeit, plakativ demonstrierter Einigkeit (die damit noch unglaubwürdiger wurde), einer Unglaubwürdigkeit, die sich täglich aufs Neue bestätigte, und vor allem einem völligen Ideologieverlust

Die lächerlichen Bemühungen, die voll mitgetragene Politik der ÖVP als von der FPÖ mitgestaltet darzustellen war sicher eine Hauptursache für den Imageverlust. Jeder hatte das Gefühl, wenn er für die Politik der Regierung ist, wählt er besser gleich die ÖVP, da diese wesentlich geschlossener und kompetenter eine Richtung vertritt.

Die Abkehr von sozialem Engagement war ein weiterer Punkt, der große Teile der Wähler vertrieben hat. Sozialabbau, eine Politik, die weitestgehend die Interessen der Industrie und des Großkapitals vertritt und tägliche Widersprüche in den Aussagen führender Politiker haben die vielen Wechselwähler, die sicher sehr schwer zu halten sind, sehr rasch wieder vertrieben.

Zum Beispiel in vielen Fragen der EU – vor allem des Türkei-Beitritts – war der sicher unumkehrbare Glaubwürdigkeitsverlust nur logisch.

Niemand weiß mehr, wofür die FPÖ steht und die Ereignisse der letzten Tage sind der Auftakt zur vielleicht letzten Posse, die wir erleben müssen. Der Selbstmord der FPÖ wird gründlich organisiert. Nachdem nun die letzten Wähler vertrieben wurden, wird diese groteske Neugründung verkündet. Offenbar ist der Realitätsverlust so weit gediehen, dass man tatsächlich denkt, damit das bevorstehende politische Ende abwenden zu können. Was aber der größte Denkfehler sein dürfte, ist der Umstand, dass nun auch die letzten, denen realistisches politisches Denken zuzutrauen ist, demontiert wurden. Ich meine da im speziellen Herrn Mölzer und Herrn Stadler. Ihr Pech ist vielleicht, dass Intellekt wohl nicht mehr verstanden wurde. Ob zB. ein Vertreter der FPÖ (Herr Sch.), der heute in ZiB2 aufgetreten ist, Ihre Zeitung je verstanden bzw. überhaupt je gelesen hat, wage ich zu bezweifeln. Es kann keine Partei ohne Ideologie auf Dauer existieren. Und wenn Ideologie ohnehin nur mehr auf eine Handvoll von Leuten begrenzt war, so wurden diese nun auch noch vertrieben. Ich kann nicht verhehlen, dass ich in sehr vielen Punkten keineswegs mit Ihnen einer Meinung war, Ihre Zeitung habe ich jedoch mit großem Interesse immer wieder gelesen und mich gerne damit auseinandergesetzt.

Es wird nun der kuriose Fall eintreten, dass die neue FPÖ über keine

Wähler verfügen wird, denn niemand weiß, wen und was man wofür wählen soll, noch dazu, wo eigentlich alle, die jetzt den politischen Abstieg begleitet haben, in der neuen Partei an der Spitze sitzen werden. Hingegen würden Sie vom Start weg über eine – vielleicht nicht allzu große, aber doch verlässliche – Kernwählerschicht verfügen.

Haider hat eine sehr bedeutungsvolle Nebenbemerkung gemacht, als er herablassend über die „nicht mehr zeitgemäße" Beschäftigung mit Historischem gesprochen hat. Dass gerade er einen massiven Wandel im Laufe der Zeit durchgemacht hat und er nun eine Vorstellung von einer modernen, lässigen … Partei formuliert, macht deutlich, dass eine Partei zu einer Luftblase geworden ist.

Seien Sie versichert, dass viele – so wie ich – einen intellektuellen Ideologen (wie Sie) weit mehr schätzen und für glaubwürdig halten, als jene, die täglich neue PR-Gags setzen und damit immer rascher ihre Glaubwürdigkeit verlieren. Ich wünsche Ihnen alles Gute und denke, dass die nunmehrige Situation für Sie und viele Enttäuschte auch eine neue Chance sein kann.

Gerhard H.,
per E-Mail

Entsetzen

Mit Entsetzen sehen wir die Entwicklung in der FPÖ. Ihr Rücktritt (andere kolportieren: Ihre „Entfernung") aus dem Parteivorstand läßt die „nach uns die Sintflut"-Riege alleine wirken und stürzt die FPÖ endgültig ins Nirwana. Zwar können nun die Helden alleine und unbeirrt zeigen, wozu sie wirklich in der Lage sind, nur wird dann wohl kaum mehr etwas übrig geblieben sein. Die ständigen Neugründungsabsichten wären früher bei einfachen Parteimitgliedern wegen parteischädigenden Verhaltens mit dem Ausschluß geahndet worden. Halten Sie sich also wenigstens in „Reserve", damit Sie den Laden übernehmen können, sobald er endgültig an die Wand gekracht ist. Für einen Wiederaufbau stehen wir jedenfalls zur Verfügung.

Dr. Wolfgang Caspart,
Vorsitzender FAV-Salzburg, per E-Mail

„Jung"-FPÖ

Ich wurde angeregt, eine viel geäußerte Meinung an Sie weiterzuleiten: Spalten Sie, solange noch etwas zum spalten da ist. Wer, so fragt man sich, soll eine flapsig und lässig daher kommende neue Jung-FPÖ, sozusagen eine FDP/LiF-Kombination, eigentlich wählen? Die zur SPÖ abgewanderten gestandenen Sozis wohl kaum.

Viktor Farkas,
per E-Mail

Zurück zu den Wurzeln!

Nun rächt es sich fürchterlich, dass man die FPÖ zu einem Koalitionswahlverein umfunktioniert hat. Die ganze Entwicklung in der Partei kann ja wohl nur bedeuten: Zurück zu den Wurzeln – sprich Kernschichten. Und das ist nun einmal das deutschnationale Element in unserer Gesellschaft.

Dieses muss „wachgeküsst“ werden um in der Zukunft zu neuen Ufern gelangen zu können!

Friedrich Neuhofer,
4050 Traun

Ein Betriebsrat

Ich bin seit 12 Jahren Mitglied der FPÖ, Kammerrat der steiermärischen Arbeiterkammer und Betriebsrat der Fa. Vogel & Noot Wärmetechnik. Bin ein glühender Verfechter von Heimat, Kultur, Brauchtum, Familie, Muttersprache und den Schutz Österreichs. Mein Gefühl hat mich nicht betrogen, was die Lage mit der FPÖ anbelangt. Aber das ist derzeit unwichtig. Für mich ist wichtig, dass Strache, Mölzer und Stadler nicht aufgeben, denn die sind nicht nur meine Hoffnung, sondern auch tausend anderer österr. Arbeitnehmer, die Familie haben und Österreich lieben.

Kammerrat Paul Klimbacher,
per E-Mail

zur ZEIT

Thema der Woche

Der russische Faktor

Spreu vom Weizen

Was heißt hier „Spreu vom Weizen trennen“? Schämen sich gewisse Kräfte ihrer Wurzeln und gehen dem Zeitgeist nach? Tendenzen dazu gibt es schon lange (nicht nur bei einfachen Parteimitgliedern). Jedoch, ein Baum ohne Wurzeln wird niemals gedeihen!

S. g. Herr Mölzer, bitte lassen Sie sich auch weiter nicht entmutigen!

Horst Hellmich,
per E-Mail

Getreuen verraten

Ich schätze Ihre Person schon seit sehr langer Zeit. Sie sind einer der wenigen Menschen, welche ihrer Gesinnung und ihrem Wort treu bleiben! Das ist entscheidend! Jörg Haider hat Sie im Stich gelassen, doch es gibt genug FPÖ-Mitglieder, welche Ihnen die Treue halten. Ich habe auch den Volksanwalt Stadler kennengelernt! Er ist ein Ehrenmann, wie auch Sie es sind. Ein Mann darf sein Wort nie brechen! Der Jörg wird seine Anhänger rufen, aber sie werden dann nicht mehr für Ihn da sein! Er hat seine Getreuen verraten und verkauft. Ich persönlich wünsche Ihnen viel Erfolg, denn Sie sind ein Ehrenmann.

Mag. Trusnovic,
9500 Villach

Adieu FPÖ

Sehr geehrte Frau Haubner! Ich gratuliere Ihnen, dass es Ihnen und Ihrem Bruder gelungen ist, mir und vielen meiner Freunde meine politische Heimat zu stehlen. Was Ihnen jetzt eingefallen ist, nämlich die letzten, die noch für die FPÖ gestanden sind, zu entfernen, ist ein hirnverbrannter Fehler, der seinesgleichen sucht. Sie sind sich offenbar nicht bewusst, dass die letzten 5–6 %, mit denen Sie noch rechnen können, die alten, ideologisch (auch wenn Sie glauben, dass Ideologie keine Rolle mehr spielt) gefestigten Kernwähler der FPÖ darstellen. Die erfolgreiche Vorzugsstimmenaktion von Andreas Mölzer gegen die rosaroten gesichtslosen, anderen EU-FPÖ-Kandidaten sollte Ihnen doch eine Lehre gewesen sein. Was Sie jetzt getan haben, nämlich das rechte Lager zu entfernen, ist die größte Fehleinschätzung, die Ihnen bzw. Ihrem inzwischen von allen guten Geistern verlassenen Bruder passiert ist. Die eigentlichen Querschüsse kommen nämlich aus Kärnten (siehe Türkeibeitritt) und nicht von dem rechten Lager, das immer nur positiv konstruktiv gewirkt hat. Ich prophezeie Ihnen jedenfalls mit der Parteineugründung, die ein umgekehrtes Knittelfeld darstellt, einen schweren Schiffbruch, zumal Sie sich wohl selbst eingestehen müssen, dass Sie mit dem Charisma eines Hausmütterchens wohl kaum irgendwelche Massen mobilisieren werden können, genausowenig wie Ihre auf allen Linien versagende Regierungsmannschaft, die, obwohl Ihre Personalreserven minimal sind, alle paar Monate ausgewechselt wird. Ihre Partei hat kein Profil und keine Linie, lässt sich von der ÖVP überfahren und gibt trotzdem die Stimme her – warum sollte Sie irgendjemand wählen!?

Adieu FPÖ – sie wird es demnächst nicht mehr geben! Mit herzlichen und mitleidigen Grüßen, Ihr ehemaliger Stammwähler,

Univ.-Prof. Dr. P. Probst

Nicht mehr zu ertragen

Als Ex-FPÖ-Wähler kann ich nur sagen, das Theater rund um die FPÖ und den Haider ist nicht mehr zu ertragen. Diese Partei ist eben politisch am Ende. Dass diese Partei mehr wie ein Chaoshaufen ist, bewies der enorme Ministerverschleiß.

Ernst Pitlik,
1220 Wien

Linke Lyrik

Der Mölzer fliegt aus der Partei!
Die will, dass sich das größte Ei
Der rückgeblieb'nen Nazisterne
Aus der Partei recht schnell entferne.
Herr Mölzer gibt sich psychopathisch,
Die Uschi aber wird sympathisch.
Es hallt ein Ruf wie Donnerbraus:
Die Straches, Mölzers, Stadlers raus!

Anonym,
per Post

„FPÖ Classic"

Sehr geehrter Herr Mölzer! Sicher werden Sie von E-Mails und Anrufen überschwemmt. Daher halte ich mich kurz. Nur soviel: Ihrer Analyse in „Zur Zeit" über die FPÖ ist nicht zu widersprechen! Man fragt sich nur, „was soll das" was Haider, Haubner und Co. nun einfällt? Und was machen Leute wie Sie nun. Ich hoffe inbrünstig, dass Leute wie Sie, Graf Gudenus, Herr Strache und Co. weitermachen!

Denn wenn morgen Sonntag wäre, würde ich momentan nicht mehr die FPÖ wählen!Ich bin zwar kein „klassischer FPÖler“, sondern „wertkonservativ, katholisch“, habe aber trotzdem aus Überzeugung die letzten Jahre FPÖ gewählt. Wenn aber Leute wie Sie, Graf Gudenus, Strache etc. nicht mehr relevant sind in der FPÖ, dann kann man die Partei nicht mehr wählen und wird zähneknirschend wieder die ÖVP wählen... Also, bitte „bleiben Sie uns erhalten“, im schlimmsten Fall soll Haider ruhig eine „FPÖ Neu“ gründen, das nationale Lager sich soll dann bitte der „FPÖ Classic“ annehmen.

Ladislaus E. Batthyány,
E-Mail

Zu Ende reformieren?

Die Kirche wurde weitgehend reformiert. (...) Ein ungeheurer Mitgliederschwund ist die Folge. Auch die Familien wurden reformiert. (...) Geburtenrückgang und Pensionsmisere, Auflösung der Familie, einsame Schlüsselkinder und ein ungeheurer Bedarf an Pflegepersonal für ältere Menschen sind die Folge.

Auch die Freiheitliche Partei wurde laufend reformiert. Die „Deutschtümler“ sind längst entmachtet, die FPÖ schwingt die Nazi-Keule genauso wie jede andere Partei. Seit Jörg Haider versuchen die Freiheitlichen nur mehr, die besseren Sozialisten zu sein. Die neuerliche Wahlschlappe war keine Überraschung. Und das Rezept? Weitere Reformen in dieselbe Richtung. Ohne Andreas Mölzer, John Gudenus und Ewald Stadler verliert die Partei vollends ihr Rückgrat. Die beabsichtigte Neugründung Haiders lässt jedoch hoffen. Die neue Partei wird kein Abklatsch der FPÖ, sondern des Liberalen Forums sein. Und somit wissen wir auch schon, wohin die Reise geht.

Brigitte Kashofer,
E-Mail

Die Dritte Kraft

Zum Thema der Woche „Wo bleibt die Dritte Kraft“ („Zur Zeit“, Ausgabe Nr. 9/2005), Editoral von Andreas Mölzer, kann ich nur das Eine sagen: Noch nie habe ich eine derart brillante Analyse über den Zustand der Freiheitlichen gelesen, wie die von Andreas Mölzer. Eigentlich könnte ich schon wieder aufhören, da dem Geschriebenen einfach nichts mehr hinzuzufügen ist...

Ing. Helmut Leitner,
BPO Gänserndorf

Dem linken Treiben beugen?

Da ich schon sehr lange Stammwähler der FPÖ war und deren Politik genau verfolge, erschüttern mich die Vorgänge innerhalb der Partei sehr. Mir war schon klar, dass die Zusammensetzung der Regierungsmitglieder im Jahr 2000 nicht gut gehen kann. Die FPÖ hat seit der Regierung nie klar machen können, wofür sie steht. Glaubt die Parteispitze um Ursula Haubner wirklich, dass durch eine Entmachtung des Flügels um Mölzer, Strache und Stadler die FPÖ zu retten sei? Gerade die Berichte ihrer Zeitung sind es, die konstruktive Kritik hervorbringt. Das muß man bei diesen Mißerfolgen der Partei doch zulassen. Ohne Anhänger dieser Gruppierung um Mölzer hätte die Partei meiner Meinung nach fast gar keine Wähler mehr! Leider gibt es in der heutigen Zeit immer weniger Werte und Ehre. Ja, das Wort darf man ja schon gar nicht mehr sagen. Sonst wird man gleich als Nazi abqualifiziert. Ohne Hilfe einer starken FPÖ um Mölzer, Stadler und Strache werden wir uns dem linken Treiben beugen müssen. Dieses Treiben kann man doch nicht zulassen. Oder?

Gernot Hatzenbichler,
per E-Mail

Misslungen

Macht ist es, an der die Menschen scheitern, sei es am Missbrauch oder am krampfhaften Festhalten an derselben. Nirgends ist das Streben nach Macht, Ansehen und Wohlstand so deutlich ausgeprägt wie in der Politik. Jörg Haiders politische Begabung ist unbestritten, seine Erfolge in der Vergangenheit unbestritten, seine Machtbeschränkung als indirekte Folge des durch internationalem Druck unfreiwillig abgegebenen Parteivorsitzes bekannt. „Susanne, geh Du voran“ war der Beginn für den langsam fortschreitenden (unfreiwilligen) Verlust seines Einflusses in Partei und Politik. Ein Teil der von ihm in die Regierung entsandten Repräsentanten hat sich emanzipiert, eine gewisse Eigendynamik angenommen und ist dann schrittweise seinem Einfluss entglitten. Dazu kam die unerwartete und wachsende Dominanz des ursprünglich schwächeren Regierungspartners, was eine weiter Machtreduktion bedeutete. Diese Kompetenzbeschneidung aus der zweiten Reihe als einfaches Parteimitglied wettzumachen und weiterhin den Ton anzugeben, ist eindeutig misslungen.

Dr. Leo Preier,
2361 Laxenburg

Ohnmächtig

Sehr geehrter Herr Mölzer, mit diesem Zitat: „Hintergrund ist ein Artikel Mölzers in seiner Wochenzeitung „Zur Zeit“, in dem die FPÖ als „ohnmächtige“ Partei bezeichnet wird, der „Freund und Feind – mit Ausnahme der eigenen Parteiführung – bescheinigen, gescheitert zu sein“ auf der ORF-Homepage haben Sie völlig recht! Aber in der FPÖ will das niemand hören, auch wohlmeinende Kritik wird abgeschmettert.

Hermann Markut,
E-Mail

Neugründung

Mit einer Neugründung der FPÖ, wie sie von Haider angekündigt wurde, mit Eliminierung des „rechten Flügels“, wird er keine „FPÖ“ mehr sein, sondern nur eine Abart der ÖVP.

In solchem Fall braucht man diese neu gegründete FPÖ nicht mehr, denn da kann man ja gleich ÖVP wählen. Die aufrechten, gesinnungstreuen Menschen wie Stadler, Mölzer, Strache, Kabas, Gudenus, Scrinzi hat man schon lange abgeschoben. Sie vertreten die ursprünglichen Grundsätze der Freiheitlichen. An ihre Stelle haben sich Leute gesetzt, oder sind von Haider gesetzt worden, die in angepasst haben und um der heiligen Koalition willen zu reinen Erfüllungsgehilfen der ÖVP mutiert sind.

zur ZEIT

Thema der Woche

Die Nagelprobe Asylrecht

Aus einer Partei, welche die Interessen Österreichs über die Brüssels gestellt und vorgegeben hat, die Interessen des „kleinen Mannes" wahren zu wollen (Haider ein „Robin Hood" des „Kleinen Mannes"!), hat sich die FPÖ nun zu einer Partei herausgemausert, die die Interessen der Globalisierer, Liberalisierer und Privatisierer wie die ÖVP vertritt. Ja sogar die Ungeheuerlichkeit Haiders, gegen den Willen der meisten Österreicher, für einen EU-Beitritt der Türkei zu sein, wie es Brüssel und natürlich die ÖVP mochte. Ich war ein fanatischer Anhänger von ihm und habe deshalb von Freunden und Verwandten viel Spott in Kauf genommen. Mit dieser Forderung und mit der Eliminierung von grundsatztreuen Menschen wie sie vorhin genannt wurden, hat er alle Chancen verspielt, ist nicht mehr glaubwürdig. Eine solche Neugründung kann er sich ersparen, das wird nichts anderes als eine Filiale der ÖVP sein. Somit bleibt einem wirklich „freiheitlichen" und heimattreuen, nicht zeitgeistig angepassten Österreicher, der aus Gewissensgründen weder schwarz noch rot oder gar grün wählen will, nur mehr übrig, gar nicht zu wählen.

Mag. Gottfried Hilscher, 1130 Wien

Wozu Neugründung?

Soweit ich informiert bin, würde sie dadurch erheblichen Rechtsspielraum verlieren. Darüber hinaus liegt der Fehler, soweit ich das beobachten kann, nicht bei den Mitgliedern, sondern bei einigen selbstherrlichen Funktionären. In diesen erlauchten Kreis schließe ich Dr. Haider mit ein. Es ist für die stärkste Partei auf lange Sicht nicht tragbar, dass Interna dauernd über die Presse kommuniziert werden. Dr. Haider hat das schon in der Blau-Schwarz-Phase bis zum Überdruss praktiziert. Natürlich fühlen sich jetzt auch andere dazu berufen. Zusätzlich stören allzu forsche und damit natürlich unüberlegte Äußerungen von Haider, Strache und anderen Funktionären. Vor allem sollten persönliche Untergriffe unterlassen werden. Statt einer Neugründung bräuchte die FPÖ einen neuen Stil, der aber nur unter einer komplett neuen Führung glaubwürdig wäre. Herr Van der Bellen führt uns täglich vor, wie man mit schwachen Inhalten, aber mit seriösem Auftreten und mit der Rhetorik eines gut erzogenen Menschen immer mehr Sympathien gewinnt.

Der herbei geredete Streit zwischen „Rechten“ und „Liberalen“ ist eine müde Ausrede für den jetzigen Zustand der Partei. Wir dürfen unsere Augen auch nicht davor verschließen, dass die meisten unserer jetzigen Funktionäre in einer Art punziert sind, die sie für eine solche Politik nicht mehr glaubwürdig macht, also müssen wir uns welche suchen, die der Partei wieder ein vertrauenswürdiges Gesicht geben. Viele der heutigen FPÖ-Repräsentanten werden dann sicher als Berater im Hintergrund herzlich willkommen sein.1871 hat Nietzsche davor gewarnt, den deutschen Geist dem Deutschen Reich zu opfern. Heute stehen wir Freiheitliche vor dem selben Problem: Unser freiheitlicher Geist soll nicht der Parteitaktik zum Opfer fallen!

Mag. Peter Holzgethan,
5082 Grödig/Sbg

Die Ochsen der FPÖ

Die FPÖ hätte anfangs nie bestehen können, wenn sie sich nicht auf die vielen deutschnationalen Funktionäre hätte stützen können, die waren ihr organisatorisches Rückgrat. Diese Leute waren noch immer Idealisten. Dann erfolgte so langsam von oben eine Liberalisierung, wobei man sich immer noch der Deutschnationalen bediente und auf sie Rücksicht nehmen musste. Die kleinen deutschnationalen Funktionäre arbeiteten aufopferungsvoll an der Basis, die oberen Funktionäre hingen hingegen liberalen Ideen an. Die deutschnationalen Funktionäre waren die den Wagen ziehenden Ochsen, die liberalen Funktionäre waren die Kutscher. Ideologische Auswüchse hielten sich in Grenzen. Als Steger liberal-ideologisch ausuferte und scheiterte, kam Haider und gab sich deutschnational, das zog. Bald hatte Haider die alten und treuen Leute als Deutschtümler, als Taliban und ihre Ansichten als museal bezeichnet. Die „Ochsen“ hatten ausgedient, sie konnten gehen. Die, die noch da sind, verweigern sich vielfach.

A. Melon

Enttäuscht

Als langjähriges FPÖ-Mitglied (Niederösterreich, später Kärnten), ehemaliger RFJ-Aktivist und Mitglied im „Club Jörg“ bin ich, über die derzeitige Entwicklung sehr entäuscht!

Adolf Czernich,
E-Mail

Die FPÖ-Parteispitze überdenken...

Dadurch, dass man erfolgreiche Politiker wie Andreas Mölzer aus der Partei auszuschließen versucht, wird der Abwärtstrend der Partei nur noch massiv beschleunigt. Nicht umsonst hat Möl-

Auf Dienstreise...

Bild: Ausriss „OÖ. Nachrichten", 30. März 2005

zer den von ihm geführten EU-Vorzugsstimmenwahlkampf überlegen für sich entschieden.

Sein Einsatz für die Neutralität und gegen die EU-Verfassung, gegen die berüchtigten Spesenritter und vieles andere mehr, hat das Vertrauen in ihn mehr als gerechtfertigt. Wenn man nun die destruktiven Kräfte aus der Partei entfernen will, sollte man nicht bei Mölzer oder Strache ansetzen, sondern vielmehr die Besetzung der „harmoniebedürftigen" Parteispitze überdenken. Es gibt zwei Optionen: entweder übernimmt Jörg Haider selbst die Parteiführung, oder man macht den Weg für HC Strache frei – jung, flott, lässig – genau nach Wunsch!

Waltraud Maier,
per E-Mail

FPÖ-„Wohlfühldiktatur"?

EU-Parlamentarier Andreas Mölzer ist als politischer Publizist und Analytiker ein kritischer Geist. Lange Jahre hat dies Dr. Jörg Haider dazu veranlasst, sich immer wieder gerne seiner Dienste zu versichern. Auch andere demokratische Parteien müssen mit politischen Denkern leben. Anstatt diese Kritiker mundtot zu machen, schöpfen sie aus der Kritik positive Impulse.

Jetzt, da Mölzer sich nicht mehr im Sinne der – sehr wandelbaren – Ansichten des Kärntner Landeshauptmanns äußert, will man sich aus höchst vordergründigen Motiven seiner entledigen.

Haider möchte – zurzeit – nun doch wieder Parteichef werden und fordert dazu gleichzeitig Durchgriffs- und Gestaltungsrechte sowie die Möglichkeit, in der Organisation bis auf die untersten Ebenen eingreifen zu können. Derart tiefe Eingriffe widersprechen aber dem demokratischen Aufbau der Partei. Soll etwa in Hinkunft jeder, der nicht in vorauseilendem Gehorsam der Parteispitze stets Recht gibt oder dieser nicht nach dem Mund redet, mundtot gemacht werden?

Die freie Meinung ist eine der höchsten Errungenschaften der Demokratie. Gerade die Freiheitlichen, die ihre Wurzeln so gerne aus dem Revolutionsjahr 1848 herleiten, sollten damit verantwortungsvoller umgehen. Meine Partei sollte für alle anderen Gruppierungen in diesem Staat ein Vorbild an Transparenz, Meinungsfreiheit und gleichberechtigte Mitbestimmung sein. Das ist die Freiheit, die ich meine.

Im Gedenkjahr der FPÖ, die 1955 in Oberösterreich gegründet wurde, werden die Mitglieder der Basis nicht unkritisch zusehen, wie diese Partei zerstört wird. Ich fordere daher alle aufrechten Demokraten in der Partei auf, sich am Bundesparteitag einer Umwandlung der Umwandlung der FPÖ in eine „Wohlfühldiktatur“ zu widersetzen.

Werner Neubauer,
Gemeinderat der Stadt Linz

Bildmontage: Schneeweiß-Arnoldstein

II.
Die Orangen-Spalter

Eiertanz in Blauorange

Die FPÖ und ihr Streben nach Zukunft

VON WENDELIN MÖLZER

Es ist für den Zuseher und Beobachter schon mehr als traurig, wie sich die Freiheitlichen in den letzten Wochen selbst zerfleischen und konzeptlos durch die Gegend taumeln. Man könnte meinen, es würde hier ein Eiertanz aufgeführt, der ohne echtes Ziel zwischen Blau und Orange hin und her wackelt.

Mit der FPÖ-Klausur hat es begonnen, und mit der Ankündigung einer Neugründung durch Jörg Haider ging es weiter. Doch war dies wieder einmal nur eine unkoordinierte Aussage, zumal kurz darauf ein Rückzieher erfolgte, und doch nur eine Neuorientierung stattfinden soll. Dies bekanntlich auf einem Parteitag, der am 23. April 2005 über die Bühne gehen soll. Gefordert ist dort eine Zweidrittelmehrheit für den neuen Parteiobmann (entweder Haubner oder Haider), des weiteren für ein Mehrpunkte-Programm zu Neuausrichtung und ursprünglich ein sogenanntes Durchgriffsrecht. Dieses stößt naturgemäß bei den Delegierten auf Widerstand, will man doch keineswegs den Launen beispielsweise eines Haiders ausgesetzt sein und will man doch keine undemokratische Parteistruktur. Und siehe da, die Forderung wurde auch ganz schnell herabgesetzt, ist aber dennoch weiterhin im Raum und wird wohl nicht ganz so einfach durchzusetzen sein. Desweiteren stellt sich die Frage, wie denn der Obmann heißen wird. Im Gespräch ist natürlich Haider, aber auch der Wiener FP-Obmann Strache könnte kandidieren. Einzig Ursula Haubner dürfte wohl von niemandem wirklich als Obfrau forciert werden, ist es doch unter ihrer Obfrauschaft zur Eskalation gekommen. Außerdem hat der Generalsekretär Uwe Scheuch indirekt schon ihren Bruder Jörg Haider favorisiert.

In den Wind gereimt...

Es haben derzeit großen Schaden
die Leute von den Müllbrigaden,
weil sie, die in Orange gehen,
wie Haiders Jünger anzusehen.
Vorzüglich freilich passt dem Haider
die Rolle als Orange-Bekleider,
weil dadurch festgeschrieben ist:
Wer BZÖ sieht, denkt an Mist.

Wolf Martin

Bild: „Kronenzeitung", 8. April 2005

Derzeit auf jeden Fall warten alle ab, wie es denn weiter gehen könnte. Die möglichen Lösungen für die Partei sind vorhanden, sie umzusetzen ist allerdings ungleich schwieriger, da sind sich alle einig. Wie es auch kommen mag, die FPÖ steht mitten in ihrer heftigsten Krise und derzeit ist kein Licht am Ende des Tunnels.

Verwunderlich ist auf jeden Fall der Ausschluss von Andreas Mölzer, hat er doch nur berechtigte Kritik geübt und ist er doch der einzige EU-Abgeordnete in Brüssel. Jedem musste vorher klar sein, dass dies kein Zeichen der Versöhnung ist, und Mölzers Rausschmiss vielmehr als eine Provokation des national-liberalen Kerns der Freiheitlichen gilt.

… nur von einer Parteispitze, die mehrheitlich offenbar von Totalverwirrung befallen ist, schlimm genug, beweist dies klar und deutlich in welch elendem Zustand diese Partei ist…

Ob Jörg Haider hier irrational handelt, oder sein Kalkül doch eine Art Abspaltung der Partei ist, weiß niemand so genau. In jedem Fall wird – wenn man „Einigkeit“ so demonstriert – diese FPÖ wohl kaum noch in ruhigere Gewässer kommen. Der Ruf nach einem Mediator wird da immer lauter, Haider kann es nicht sein, denn er ist wohl zu einem großen Teil Schuld an dem Dilemma, in dem die FPÖ derzeit steckt.

Unter den derzeitigen Vorzeichen ist aber wohl Heinz-Christian Strache die interessanteste Option zu Haider und wäre wohl mit Sicherheit fähig, die Partei zu befrieden und wieder zu neuen Ufern zu führen. Nur allein Personen auszutauschen, kann nicht alles sein, das Grundübel würde es aber einmal an der Wurzel packen.

Der gescheiterte Ausschlußversuch

ANDREAS MÖLZER
IM ZZ-EDITORIAL VOM 8. APRIL 2005

Da hat man nun mit aller Gewalt versucht, den Autor dieser Zeilen aus der Freiheitlichen Partei auszuschließen. Als Vorwand musste bekanntlich die kritische Analyse, die vor einigen Ausgaben in unserem Blatt unter dem Titel „Was bleibt von der Dritten Kraft?“ erschienen ist, herhalten. Diese Analyse, die dezidiert dazu verfasst wurde, eine offene und schonungslose Diskussion zwecks Neuorientierung und Wiederfindung der Freiheitlichen zu führen, wurde als parteischädigend qualifiziert, die eine oder andere Passage vom Kärntner Landeshauptmann und von der Parteiobfrau gewissermaßen als Majestätsbeleidigung empfunden. Irgendwo schien es so, als würde man mit Gewalt ein Bauernopfer brauchen, einen Kopf rollen lassen müssen, um den Kritikern der Parteiführung die eigene Stärke zu demonstrieren. Also veranstaltete man in der Kärntner Landesparteileitung Mitte März ein Scherbengericht. Nach Medienberichten und Informationen von Anwesenden – streng unter der Hand natürlich – hatte Haider selbst mit allen ihm zur Verfügung stehenden „schauspielerischen Fähigkeiten“ in einer mehrstündigen Rede mit gleichzeitiger Scheindiskussion das Ausschlussverlangen und die Stimmung gegen Mölzer so aufgebaut, dass schließlich nach Mitternacht bei etwa 150 Anwesenden ein einstimmiger (!!!) Beschluss zustande kam – ein Vorgang, der sonst eher für den Stalinismus typisch war. Doch siehe da, dieser Ausschluss aus der Kärntner FPÖ ist ein rechtliches Nullum. Die Landespartei kann einen Europa-Abgeordneten, der damit auch Mitglied der Bundesparteileitung ist, gar nicht ausschließen.

Andreas Mölzer

Zum Absturz der FPÖ

Jörg Haider ist offenbar sein „politisches Gespür“ von früher abhanden gekommen, denn sonst würde er bedenken, wie Andreas Mölzer als einziger der FPÖ-Riege ins EU-Parlament gewählt wurde, nämlich durch eine entsprechend hohe Anzahl von Vorzugsstimmen aus dem Kreis der Wählerschaft.

Und genau diese Stimmen werden in nächster Zeit der ohnehin bereits aus eigenem Verschulden aufs Äußerste geschwächten FPÖ abgehen. Die anderen Parteien wird's freuen! Es ist eben ein folgenschwerer Fehler, in einer Gesinnungsgemeinschaft, die sich „freiheitlich“ nennt, das freie Wort verbieten zu wollen.

Gerhard Kellner, Wien

Bild: Ausriß „Kronenzeitung“, 31. März 2005

Danach kam der vorangekündigte Ausschlussversuch im Bundesparteivorstand am Dienstag nach Ostern und auch dieser geriet zur Groteske: Nachdem die 23 anwesenden Stimmberechtigten des FPÖ-Vorstands bei der Abstimmung über den Kärntner Ausschlussantrag die erforderlichen zwei Drittel der Stimmen nicht zusammenbrachten, schloss die Parteiobfrau bekanntlich die Sitzung und Generalsekretär Scheuch erklärte, der Ausschlussantrag sei gescheitert. Ein Teil der Vorstandsmitglieder verließ darauf hin die Sitzung, nicht ohne – wie im Fall der Kärntner – wutentbrannt gegenüber den Medien zu erklären, es sei eine unglaubliche Sauerei, dass Mölzer nicht ausgeschlossen wurde. Daraufhin saßen einige Ohrenbläser der Bundesparteiobfrau mit juristischen Basiskenntnis noch in trauter Runde zusammen, um letztlich nach Rücksprache mit einem Mitglied des Bundesparteigerichts, einem oberösterreichischen Parteiangestellten (!), auf die Idee zu kommen, die einzige Stimmenthaltung als nicht abgegebene Stimme zu werten und damit doch noch eine Zweidrittelmehrheit zu konstruieren.

Zwei Stunden nach dem Ende der Sitzung trat die Bundesparteiobfrau dann doch noch vor die Presse und erklärte, Mölzer sei ausgeschlossen worden. Eine Groteske und ein juristisch höchst fragwürdiger Vorgang.

... nur von einer Parteispitze, die mehrheitlich offenbar von Totalverwirrung befallen ist, schlimm genug, beweist dies klar und deutlich in welch elendem Zustand diese Partei ist...

Nach 28 Jahren wird einem da also dann der Sessel vor die Tür gestellt. Nein, nicht von der freiheitlichen Partei insgesamt, nur von einer Parteispitze, die mehrheitlich offenbar von Totalverwirrung befallen ist. Schlimm genug, beweist dies klar und deutlich, in welch elendem Zustand diese Partei ist, dass sie inhaltliche Kritiker hinausschmeißen muss und das Prinzip der Meinungsfreiheit geringachtet, schlimm auch, weil man plötzlich für Parteifreunde, mit denen man über lange Jahre ein nahezu freundschaftliches Verhältnis hatte, zum Feindbild gemacht wird. Und um das schlechte Gewissen wegen der eigenen mangelnden Zivilcourage zu besänftigen – hat man sich doch dem Ausschluss-Begehren des präsidierenden Geschwisterpaares willig angeschlossen – konstruiert man im Nachhinein moralisch scheinbar triftige Gründe: Der hat ja nie eine Sitzung besucht. Der hat doch von der Partei nur genommen. Der hat nur immer von außen besserwisserisch kritisiert, wo er doch der Partei alles verdankt.

Und da überschlagen sich dann Leute, die hinter vorgehaltener Hand bitter über die Willkür des Bärentalers klagen, vor lauter Haider-Solidarität und Linientreue. Als stellvertretender Landeshauptmann, als Landtagspräsident, als Sozialminister außer Dienst, überschlägt man sich da vor lauter Hinrichtungs-

Bereitschaft: Er hätte schon längst hinausgehört, diese „Figur" – wirklich das Letzte. Und aufs Neue dient man sich dem an, den man vormals in zahlreichen Einzelgesprächen als kranken Irrläufer abgetan hat und dessen Demütigungen man zähneknirschend hingenommen hatte. Man ist doch kein Kriecher, keiner der Lemminge, keiner, der mit den Wölfen heult, diesem Mölzer hat man's ja wirklich gezeigt. Gemeinsam, einstimmig, mit 150 Mann im Chor.

Na gratuliere, da fragt man sich wirklich, ob es so erstrebenswert ist, sich mit allen Rechtsmitteln zurück in eine solche „Gesinnungsgemeinschaft" zu reklamieren. Doch halt, man darf das Kind nicht mit dem Bade ausschütten, die Ideale dieser Gemeinschaft sind wahrhaftig. Die meisten Menschen, die diese Gemeinschaft bilden, sind ehrlich und die Existenz dieser Gesinnungsgemeinschaft ist für das Land und seine Menschen notwendig.

Da muss man möglicherweise über einen vorübergehenden Anfall von Stalinismus in der freiheitlichen Parteiführung hinwegsehen und ganz abgesehen davon für die inhaltliche und personelle Erneuerung dieser Partei arbeiten. Mit seinem großen Essay in der Mitte dieser Ausgabe vo
Autor dieser Zeilen, dafür seinen Beitrag zu leisten –
buch.

Das Editorial wurde

Alte [...]
Orange [...]

In der Urania wurde e[...]

Eva Linsinger

Wien – Nur Herbert Scheibner verweigerte sich – oder war in all der Hektik nicht mehr zum Einkaufen gekommen. Jedenfalls war der Klubobmann der Einzige, der ohne irgendein oranges Accessoire in die Wiener Urania gekommen war. Alle anderen vollzogen ihren Abschied von der „blauen" FPÖ auch farbmäßig, zumindest zum Teil: Ursula Haubner [...] Blazer, Uwe [...]ngem Arm- [...]orbach mit [...]e und Jörg [...]gegestreiftem [...]und schnell [...]der und Gor[...]bach aber offenbar nicht von ihrer langjährigen Vergangenheit trennen: Auf ihren Hemden tauchte auch die Farbe blau in Streifen auf.

Di[...] ware[...] Remi[...] Verga[...] Gründ[...] BZÖ [...] te[...] M[...] sei[...] Par[...] wann[...] So g[...] ma[...] [...] de[...] und [...] in or[...] Mit [...] Mann [...] mit in [...] Heinz [...] Stimme[...] sich als[...] det – [...]

„Zur Zeit" versucht der

[...]ob mit oder ohne Partei-

[...]or der Abspaltung Haiders verfaßt.

[...]reas Mölzer verfolgte die BZÖ-Gründung als Zaungast auf [...]Journalistenbank und kommentierte süffisant. *Foto: Cremer*

[...] mein Stückchen Orange: Jeder be[...] [...]inen Farbtupfer in der neuen Mode [...] Gorbach mit [...] Haider mit [...]gestreiftem [...]

Bild: Ausriß „Der Standard"

Pressestimmen

Abspaltung des BZÖ

Salzburger Nachrichten

Haider ist, was Gründung und Bestattung von Parteien betrifft, ziemlich agil. Erinnern wir uns: 1994 war er der Hebammer der Heide Schmidt, als sie des Liberalen Forums genas. Im Jahre 1995 schlug die Geburtsstunde der F, aber dazu musste er erst die FPÖ meucheln, etwas, das ihm nur unvollständig gelang, denn im November 1996 wiederentstand sie sang- und klanglos, aber nicht nachdem vorher F dran hatte glauben müssen, weil Haider der Buchstabe nicht gefiel. Er ist ein politischer Ästhet.

Erinnert man sich, dass die Gehaltsgrenzen für F-Politiker eine Erfindung des F-Führers gewesen sind? Das Ganze hieß Vertrag mit Österreich. Unterm Strich ist BZÖ die dritte Partei, der Haider ins politische Le-

Grundproblematik

Bild: „Kurier", 6. April 2005

ben verhalf, aber zuvor musste er zum dritten Mal eine Partei meucheln. Das Opfer war (zum zweiten Mal) die FPÖ.

„Salzburger Nachrichten", 6. April 2005

Kronen Zeitung

Das ist das Schöne an der Sprache: dass sie einen Hintersinn hat, ja eine Hinterlist. Haider sei eine „konstruktive Persönlichkeit" war Schüssels Kommentar zur Neugründung der FPÖ oder wie man den Vorgang nennen soll. Naive Kommentatoren hielten das für ein positives Urteil über den Charakter Jörg Haiders und rügten den Bundeskanzler.

Aber so hat es Schüssel nicht gemeint. Er nutzte – bewusst oder unbewusst – den Hintersinn des Wörtchens „konstruktiv" aus. Er fällte kein Charakter-Urteil, glaub ich, der Charakter Haiders ist ihm herzlich wurscht. Er fällte ein Nützlichkeits-Urteil:

Der konstruktive Haider ist Bestandteil einer Konstruktion, mittels welcher der Bundeskanzler Bundeskanzler bleiben, bequem weiterwursteln will bis zum ihm passenden Wahltermin 2006. Das ist der konstruktive Haider, er liefert die Konstruktion zum Weiterregieren.

Günther Nenning, „Kronenzeitung", 7. April 2005

profil

Es ist nicht leicht, die abenteuerlichen Vorgänge rund um das FPÖ/BZÖ-Kernspaltungsdrama zu verfolgen, ohne sich dabei laufend an die Stirn zu tippen. Wer geglaubt hatte, dass die Tragikomödie von Knittelfeld an selbstzerstörerischer Absurdität nicht mehr zu überbieten sei, wurde in den vergangenen zweieinhalb Jahren widerlegt, zuletzt mehrmals täglich. Eine irgendwie konstruktive und zielführende Strategie war hinter den Dauerturbulenzen nicht zu erkennen – auch deshalb, weil der real exorzierende FPÖ-Chef Jörg Haider jede nicht von ihm ausgegebene oder abgesegnete Strategie sofort aushebelte, selbst jedoch auch keine Strategien entwickelte, die länger als durchschnittlich eineinhalb Interviewtermine Bestand gehabt hätten.

Sven Gächtler „Profil", 15/2005, 11. April 2005

OÖNachrichten

Mitten im freiheitlichen Untergangstaumel hat sich Jörg Haider mit einigen Getreuen in ein oranges Rettungsboot namens „Bündnis für die Zukunft Österreichs" geflüchtet. Der Kärntner Landeshauptmann will sich so in Zeiten höchster Bedrängnis einen lang gehegten Traum erfüllen: Ein eigener Wahlverein, der sich bar jeden ideologischen Ballasts nur mehr dem Willen des Anführers verpflichtet fühlt. Umgeben von Mitstreitern, die der möglichst lange Erhalt ihrer gut dotierten Positionen zusammenschweißt.

„Oberösterreichische Nachrichten", 5. April 2005

OÖNachrichten

Jörg Haider als „konstruktive Persönlichkeit" zu bezeichnen ist dermaßen übertrieben wie die Feststellung, Krankl sei ein erfolgreicher Trainer, führe uns zum EM-Titel und verdiene für seine Verdienste um den Fußball und die deutsche Sprache den Professorentitel. Beides ist derart weltfremd, dass kein Wort darüber verloren werden müsste.

„Oberösterreichische Nachrichten", 6. April 2005

Die Presse

Ideologien sind schwer aus der Mode gekommen. So gesehen ist das neue „BZÖ" derzeit die modernste Partei im Parlament – ein reines Marketingprodukt.

Logischerweise sind Werbung und medialer Auftritt von Politikern daher viel wichtiger geworden. Chamäleonhafter Meister in diesem Feld war schon immer Jörg Haider. Wenn er den oppositionellen Herausforderer gab, griff er übrigens gern zum orangen T-Shirt unterm Sakko. Nun also läuft sein Haus- und Hof-Werber Gernot Rumpold Rumpold vorzugsweise mit einer Orange in der Hand herum. Das ist so simpel wie gut, wirkt freundlich und modern. Nur an Inhalt und Parteibezeichnung scheint man wenig Gedanken verschwendet zu haben. Warum nicht „Orange" oder „Liste Haider"? BZÖ ist holprig. Noch holpriger aber sind die Inhalte der neuen Partei. Sozial und freisinnig" will die alte und neue, kleine Regierungspartei sein. Doch das ist schwer unter einen Hut zu bekommen. Denn den kleinen Mann einerseits vor dem „Raubtierkapitalismus" (Originalton Haider) zu schützen und andererseits Liberalität – nichts anderes bedeutet das altmodische Wort „freisinnig" – zu fördern, muss uns Haider erst vorturnen. Daran ist schon Heide Schmidt mit ihrem Liberalen Forum gescheitert. Im Grunde geht es aber bei „Orange" ohnehin nur um Haider als Person. Das war bei der FPÖ nicht anders – und ist kein rein blau/oranges Phänomen.

Martina Salomon, „Die Presse", 8. April 2005

Welt am Sonntag

Was sich derzeit in Wien abspielt, erinnert stark an eine Operette. Da legt Österreichs politischer Hofnarr, Jörg Haider, neue, orangefarbene Gewänder an und verschmäht seine langjährige Angetraute, die FPÖ. Mit einer Neuen, die seine Eitelkeit und Launen erträgt, will er sein Glück finden und Österreich regieren oder zumindest mitregieren. Doch die Verschmähte macht dem jungen Glück einen Strich durch die Rechnung. Die FPÖ will nicht allein auf den Schulden sitzen bleiben.

Miriam Hollstein, „Welt am Sonntag",
10. April 2005

DER STANDARD

Zweck dieser Übung ist, den Spreu vom Weizen zu trennen: Die „destruktiven Kräfte" sollen, bitte schön, in der FPÖ zurückbleiben. Haider sammelt die Konstruktiven. Demnächst tritt wahrscheinlich Mike Tyson als Vorkämpfer für Frauenrechte auf.

Natürlich war es unvermeidbar, dass die FPÖ als Regierungspartei Proteststimmen verliert. Aber die Totalimplosion ist nur durch die Psychopathologie der handelnden Akteure erklärbar. Denn was, mit Verlaub, unterscheidet den rechten Heißsporn Jörg Haider eigentlich von solch irrlichternden Geistesgrößen wie Andreas Mölzer, Ewald Stadler oder den Wiener FPÖ-Chef Hans-Christian Strache, den drei Wortführern des „rechten“ Parteiflügels? Wer kann hier eine derart entscheidende Differenz erkennen, die das ganze Tohuwabohu rechtfertigt? Und warum hat Haider, wenn er denn so gegen das Destruktivsein ist, dann eigentlich vor zwei Jahren seine eigene Regierungstruppe in die Luft gesprengt?

Gastkommentar von Robert Misik,
„Der Standard“, 6. April 2005

KLEINE ZEITUNG

Verkehrte Welt: Als Heide Schmidt 1993 die FPÖ verließ, um mit weiteren vier Abgeordneten den blauen Schal abzulegen und das Liberale Forum zu gründen, tobte Jörg Haider über das unmoralische erhalten seiner ehemaligen Generalsekretärin. Es sei „Diebstahl von Wählerstimmen“, wenn sich eine Gruppe von der FPÖ abspaltet und die Mandate mitnimmt. Jetzt macht Haider genau dasselbe: Die meisten Mitglieder des blauen Klubs nehmen ihre Mandate in das blaue BZÖ mit. 2005 ist es für ihn kein Diebstahl mehr, sondern ein Befreiungsakt, um die „destruktiven Kräfte“ in seiner ehemaligen Partei hinter sich zu lassen.

Erwin Zankel, „Kleine Zeitung“, 6. April 2005

Frankfurter Allgemeine

Jetzt wechselt der Kaiser von Kärnten die Kleider. Eben noch versuchte er, den einzigen der Partei verbliebenen Europaabgeordneten, seinen vormaligen „Chefideologen“ Andreas Mölzer, auszuschließen, der neben anderen Nationalkonservativen einst ein getreuer Lehensmann war.

Die Anweisung des Bruders brachte die soeben zurückgetretene FPÖ-Vorsitzende Haubner in eine ausweglose Lage. Es blieb ihr nichts anderes übrig, als den Couleurwechsel – vom traditionsreichen Blau zur politischen Modefarbe Orange – ebenso mitzumachen wie offenbar die meisten Granden aus der bisherigen Führungsspitze. Was stattfindet, ist ein fliegender Wechsel, bei dem lediglich der Name ausgetauscht wird.

Reinhard Olt, „Frankfurter Allgemeine Zeitung“,
6. April 2005

Salzburger Nachrichten

Die Regierung war mit dem Volk unzufrieden und wählte sich daher ein neues. So lautet ein Bonmot, das nun von der freiheitlichen Führungsmannschaft in die Realität umgesetzt wurde. Haider & Co. waren mit ihrer Funktionärsbasis unzufrieden und suchen sich daher eine neue. Bei diesem Vorgang handelt es sich um eine Flucht aus der Verantwortung. Jörg Haider wagt es nicht, sich beim bevorstehenden Parteitag mit dem aufstrebenden Populisten Heinz-Christian Strache zu messen. Gleichzeitig ist er zu selbstverliebt, um in die zweite Reihe zurückzutreten. Daher gründet er mit seinen engsten Weggefährten eine neue Partei, in der niemand seine Führerschaft in Frage stellt. Er ähnelt einem exilierten Feldherrn, der in eitlem Wahn jeden Tag seinen Gärtner, seine Köchin und seinen Kutscher zur Generalsbesprechung vergattert.

Andreas Koller, „Salzburger Nachrichten", 5. April 2005

DER STANDARD

Die Guten ins Töpfchen, die Schlechten ins Tröpfchen. Jörg Haider bastelt eine Partei. Oder eben ein Bündnis. Für die Zukunft Österreichs. Oder seine eigene. Hauptsache, er selbst steht wieder ganz vorn, und Hauptsache, erbraucht sich dabei keiner Abstimmung stellen. Mitmachen dürfen nur die Braven, die Schlimmen müssen draußen bleiben.

Die Schlimmen, das sind diejenigen, die Demokratie wörtlich nehmen, die glauben, dass man auch in einer Partei den Mund aufmachen und Kritik üben kann, auch an der Führung. Naiv.

Und dem schönen, neuen Bündnis darf nur beitreten, wer sich unterordnet. Wer Jörg Haider toll findet und als Chef anerkennt, egal in welcher formalen Funktion er sich gerade befinden mag. Bündnisvorsitzender, Ehrenpräsident, Altparteiobmann oder neuer Chef, egal – Jörg Haider ist Jörg Haider, das muss für das Unterwerfungsritual reichen.

Michael Völker, „Der Standard", 6. April 2005

KLEINE ZEITUNG

Aus der ehemaligen Gesinnungsgemeinschaft sind zwei Parteien geworden: Eine, die die Trümmer der alten Ideologie aufzulesen versucht und mehr durch Trutz und Treue zusammengehalten wird, als durch eine politische Perspektive.

Die andere ist eine Truppe, die sich um Jörg Haider schart und verzweifelt hofft, mit ihm könnte sie irgendwie wieder Anschluss an die erfolgreichen Zeiten zwischen 1986 und 1999 gewinnen.

Diese Hoffnung braucht allerdings die verwegene Annahme, Haider habe aus bösen Erfahrungen wie Knittelfeld gelernt.

Hans Winkler, „Kleine Zeitung", 12. April 2005

Kronen Zeitung

Schon jetzt lassen ja Strache, Mölzer und Co. Keinen Tag vergehen, an dem sie nicht darauf hinweisen, wie sehr die Orangen-Truppe um Jörg Haider an ihren gut dotierten Minister- und Abgeordnetenposten klebt.

Eine solche Kampagne gegen Polit-Pfründe kommt einem bekannt vor – der junge Jörg Haider hat so über Jahre erfolgreich gegen den rot-schwarzen Polit-Proporz gewettert...

Peter Gnam, „Kronenzeitung“, 9. April 2005

KURIER

Der Grünungskonvent des BZÖ ist Geschichte, und er wird schneller vergessen sein als manche frühere Haider-Veranstaltung. Sich Mut machende Fröhlichkeit auf der Bühne und staunende Langeweile im Publikum – das ist nicht der Aufbruch einer neuen/alten Partei.

Wenn die einfältige Folklore der wiederbelebten Donnerstagsdemo (nunmehr gegen Schwarz-Blau-Orange) den Orangen nicht doch noch unfreiwillig zu Popularität verhilft, dann wird´s eng. Auch weil das Programm der neuen Partei außer Worthülsen und Widersprüchen wenig bietet.

Haider ist alt geworden, selbst im Neuaufbruch. Und er muss, um die Orangen in der Regierung zu halten, moderat auftreten. Ein Wolf, der Kreide gefressen hat, beeindruckt niemanden.

Andreas Schwarz, „Kurier“, 19. April 2005

Jörg Haider: Der Kärntner Landeshauptmann ließ endgültig seine Maske fallen und spaltete die FPÖ

Bild: Ausschnitt „News“

Haider nahm die Maske ab!

Eine Partei ohne Gesinnung und Ideologie, dafür aber mit „Narrenfreiheiten“ für die „Veitstanz-Akrobaten“

VON KRIEMHILD TRATTNIG

In der Jänner-Ausgabe eines Wiener-Zeitgeist-Magazins ist der Herr Landeshauptmann von Kärnten Dr. Haider mit abgenommener blauer Maske präsentiert. Seine über neun Seiten dargelegten Ansichten über seine Partei-Neugründung, FPÖ-interne Kritiken, die noch zu entsorgenden Vertreter des sogenannten „Rechten Flügels“, etc. bestätigen dem wohl eher verblüfften Leserpublikum die Symbolträchtigkeit der blauen Maske in seiner Hand, womit sich der Herr Landeshauptmann zwar sehr spät, aber doch selbst die über viele Jahre wohl zwecks Stimmenfang aufgesetzte blaue Maske vom Gesicht zog und sich somit vor dem gesamten, gutgläubigen Kernwählerbereich der FPÖ demaskierte.

Dass er nunmehr bereits über Wochen versucht nach der Methode: „Haltet den Dieb!“ die Schuldigen für den Niedergang der von ihm offensichtlich getäuschten FPÖ im Kernwählerbereich – dem sogenannten nationalen, rechten Flügel – zu suchen, setzt dem ganzen kasperltheatermäßig inszenierten Drama der FPÖ die Krone auf.

Tatsache ist ja wohl, dass die so schlechten Wahlergebnisse der letzten Jahre für die FPÖ beileibe nicht auf die paar von Haider und Co. längst entmachteten national eingestellten Personen zurückzuführen sind, sondern in erster Linie auf das Versagen von Personen, welche ausnahmslos von Haider mittels immer wieder eingeforderten – und leider auch gewährten – Durchgriffsrecht bzw. Generalvollmacht in höchste Verantwortungspositionen gehievt wurden (siehe ununterbrochene Ministerwechsel)!

Die nunmehrige Zeitungsmeldung, wonach die meisten Landesgruppen Haider und Co. das neuerlich geforderte Durchgriffsrecht verweigern, läßt Hoffnung aufkommen, dass in der FPÖ vielleicht doch wieder demokratische Spielregeln auch in Personalfragen Einzug halten.

Was die FPÖ-Führungskräfte und Dr. Haider in den letzten Jahren und vor allem Wochen im wahrsten Sinne des Wortes „aufführen“, ist ein politisches Meisterstück der Extraklasse und disqualifiziert den Großteil der Hauptakteure.

Das einfache Parteimitglied lieferte eine Politgroteske.

Dass das angeblich einfache Parteimitglied nunmehr seit über zwei Jahren immer wieder in diversen Publikationen von seiner neuen Partei spricht und massive Vorwürfe – berechtigt und unberechtigt – gegen die Bundesregierung und die in ihr tätigen FPÖ-Vertreter erhebt, ist Faktum und wohl auch einer der Hauptgründe dafür, dass Mitglieder und Wähler sich mit dieser FPÖ nicht mehr auskennen und nicht mehr wissen, wofür diese Partei steht bzw. warum man diese noch wählen sollte. Dass in dieser neuen Haider-Partei wieder Namen wie Westenthaler, Maischberger, Rumpold und Co. eine Rolle spielen sollen, wird all jene verblüffen, welche noch die berechtigten Schimpftiraden Dr. Haiders gegen diese nach Knittelfeld im Ohr haben. Nicht mehr zu begreifen sind sowohl Haiders als auch Haubners Auslassungen über jene kritischen und besorgten FPÖ-Mitglieder, welche, wie Dr. Haider, auch ihr Unbehagen über die Regierungsarbeit und den Zustand der FPÖ öffentlich kundtaten bzw. auch fundamentale Reformvorschläge überbrachten. Ich persönlich kann mich weitgehend mit der Analyse bzw. den Vorstellungen von Herrn Strache, Landesparteiobmann von Wien, identifizieren.

Dass man diese FPÖ-Funktionäre u. a. via Medien lautstark als negative, destruktive „Figuren“ bezeichnet und sie mit dem Ausschluß bedroht, bestätigt, dass in der FPÖ zweierlei Maß angewandt wird, und führt in erschreckender Weise vor Augen, auf welchem Niveau die Hauptverantwortlichen dieser Partei agieren. Anstatt sich sachlich mit den Argumenten der Kritiker auseinander zu setzen, befördert man sie flugs zum bösen, nationalen, rechten Flügel der Partei, den man schleunigst aus der entideologisierten FPÖ (oder was?) zu eliminieren wild entschlossen ist.

Dass sich die Parteiobfrau bei der Pressestunde ziemlich blamierte, als sie die vom Moderator vorgetragenen Haider-Zitate gegen die Regierung eilfertig „diesen kritischen Heckenschützen, welche noch nie Verantwortung trugen“, zuordnete, sei nur am Rande erwähnt, dokumentiert jedoch einen ziemlich oberflächlichen, arroganten Führungsstil. Sowohl Stadler als Klubobmann im NR als auch Mölzer haben in mehreren Funktionen nicht nur Verantwortung getragen, sondern darüber hinaus in vielerlei Hinsicht über Jahrzehnte Dr. Haider vertei-

Jörg Haider als „Playmate des Monats“ im Zeigeist-Magazin „Wienerin“
Ausgabe 11/1986

digt, in Schutz genommen und aus manchen unangenehmen Situationen geholfen und damit nicht unwesentlich zum seinerzeitigen Aufstieg der FPÖ beigetragen. Herr Strache – den ich persönlich nicht kenne – ist gewählter Landesparteiobmann der FPÖ-Wien und Landtagsabgeordneter und trägt somit auch Verantwortung.

Die gehässige Abqualifizierung der Genannten bzw. des gesamten sogenannten „rechten Flügels“ durch die Parteiobfrau und ihren Bruder entbehrt somit jeder sachlichen Grundlage und zeugt vielmehr von einem merkwürdigen, hinterfragenswerten Charakterbild der FPÖ-Führung. Unwillkürlich wird man an den Spruch von Carlayl erinnert, der da lautet: „Der freie Knabe sagt unfeiner Dank, der in den Brunnen speit, aus dem er trank!“

Dr. Haider und Co. können sich drehen und wenden wie sie wollen (heute so, morgen anders), sie werden nie glaubwürdig verneinen können, dass nämlich der von ihnen so verächtlich dargestellte „rechte Flügel“ der FPÖ ganz wesentlich zum Bestand und seinerzeitigen Aufstieg der Dritten Kraft in Kärnten und Österreich beitrug. Der Innsbrucker Parteitag 1986 lässt grüssen!

Wenn die FPÖ-Parteiführung immer wieder selbst erklärt: „Die Partei müsse sich neu definieren“, muss man sich schon fragen, warum sie denn jene Personen, so heftig angreift bzw. ausschließt, welche diese offensichtlich notwendige Standortbestimmung ebenfalls seit geraumer Zeit einfordern.
Wahrscheinlich verstehen darunter beide Seiten etwas ganz Gegensätzliches. Während die „Reformer“ von der Führung als „destruktiver Ballast, museale Ideologen“ etc. madig gemacht bzw. ausgeschlossen wurden, kündigen die Spitzenfunktionsträger der FPÖ seit langem die Gründung einer neuen Partei bzw. „Neugründung“, was immer man darunter verstehen mag, an.

Allein vom Rechtsstandpunkt aus wird jeder einigermaßen vernünftig denkende Mensch sagen müssen, dass sich nicht die hinausgeekelten und angegriffenen „Reformer“ im Unrecht befinden, sondern viel eher jene vor das Parteigericht zitiert werden müßten, welche seit langem lauthals über alle Medien die „Stillegung der FPÖ“ und Gründung einer neuen, „lässigen, jungen, flotten Partie in orange“ ankündigen.

Diese Partei soll gänzlich entideologisiert werden, für national denkende Persönlichkeiten keinen Platz mehr bieten. Wollte man die eklatanten Widersprüche, um nicht zu sagen den „Veitstanz“ von Erklärungen diverser Spitzenvertreter der FPÖ, insbesondere des Herrn Landeshauptmannes, aufzeigen und kommentieren, würde eine ganze Zeitung dafür kaum genug Platz bieten.

Es ist daher unsinnig und ungerecht, die einen für ihre Gesinnung und Kritik zu prügeln und auszuschließen, während man den anderen Narrenfreiheit einräumt. Hier wird wohl Ursache mit Wirkung verwechselt.

Wenn Dr. Haider nun glaubt, auf freiheitliche Grundsätze verzichten zu müssen, weil die Menschen nur interessiert „wo bekomme ich Arbeit, Sicherheit etc.“ so muss man schon die Frage stellen, wer oder was ihn und die FPÖ in den Jahren der Regierungsbeteiligung daran hinderte, diese berechtigten Anliegen der Bevölkerung zu erfüllen? Freiheitliche Grundsätze sicher nicht!!

Als große Versäumnisse im Sachbereich seien nur einige Beispiele angeführt:

Tatsache ist,

- dass wir täglich von Verbrecherbanden ausgeraubt und überrollt werden (370 Verbrechen täglich)

• die Scheinasylantenplage mit Kriminalität und Überfremdung den Menschen Angst macht (jährlich mit Zustimmung der FPÖ über 40.000 Zuwanderer und Asylanten bzw. neue Staatsbürgerschaften)

• dass der Drogenhandel blüht wie nie zuvor.

• dass sich kaum eine ältere Frau in den Städten im Dunkeln auf die Straße traut.

• dass die Gefängnisse aus allen Nähten platzen. Von Sicherheit weit und breit keine Spur.

• dass wir Zahlmeister der EU und wohl auch auf ewig für andere Personengruppen sind

• dass unsere Soldaten für US-Interessen in den Krieg geschickt werden,

• dass die bäuerlichen Anliegen keinerlei Beachtung von Seiten der FPÖ finden,

• dass der Rechtsstaat zu Grabe getragen wird.

• dass die Meinungsfreiheit u.a. mit Hilfe des Verbotsgesetzes und europäischen Haftbefehls stark eingeschränkt wird.

Bild: ZZ/Archiv

Wie Pinocchio: Zuerst der Einheit der Partei das Wort reden und dann das Gegenteil tun.

• dass die Bevölkerung überaltert ist, da man es verabsäumte, rechtzeitig für eine wirksame Familienförderung und Kindergesinnung einzutreten.

• dass der ländliche Raum durch Schließung von Gendarmerieposten, Postämtern, Schulen usw. „gesundgeschrumpft“ wurde.

• dass die Ganztags- und Gesamtschule, seinerzeit Ideologie der SPÖ, nun als ein erklärtes Ziel der FPÖ Kärnten im Anmarsch ist.

Nachdem Herr Dr. Haider auch für den Beitritt der Türkei, für die Annahme der EU-Verfassung mit dem, jedem Rechtsstaat hohnsprechenden, europäischen Haftbefehl eintritt, erweist er sich als Befürworter der weiteren massiven

Einschränkung unserer Souveränität bzw. demokratischen Grundrechte, was mit den Prinzipien eines freiheitlich demokratischen Rechtsstaates sowie mit FPÖ Grundsätzen nichts mehr zu tun hat.

So gesehen ist es verständlich, dass Herr Dr. Haider mit Parteiobfrau und Gefolgschaft den sogenannten „nationalen Flügel der FPÖ“, welcher nachweislich zu allen Zeiten die Interessen der ansässigen Bevölkerung bzw. deren geistige und kulturelle Werte an vorderste Stelle der Programmatik und tagespolitischen Arbeit stellte zum Schweigen zu bringen entschlossen sind.

Wer den Mitgliedern und Wählern der Freiheitlichen Partei bei der letzten Wahl zum Europaparlament ehemalige SPÖ-Mitglieder bzw. Parteisekretäre zur Wahl empfiehlt, während der einzige „wirkliche FPÖ-Kandidat“ Mölzer madig gemacht wurde, betreibt wohl allzu offenkundig eine verhängnisvolle Kindesweglegung.

Wem also der Bestand und das Ansehen der FPÖ ein ernstes Anliegen ist, der wird berechtigte Zweifel daran haben, dass dies mit den derzeitigen Hauptverantwortlichen zu erreichen ist bzw. wird sehnlichst nach Personen Ausschau halten, welche geeignet erscheinen, dieser so zerzausten „Gesinnungsgemeinschaft“ wieder eine Gesinnung, ein gutes, einschätzbares und verlässliches Profil zu geben bzw. ihr wieder Achtung, Ansehen und damit Geltung zu verschaffen.

Bild: Pfeiffer

Kriemhild Trattnig:
Ein freiheitliches Urgestein, das stets für die Werte der Gesinnungsgemeinschaft eintrat.

Kriemhild Trattnig war Kärntner Landtagspräsidentin

BZÖ – Chance für die FPÖ

Abgesehen von Haider ist der FPÖ mit der Abspaltung keine Person verloren gegangen, die sich bisher durch Wahlerfolge profilieren konnte

VON WILHELM BRAUNEDER

Bild: ZZ/Archiv

Univ.-Prof. Wilhelm Brauneder ist Ordinarius des Instituts für Rechtsgeschichte in Wien

Die FPÖ unter jener Führungsmann/frauenschaft, die sich nun an der Spitze des BZÖ wiederfindet, hat in einem nahezu erschreckend auffallendem Maße – der Wählerschwund belegt dies – jene Positionen verlassen, für welche die FPÖ einstmals stand. Dies fällt besonders dann auf, wenn man jene Maßstäbe anlegt, welche die FPÖ selbst gerne verwendet hat. Da wäre einmal die wirtschaftliche Betrachtungsweise: Sieht man beispielweise eine FPÖ-Landesgruppe als Betrieb, dann muß man, zum Teil rückblickend, über die Qualifikation mancher Landeschefs schlicht den Kopf schütteln. Niemand würde die Führung eines Betriebes gleicher Größe jemanden mit derartigen Qualifikationen anvertrauen. Wer als Streckenwärter einer Lokalbahn seine Meriten haben mag, ist noch lange nicht zur umfassenden Leitung eines großes Bahnbetriebes befähigt. Zu derartigen wirtschaftlichen gesellen sich politische Maßstäbe: Franz Vranitzky als Kanzler und seine Schwester als Landeshauptfrau? Was hätte das ehedem bei der FPÖ ausgelöst! Ein Sport-Staatssekretär? Was hätte das …! Und schon wieder eine Ministerablöse? Was hätte das …! Beträchtliche Aufwandsentschädigungen für diesen und für jene? Irrtümlich angegebene Qualifikation mit (noch) nicht erworbenem Magistergrad? Beraterkosten, obgleich es in den Ministerien ohnedies Fachleute gibt? Welche Themen für eine Sondersitzung! Und nun gründen die meisten der dafür Verantwortlichen eine neue politische Gruppierung – aus welchem Grunde sollte man zu ihr wechseln, wenn man derartiges – die Beispiele sind nahezu beliebig vermehrbar – kopfschüttelnd zur Kenntnis nehmen mußte, beziehungsweise das Wählervolk dies ohnedies nicht zur Kenntnis

In auffallender Weise finden sich überdies im BZÖ alle jene, die von der Koalitionspolitik profitieren.

nahm, da es sich von der FPÖ zunehmend abgewandt hatte? In auffallender Weise finden sich überdies im BZÖ alle jene, die von der Koalitionspolitik profitieren, und alle Anzeichen deuten darauf hin, daß sie dies – gemeinsam mit dem Koalitionspartner – auf Biegen und Brechen so lange wie möglich fortsetzen wollen. Die Unglaubwürdigkeit verstärkt noch der Umstand, daß jene ein „Bündnis" abgeschlossen haben, die sich in der Vergangenheit nur allzu oft in den Haaren lagen. Wer – vielleicht sogar selbst – glaubt, das bekannte Paradies-Tier ändere seinen Charakter, wenn es seine blaue Haut hinter sich läßt und orange weiterkriecht, der irrt wohl gewaltig. „Haider gründet eigene populistische Partei" stand in einer deutschen Zeitung. Um nochmals die hochgelobte wirtschaftliche Betrachtungsweise anzustrengen: Welcher Wirtschaftsbetrieb ändert schon seinen Ruf, seine Fähigkeiten, seinen zum nachweislichen Mißerfolg führenden Zick-Zack-Kurs, nur weil man am Direktionsgebäude ein neues Schild anbringt? Wer den Monteuren desselben zu- und die in der Chefetage weiterhin werkelnden Direktoren ansieht, wird sein Kauf-, in diesem Falle Wahlverhalten doch nicht ändern! Ein wenig mehr Ehrlichkeit ist freilich im Falle des BZÖ eingekehrt: Plakativ zeigt der neue Firmenname auf, daß es sich hier sozusagen um eine „Partei ohne Eigenschaften" handelt. Die Corporate Identity – was anderes will das BZÖ wohl haben? – der SPÖ etwa ist klar: sozialdemokratisch, wenn man will: sozialistisch. Welche Eigenschaft läßt sich aber aus „B" ableiten? „Beweglich" wie der bisherige FPÖ-Kurs? „Zukünftig" („DDR"-Hymne: „... der Zukunft zugewandt"!) nach dem Motto, „Heute kann ich klüger sein als gestern", was zwingend zum Umkehrschluß führt: „Heute bin ich dümmer als morgen?" Und dies – „Ö" – „öfter"? Die Gleichstellung einer politischen Bewegung – die ihrem Charakter als Partei, jedenfalls als Wahlpartei, nicht entrinnen kann – ist damit höchst modern etikettiert: BZÖ, ÖBB, WEB (einstmals ein „Skandal") etc. etc. – vor allem der Werbeunterschied ist nicht mehr auszumachen. Tatsächlich scheinen ja in Haiders Umfeld die Werbemanager nicht unbeträchtlichen Einfluß zu haben. Wie war da bloß das FPÖ-Logo vor etlichen Jahren? „'98"! Es sollte signalisieren, daß Haider im Jahre 1998 Bundeskanzler wird – nix war's, und so wird es auch bleiben. Man könnte also ruhig beim BZÖ zum alten Logo zurückgreifen!

Haiders BZÖ: „Eine Partei ohne Eigenschaften"

Für die weiterhin existierende FPÖ könnte die BZÖ eine große Chance sein. Erstens einmal ist sie vom Ballast der Regierungsbeteiligung befreit – was eine reine Tatsachenfeststellung sein soll, denn es ist eben so, Regierungsbeteiligung wirkt anders als Oppositionsrolle. Zweitens und vor allem aber hat eine personelle Veränderung stattgefunden, abgesehen von Haider ist der FPÖ niemand in Verlust geraten, der sich durch Wahlerfolge in den letzten Jahren profilie-

Bild: „Der Standard", 7. April 2005

ren konnte. Aus erstens und zweitens ergibt sich, daß nun die Chance besteht, den verirrten und irremachenden Zick-Zack-Weg verlassen zu können. Wertet man nämlich die Wahlergebnisse – wie gesagt, durchwegs negativer Art – ohne viel Kaffeesudlesens aus, dann hat eben die FPÖ in der Zeit ihrer Regierungsbeteiligung massive Absagen erhalten: Offenkundig war es dem Wählervolk seinerzeit sehr recht, in Österreichs Politiklandschaft eine kräftige Stimme zu hören, vorrangig die Haiders, welche das massive und berechtigte Unbehagen der Bevölkerung an der Politik aussprach, anprangerte. Und dies durchaus mit Erfolg auch nicht in einer Regierungsposition, denn durch Druck erreicht auch Opposition etwas. Eine Regierungs-FPÖ aber ist dem Wählervolk offenkundig „wurscht". Ein gesunder Instinkt beziehungsweise ein selbstverständliches menschliches Bedürfnis, vor allem in der Politik, geht eben dahin, den „Mächtigen" auf die Finger zu schauen und auf diese auch

Eine Regierungs-FPÖ ist dem Wahlvolk „wurscht".

mal draufzuklopfen. Wenn sich aber das Rohrstaberl selbst in derart – oftmals gierige und sich festkrallende – Finger verwandelt, dann gibt es eben beispielsweise die FPÖ-Mißerfolge. Wenn nun die FPÖ – zeitgemäß und nicht „ewiggestrig“, grundsatzfest und nicht beliebig, mit Wachsamkeit und nicht Nachsicht gegenüber politischer Überheblichkeit – die politische Arena bestreitet, so wäre dies ein Gewinn vor allem auch für Österreich. Schließlich ist die FPÖ nicht alleiniger, wenngleich der profilierteste Vertreter derartiger Beliebigkeit geworden: Alle Parteien sind – oder waren es bloß im niederösterreichischen Gemeindewahlkampf? – „ehrlich“, „fleißig“, „kompetent“ etc. etc.. Wofür sie aber Fleiß, Ehrlichkeit, Kompetenz einsetzen wollen, war kaum zu lesen. Kein Wunder also, daß bei diesem wenig abwechslungsreichen Angebot im Supermarkt der Politik beispielsweise in Baden/Wien nicht einmal 50 Prozent zur Wahl gegangen sind! Mehr als 50 Prozent hatten sich aus diesem Warenlager nicht bedienen wollen, weil es offenkundig unattraktiv war! Was in der Filiale Baden der Polit-Supermarktkette SPÖVPFPÖ passierte, droht auch in anderen Filialen demnächst mit Kompanion BZÖ einzutreten bis hin zur Zentrale, der Bundeswahl. Im Gegensatz zum BZÖ, das voll in diesem staatswurschtigen Trend liegt, könnte die FPÖ wieder ein attraktives Profil gewinnen, wozu eine Parteiführung nicht durch Profiteure der Politik, sondern durch sachkundige Idealisten notwendig wäre.

Die Chance für einen Neubeginn

ANDREAS MÖLZER
IM EDITORIAL VOM 22. APRIL 2005

Langsam lichten sich die Nebel und die innenpolitische Erregung der letzten zwei Monate weicht einem Klärungsprozeß. Das traditionelle Dritte Lager, beziehungsweise das, was davon übrig geblieben ist, hat nunmehr in Österreich die Chance wieder zu sich zu finden. Der längst zur alternden Polit-Diva mutierte Ex-Volkstribun, der geglaubt hat, dieses Lager bestünde nur aus seinen Launen und Eitelkeiten, hat sich selbst aus diesem hinausgeschossen. Manche, die hier noch glauben, Nibelungentreue walten lassen zu müssen, mögen darüber trauern, die meisten sind erleichtert. Letztlich hat dieses Dritte Lager mit derlei Gestalten wenig Glück gehabt. Denken wir an den alten Georg Ritter von Schönerer: Ebenso eine schillernde Persönlichkeit, ein Volkstribun, einer, der die Massen anzusprechen verstand. Und ebenso einer, der sich mit allen überwarf, der alles, was er aufbaute, bevor es noch gedeihen konnte, schon wieder zerstörte. Einer, der maßlos war in seinen Aussprüchen und in seinen politischen Ansprüchen und der letztlich scheiterte und vereinsamt von der politischen Bühne abtrat. Und denken wir an den Braunauer, der diesem Dritten Lager allerdings nur sehr bedingt zuzuordnen ist – es tun dies meistens nur die böswilligen Gegner des nationalliberalen Lagers – aber er ist zum Teil, zumindest seiner Herkunft nach, doch eine Frucht dieses Lagers. Und er vermochte große Teile dieses Lagers in den 30er Jahren des 20. Jahrhunderts für sich zu vereinnahmen. Auch er mit messianischem Anspruch, auch er letztlich so wie in unseren Tagen – weit harmloser gottlob – der Bärentaler mit der fatalen Konsequenz: Wenn meine Anhänger meiner nicht würdig sind, mögen sie doch zugrunde gehen.

Die Zeit für den Tribun und Polit-Messias Haider ist also wohl vorüber.

Die Zeit für Tribune und für den Polit-Messias ist also vorüber. Er hat sich verabschiedet und möge nur ja nicht am dritten Tage wieder auferstehen, beziehungsweise zurückkehren. Nun hat der Zeitpunkt geschlagen, an dem wieder vernünftige, berechenbare Parteiführer zu Wort kommen. Ein primus inter pares soll es sein, eine geachtete und tatkräftige Persönlichkeit, einer, der die Menschen ansprechen kann, der das Lager zu einen weiß, der politischen Erfolg hat. Aber um Gottes Willen keiner mehr, dem gegenüber wir Personenkult entwickeln müssen und der sich in Starallüren ergeht. Auf absehbare Zeit verkraften wir keinen zweiten Haider.

Nun muß das Dritte Lager, müssen Österreichs wertkonservative, freisinnige Patrioten und deutschbewußte Nationale daran gehen, wieder eine berechenbare politische Repräsentanz aufzubauen. Eine im weitesten Sinne als rechtsliberal zu bezeichnende Partei, die vorläufig einmal nur knapp den Einzug ins Parlament schaffen dürfte. Die schließlich aber wohl ein Wählerpotential von 8 bis 14 % haben könnte, je nachdem wie stark oder wie schwach ihre politischen Mitbewerber sind.

Bedenkt man, dass die Tendenz in der Entwicklung der europäischen Parteiensysteme ohnehin dahingeht, dass große Parteien so um die 20 % an Wählerstimmen und mittlere Parteien um die 10 % haben, ist dieser Anspruch gar nicht so geringfügig. Mit einer qualitativ hochwertigen und schlagkräftigen 10%-Partei ist man absolut politikfähig, da kann man starke Oppositionspolitik machen, da kann man auch verantwortungsbewußt mitregieren, auf jeden Fall das Gemeinwesen gestalten. Was nützt eine 30%-Partei, die von Opportunisten und Karrieristen geführt wird, die inhaltlich beliebig ist und von den Zielen undurchschaubar? Wir haben gesehen, was eine solche Partei bringt.

Natürlich hat die vergangene Regierung in weiten Bereichen viel bessere Ergebnisse gezeitigt, als es eine Fortsetzung der rot-schwarzen großen Koalition zustande gebracht hätte. Natürlich hatten wir hervorragende Repräsentanten des Dritten Lagers vereinzelt auch in dieser Regierung. Denken wir etwa an den Justizminister Dieter Böhmdorfer oder an den Gesundheitsstaatssekretär Reinhard Waneck. Insgesamt aber ist das nationale Lager, sind seine Vereinigungen und Verbände, denken wir etwa an die studentischen Korporationen, in den sechs Jahren dieser Regierungsbeteiligung weiter geschwächt worden. Und der Bestand des deutschen Volkes in Österreich, denken wir an den weiteren Geburtenrückgang und die weitere verstärkte Zuwanderung und Einbürgerung, ist auch nicht gesichert worden.

Neben der Erleichterung also, die die Trennung der Spreu vom Weizen für uns alle bringt, müssen wir uns nun darüber im Klaren sein, dass der harte Kampf ums Überleben beginnt. Wäre uns dieser Kampf nicht durch die Abspaltung der Orangen aufgezwungen worden, wären wir wahrscheinlich politisch ohnedies untergegangen. Denn, wenn die Politik der Beliebigkeit so weiter geführt worden wäre, wenn die freiheitliche Ministerriege weiterhin immer und immer wieder unter Beweis gestellt hätte, wie leicht sie gegenüber ihrem Seniorpartner, der ÖVP, umfallen kann, hätte die FPÖ an Glaubwürdigkeit gegenüber ihrer Wählerschaft verloren.

So haben wir allerdings die Chance zu überleben und nach einem reinigenden Gewittersturm wieder neu aufzubauen. Und das ist eigentlich schon sehr viel wert und birgt auch eine große Portion Hoffnung in sich.

Briefe an „Zur Zeit“ über Haiders Orangen-Abspaltung

„Objektiver“ ORF

Ich bin schon sehr gespannt, ob unser „unabhängiger, freier und objektiver ORF“ bei der Neukonstituierung der von den Orangen befreiten FPÖ von ihrem Programm und von der Antrittsrede des neu gewählten Chefs genau so ausführlich und liebevoll und ganz oben an erster Stelle berichten wird, wie er es derzeit über die Konstituierung der abgesprungenen Orangen tut. Neugierig darf man auch darauf sein, ob dann der ORF-Nachrichtensprecher, der derzeit (na, so ein Zufall) mit einer knall-orangen Krawatte brilliert, dann genau so auch eine blaue tragen wird.

Michael Sandner,
1220 Wien

zur ZEIT

FPÖ-Krise: H.-C. Strache, Kriemhild Trattnig und Alois Huber im ZZ-Gespräch

China: Der gelbe Riese zeigt der Welt seine militärische Stärke

Kirche: Das literarische Vermächtnis des Papstes

Thema der Woche

Wer versöhnt die Freiheitlichen?

FPÖ–BZÖ

Ich danke Andreas Mölzer und seinen Mitstreitern in der originalen FPÖ für den Mut, dem ehemaligen „Übervater“ Jörg Haider Paroli zu bieten, und für die Charakterfestigkeit, die freiheitliche Gesinnung nicht einem höchst zweifelhaften und konturlosen orangen Zeitgeist zu opfern. Wenn Haider seinen Parteiausschluss als „Hinrichtung“ bezeichnet, ist das die Chuzpe des Jahrzehnts. Haben Sie, Herr Haider, nicht unzählige Weggefährten im Lauf der Jahre politisch hingereichtet (von Gugerbauer bis Mölzer, von Dillersberger bis Haupt)? Mir fällt dazu ein alter Filmtitel ein: „Leichen pflastern seinen Weg“. Haben Sie, Herr Haider, sich etwa erwartet, die FPÖ würde nach Parteispaltung, Vertragsbruch und versuchtem Rauswurf von Andreas Mölzer, sowie ähnlichen „Heldentaten“, „Danke Jörg“ sagen?

Robert Geist,
1120 Wien

„Binweg-binschonwiederda“

Nun hat der „Binweg-binschonwiederda“ sein ehemals heißgeliebtes „Spielzeug“ FPÖ fast ganz kaputt gemacht. Wie ein kleines, trotziges Kind, das all die mühsam aufgetürmten (blauen) Bausteine umstößt, wenn es sich seinen Spielkumpanen gegenüber nicht mehr anders durchzusetzen vermag, hat er die FPÖ zerschmettert. Aber das war wahrscheinlich schon lange vorausgeplant, so wie auch die Gründung des eher dissonant klingenden BZÖ (ein schwerhöriger Bauer könnte wegen der Lautähnlichkeit glattweg das ihn sicher sehr erschreckende BSE heraushören). Ob sich die „Altpartei" FPÖ jemals wieder aufrappeln kann, steht in den Sternen. Das neu gegründete BZÖ hingegen wird aller Voraussicht nach über kurz oder lang ebenso im Nirwana verschwinden wie einst das von Heide Schmidt gegründete LIF, und mit ihm der von seinen politischen Gegnern jahrelang als „Gottseibeiuns" verdammte und gefürchtete Jörg Haider.

Heiko W. H. Urtel,
3153 Rotheau

Haiders Blabla

Dass Haider alt wird und politisch am Ende ist, bewies die Pressestunde. Immer wieder lobte er die Steuerreform und lobte immer wieder diese Regierung. Dass die Wirklichkeit anders aussieht, weiß jeder, denn die Steuerreform war mehr wie ein Hohn. Der Großteil der Bürger hat nichts davon. Das einzige Programm, das die ÖVP und BZÖ haben, ist mit allen Mitteln die Macht zu erhalten, um ja keine Posten zu verlieren. Auch hat man das Gefühl, er biedert sich an Schüssel an, und umgekehrt tun dies einige ÖVP-Politiker gegenüber Haiders BZÖ. Früher hatte Haider wenigstens einen Unterhaltungswert – auch diesen hat er verloren: Denn ich drehte nach 40 Minuten den Fernseher ab, da das ganze Blabla nicht mehr zu ertragen ist.

Ernst Pitlik,
per E-Mail

Von den Verrätern befreit

Ich verstehe nicht, wie es „angebliche" Freiheitliche geben kann, die (wie etwa Frau Partik-Pable) erst „abwarten" wollen, wie sich die Sache „entwickelt", um erst dann zu entscheiden, ob sie zu den „Orangen" gehen oder bei den Blauen bleiben wollen. Wenn ich ein echter Freiheitlicher bin, dem die freiheitlichen Grundsätze und unser freiheitliches Weltbild was bedeuten, dann brauch ich doch gar nichts zu überlegen, da steht es doch für mich von Haus aus fest, dass ich bei Blau bleibe und freue mich, dass jetzt unser freiheitliches Profil wieder geschärft wird. Aber diesen übervorsichtigen Zögerern geht es anscheinend gar nicht um die Durchsetzung unserer freiheitlichen Ideale, sondern ums Geld, die wollen zuerst wissen, welchen der beiden Seiten sich das Blatt zuwenden wird, wo sie bessere Chancen zum Geldverdienen haben werden, ehe sie sich dann für eine Seite entscheiden. Für mich Freiheitlichen sind das traurige Gestalten, politische, wendehalsige Glücksritter, die jedem zujubeln, bei dem es in ihrer Kassa besser klingelt. Ich bin jetzt 77 Jahre alt, aber in meinem ganzen Leben hat mich noch niemand so enttäuscht wie

Haider, der jetzt noch dazu die Perfidie aufbringt, „andern“ die Schuld am Niedergang der FPÖ zu geben. Aber das eine weiß ich: ab dem Zeitpunkt der Abspaltung, wo also die originale FPÖ von Schmarotzern und Verrätern befreit ist, wird es mit ihr ganz sicher wieder bergauf gehen, denn dann wissen die Menschen, wie sie dran sind, brauchen sich von keinem Till Eulenspiegel mehr zum Narren halten lassen und werden wieder in den Schoß ihrer politischen Heimat zurückkehren, während die orange Sesselkleberpartie hoffnungslos absaufen wird.

Jetzt braucht sie halt der Schüssel noch als seine willigen Mehrheitsbeschaffer, aber spätestens 2006 ist es dann endgültig vorbei mit dem Spuk und die Original-FPÖ wird wie ein Phönix aufsteigen – unter Männern, wie Stadler, Strache und Mölzer.

Manfred Hofstätter,
1200 Wien

Kindeswegleger

Nein nein, so einfach, wie sich das der Kindeswegleger aus Kärnten vorstellt und er es gerne hätte, spielt es das sicher nicht. Erst die Menschen mit zündenden Reden für sein politisches Programm begeistern und sie dann ganz locker, mit einem Schlenzer, eiskalt im Regen stehen lassen, seine Intentionen je nach aktuellem Bedarf um 180 Grad umdrehen und mit den Idealen der Menschen nach Belieben herumfuhrwerken, mit ihren Gefühlen wie auf einem Klavier herumspielen, das spielt es wirklich nimmer. Das geht kein zweites Mal mehr. Diese zutiefst enttäuschten, sich dreckig verraten und verkauft fühlenden Leute lassen sich garantiert kein zweites Mal mehr von ihm schmählich aufs Eis führen. Ganz sicher nicht mehr. Da werden auch die feurigsten heißen Luftblasen, die wir alle schon einmal hörten und erfuhren, wohin die führten, nix mehr nützen. Dessen bin ich mir ganz sicher und das wird die Wirklichkeit, die ihn – der sie verweigern will – bald einholen wird, auch erweisen.

DI Herwig Bogenhauser,
1030 Wien

Nichts als Feigheit!

Was Steinkellner und Co. derzeit rund um das orangene Polit-Theater aufführen, setzt selbst für deren Verhältnisse völlig neue Maßstäbe in bezug auf Unglaubwürdig- und Charakterlosigkeit! Sprach er zuerst davon, die gesamte FPÖ-Landesgruppe zum orangenen Sesselkleber-Verein überführen zu wollen, so gewann er in der Zwischenzeit – zu Recht – die Überzeugung, dass ihm das Gros der Funktionäre und Mitglieder dabei nicht folgen würde. Nun will er zwar mit der Bundes-FPÖ nichts mehr zu tun haben, kann sich jedoch – wie immer in seiner „mutlosen“ Vergangenheit – zu keiner aufrechten, klaren Linie durchringen, geht es doch auch um die für ihn nötige Infrastruktur wie Geschäftsstellen, Personal, Fahrzeuge, Finanzen etc. sowie sein damit verbundenes eigenes „politisches Überleben“. Gerade dieses verschwommene Nicht-

Fisch-nicht-Fleisch-Chaos allerdings wird weder vom Wähler noch vom Funktionär goutiert werden, da die meisten weiterhin zur Bundes-FPÖ stehen. Die Menschen wollen jedenfalls eindeutig wissen, woran sie sind. Wer verunsichert ist, geht dorthin, wo er sich auskennt! Das scheinheilige „Steinkellnersche Zwitterprodukt“ des sog. „eigenständigen Weges“ stellt nichts anderes als eine große Mogelpackung dar, die bloß dem eigenen Machterhalt dient. Die Einheit der FPÖ Oberösterreich wird damit keinesfalls gewahrt, im Gegenteil: Sollte dieses rückgratlose Vorhaben beim kommenden Landesparteitag tatsächlich die nötige 2/3-Mehrheit erhalten, ist der unweigerliche Absturz dessen, was sich einst stolz „Freiheitliche Partei“ nannte, auch in Oberösterreich vorprogrammiert und alles andere als Geschlossenheit die Folge!

Arno Malik, 4623 Gunskirchen, ehem. FPÖ-Bezirksparteiobmann von Wels-Land

An die NR-Abgeordneten des BZÖ!

Ich möchte Ihnen namens meiner Familie und vieler mir bekannter freiheitlicher Mitglieder und Wähler das äußerste Missfallen über Ihre Aktionen und Ihr Verhalten zum Ausdruck bringen. Bis zu einer Million Wähler hat Ihnen irrtümlich als Repräsentanten der „Fleißigen und Anständigen“ das Vertrauen ausgesprochen und nun machen Sie das, was mit Sicherheit keinem Fleißigen und Anständigen je einfallen würde, Sie flüchten mit der Beute wie die Diebe. Ja, Sie wollen sogar der Gemeinschaft, der Sie Ihre Positionen verdanken, die Schulden, für die Sie verantwortlich sind, überlassen und ihr gleichzeitig die gesetzliche Finanzierung entziehen, nur um Ihre eigenen Pfründe zu sichern. Ihnen kann man nur größte Verachtung entgegenbringen. Soviel Charakterlosigkeit hätte sich wohl niemand träumen lassen. Wir hoffen, dass Ihre Namen nie mehr auf einer Wahlvorschlagsliste auftauchen.

Anton Schachinger, 1170 Wien

Narrenschiff

An den Vorstand der Freiheitlichen Partei Österreichs:

Nach monatelangem, ja sogar jahrelangem geduldigem Zuwarten, Hoffen und auch nach genauso langem Ärger über die Vorkommnisse in Knittelfeld sowie der folgenden Trotteleien in ausreichender Menge und die unausbleiblichen Folgen dieser politischen Inkontinenzaktionen (das musste ja in die Hosen gehen), ist die jetzige Situation (Trennung, Rausschmisse, Neugründungen etc.) und die Tatsache, dass sich auch nichts mehr zum Positiven aus Sicht eines bürgerlichen Nationalliberalen im Sinne des Jahres 1848 ändern wird, Grund genug, Ihnen hiermit meinen Austritt aus den Trümmern der Partei kundzutun.

Nachdem ich jahrelang so ziemlich jede Aktion, und mag sie noch so sehr logischer Argumente, respektive Grundlagen entbehrt haben, mitgetragen habe, zähneknirschend und auch manchmal vor Ekel gebeutelt, aber um eines gemeinsames Zieles wegen duldend, ist jetzt, da es keine gemeinsamen Ziele mehr gibt, meine Geduld und Langmut zu Ende. Ein vormals hochbegabter und charismatischer Egomane, der jetzt vollends ins Pathologische abkippt; ein phagozytärer Funktionärsapparat, welcher aus Angst vor dem Verlust der jeweiligen Positionen, Gehälter und sonstigen Pfründe, den prozentualen Untergang vor Augen, aus Feigheit vor dem Wähler das „Heil" in der Flucht (auch vor Millionenschulden) sucht, eine „neue Bewegung" gründet, welche keine wie auch immer geartete, von Wählern legitimierte, Berechtigung zu Regierungsarbeit hat, dabei völliges Chaos produzierend und um sich schlagend alles zu zerstören, was in einem halben Jahrhundert mühsam aufgebaut wurde – all das ist nicht mehr meine politische Heimat und widert mich zutiefst an. (...) In diesem Sinne wünsche ich eine möglichst schnellen und schmerzlosen Untergang – ich verlasse das Narrenschiff.

Adolf Gotzmann,
2380 Perchtoldsdor

Mitkassieren

Nach den Worten Haiders ginge es der urplötzlich von blau auf orange umgefärbten Regierungsmannschaft darum, weiterhin „mitgestalten" zu können. Möglicherweise erlag ich, der ich schon schlecht höre, einem Hörfehler, und Haider sagte nicht mitgestalten, sondern „mitschneiden oder mitkassieren", wäre auch einleuchtender. Wer gibt schließlich freiwillig ein bestens honoriertes Ministeramterl auf? Könnte auch sein, dass beispielsweise dem einen oder anderen (etwa dem ÖBB-und Post-Zerstückler oder der Frau Handarbeitslehrerin) noch ein paar Jahre Anwartszeit für ihre üppigen Ministerpensionen fehlen.

Sehr amüsant auch zuzusehen, wie manche FPÖ-Funktionäre aus Bundes-, Länder-, oder Gemeindeebene mit ihrer Entscheidung darüber, zu welcher Seite sie sich bekennen sollen, noch zögern und erst einmal „die Entwicklung abwarten" wollen, um zu sehen, auf welcher Seite sie ein besseres Drauskommen haben würden. Im Klartext: abwarten, bis man weiß, welche Seite chancenreicher fürs eigene Fortkommen ist, auf welcher Seite die besseren Filetstücke abfallen.

Das sind mir ja die allerliebsten Idealisten, denen es nicht im Traum um das freiheitliche Weltbild, das von den bereits domestizierten „Mitgestaltern" schon seit Jahre über Bord geworfen wurde, sondern nur ums angenehme Leben und das wohlfeile Abräumen geht.

Da gibt es doch ein altes, aber wie man sieht dennoch hochaktuelles Sprichwort: „Wessen Brot ich essen, dessen Lied ich singe". Es ist zum Erbrechen.

Wie wohltuend war dagegen die sofortige Entscheidung von Barbara Rosenkranz, der blauen FPÖ die Treue zu halten. Diese großartige Frau brauchte erst gar keine Zeit des Überlegens und Abwägens, wo sie besser fahren könnte, für sie stand es sofort fest, dass sie treu bleibt.

Hut ab und großen Respekt vor dieser bewundernswerten, großen Frau, von der sich manche Abweichler ein Scherzl runterschneiden können.

Martin Grübl,
2200 Korneuburg

Bärentaler Rache?

Man begreift die Welt nicht mehr! Da meldet sich der Kärntner Landeshauptmann mit viel Trara auf die bundespolitische Bühne zurück, aber es gibt keine Sanktionen der EU-Staaten. Haben die Herren Chirac, Michel und Schröder diese Entwicklung verschlafen? Es könnte aber auch sein, daß sie ihn endlich durchschaut haben und diesen unzuverlässigen Politrabauken, der sich widerspricht, sobald er den Mund aufmacht, nicht mehr voll nehmen. Für den Bundeskanzler bedeutet er auf jeden Fall eine Gefahr. Sinnt der Bärentaler auf Rache?

Dipl.-Kfm. Norbert Fux,
2120 Wolkersdorf

Macht der Bilder?

Nach Blitztempo-Gründung der neuen Bewegung BZÖ (Bündnis Zukunft Österreich) zierten tags darauf, am 5. d. M., „Strahlemann" Haider und Schwester eine Seite der Kronenzeitung. Als Garanten für den Bestand der schwarz-orangen Koalition bis zum Ende der Legislaturperiode überraschten die beiden Freunde und Gegner. Das Geschwisterpaar Haider signalisierte damit unentschlossenen Funktionären der FPÖ und den abhanden gekommenen Wählern, ins vielversprechende neue Boot zu steigen und so bei den nächsten Wahlen den Stimmenzuwachs wieder voranzubringen. Auf derselben Seite der Kronenzeitung fristete auch der sympathische H.-C. Strache sein bildliches Dasein, der, hoffnungslos unterbelichtet, jeglicher Strahlkraft entbehrte. Unwillkürlich erinnerte man sich des Knittelfelder Debakels, als Dr. Haider unausgesetzt im feindseligen Kreuzfeuer der Kronenzeitung stand, und das zum Überdruss seiner damaligen Anhänger. Heute verliert selbst die Schuldenlast den Druck, wenn Konzernmilliardäre im Hintergrund so manche Fäden ziehen.

Hans Schönsleben,
2020 Hollabrunn

Dämlich

Wenns nicht so traurig wäre, könnte man sich ja vor Lachen krümmen: Zuerst verlangen die Schwarzen von den „freien Mandataren" des blau-orangen

Parlamentsklubs, die angeblich in ihren Entscheidungen völlig frei und ungebunden seien und nur nach ihrem eigenen Gewissen entscheiden können, eine schriftliche Garantie-Erklärung, also eine Knebelung ihrer Entscheidungen im Voraus. Und nachdem das nicht so nach Wunsch klappte, weil manche diese Möglichkeit der „freien Entscheidung“ ernst nahmen, drehen die Herrschaften Khol, Schüssel, Scheibner & Co. mit Lichtgeschwindigkeit den Spieß um und sagen: „Wir haben's nicht nötig, Unterschriften zu keilen, es genügt vollauf der Handschlag.“ Liebe Mitbürger dieses Landes, merkt Ihr, welch mieses Theater die Euch vorspielen, für wie dämlich und einfältig die uns halten?

Dipl.-Ing. Hans Ulmreich,
1210 Wien

zur ZEIT

Kirche: Bischof Laun über Johannes Paul II und die Papstwahl

BZÖ: Bündnis zur Erhaltung von Ministerposten

Orange: Die Farbe des modischen Wandels

Thema der Woche

Wohin geht die Römische Kirche?

Devot

Es ist eine einzige Peinlichkeit, wie devot sich die orangenfarbenen Chamäleons der ÖVP anbiedern, wie sie für lukrative Regierungsämtern ihren Charakter – sofern überhaupt einer vorhanden war – verkaufen. So eine Schandhaftigkeit wird und muss ins Auge gehen.

Gerhard Trimmel,
1220 Wien

Gründung einer Partei

Für die Parteigründung braucht Herr Dr. Haider noch jemanden, der sich bei solchen Vorhaben wirklich gut auskennt. Ich schlage ihm deshalb Frau Heide Schmidt vom Liberalen Forum vor. Da sie sich beim Mozarteum – Gott sei Dank – nicht durchsetzen könnte, wäre ein hilfreiches Unter-die-Arme-Greifen sicher leicht möglich. Die von ihr bei der Gründung des Liberalen Forums gesammelten wertvollen Erfahrungen könnten dann eins zu eins in das Projekt BZÖ fließen. Verlässlich würden sich dann auch die tollen Wahlerfolge des LiF einstellen.

Michail Welitschkow,
5020 Salzburg

Treu bei blauer FPÖ

In den Zeiten der rücksichtslosesten Geldwirtschaft hat sich also auch Jörg Haider dem Trend angepasst. Dass er die Stronach-Werke (MAGNA) in Kanada besichtigt hat und von der Absicht Stronachs, auch in Kärnten ein Magna-Werk zu errichten, angetan ist, kann ich verstehen. Warum auch nicht? Ein bedeutendes Werk schafft Arbeitsplätze und bringt Kärnten Wohlstand. Als tüchtiger Landeshauptmann ist Jörg Haider unbestritten.

Aber warum muss er eine neue – und noch dazu eine orangefarbene – Partei gründen und damit der FPÖ, für die er so viele Jahre erfolgreich gekämpft hat, in den Rücken fallen und sie zu zerstören versuchen? Hat er denn keine wichtigeren Dinge zu tun? Ist er mit seinen Tätigkeiten als Landeshauptmann nicht genügend ausgelastet? Ich verstehe das alles nicht und bin jetzt von Jörg Haider, den ich einst bewundert und verehrt hatte, sehr enttäuscht. Ich bleibe auf jeden Fall weiterhin ein treues Mitglied der blauen FPÖ!

Stefanie Hell,
1220 Wien

Der Bundesrat...

Ist es nicht eigenartig. Da hebt Bundesrat John Gudenus (FPÖ) bei einer Abstimmung die Hand für Neuwahlen und wird von der Bundesrätin Michaela Gansterer (ÖVP) dabei behindert, weil dies nicht Regierungslinie sei. Stellen Sie sich vor, ein Freiheitlicher hätte diese Behinderung vollzogen, das hätte man nicht als Lachnummer abgetan, das hätte Konsequenzen gehabt. Bin gespannt, wie lange man dieses ÖVP-Machtgehabe noch toleriert.

Karl Moser,
1031 Wien

„A sichere Pension"

Ein schiefes Lächeln um den Mund,
Orangensaft sei sehr gesund,
so kündet er den blauen Mannen,
beim BZÖ könnt ihr entspannen!
Die Schulden hab ich euch erspart,
so machen es alle, wir sind hart.
Die Alten sollen zum Teufel gehen,
genug lang hab ich blau gesehen!
Die Tierwelt ist mein Vorbild heut,
denn ich bin ein Chamäleonfreund.
Die Farben wechseln geht geschwind
Und mit der Zunge treff ich blind!
Die Dummen sind, die alles glauben,
dass die, die sitzen an dem Trauben,
an Euch noch denken nach der Wahl,
nein, jetzt heißt es nur noch zahl!
„Ich lenk die Leute, wies mir beliebt,
solang sie kommen auf den Pfiff!
Was soll das Deutschtum und der Kaas,
ich bin ein Flötenspieler alter Rass"!
Mei „Glück", die hab ich gut versorgt,
die bleiben bis zwei-null-sechs am Ort.
Danach hab ich a sichere Pension,
das Leben ist kurz, ich geh davon.

W. Hauck,
6072 Lans

Welche „Chancen für Österreich"?

Aus dem heutigen „freien Wort" der Kronenzeitung ist die Meinung eines Lesers zu entnehmen, dass die neue BZÖ „für viele politisch Unzufriedene die Chance für eine kompetente politische Vertretung" biete. Der Verfasser des Leserbriefs hofft, dass die Wähler erkennen, welch „neue Chancen ihnen von engagierten Köpfen (BZÖ) geboten würden, und sie diese auch entsprechend nützten! Darf man bitte fragen: welche Chancen? Welches politische Programm? Ich jedenfalls kenne keines. Oder sollte ich am Ende nicht aufgepasst und was überhört haben? Ach ja, richtig: „Pfiffig, lässig flott und modern" heißt die Parole. Na wenn das keine revolutionäre, neue Idee ist! Das einzige, was die Österreicher aus jahrelanger Erfahrung von diesen neuen „Lässigen und Pfiffigen“ kennen, ist die schwankende, unberechenbare Psyche ihres Anführers. Es wird jetzt alles davon abhängen, welchem der beiden gespaltenen Teile die beiden wichtigsten Medien ihre Gunst zuwenden. Von seiten des ORF scheints gut zu laufen fürs BZÖ, von seite der Krone dürfte es fürs BZÖ ja auch nicht schlecht ausschauen.

Maximilian Brunner,
1190 Wien

Die Wohltaten des Kindesweglegers

Der Kindesweglеger wird nicht müde, bei jeder sich bietenden Gelegenheit auf seine bisherigen fürs Volk vollbrachten Wohltaten hinzuweisen. Besondere Höhepunkte seiner Selbstbeweihräucherung sollen ja die „Korrekturen und Nachbesserungen“ sein, die er zum Wohle des kleinen Mannes und der Tüchtigen und Fleißigen dem Schüssel quasi im letzten Augenblick noch herausgerissen hätte. Nun, ich kann mir schon vorstellen, dass Schüssel auf Bitten und Drängen Haiders diesem mitleidig ein paar Brosamen übrig gelassen hat, damit er sich gierig drüberstürzen und es als seine große Superleistung ausschlachten kann. Herr Haider soll uns bitte einmal sagen, wieviel er da durchschnittlich für den österreichischen Bürger durch seinen persönlichen Einsatz herausschlagen konnte. Es wird sehr bescheiden ausfallen. Andrerseits hat aber dieser so gerne den Robin Hood für den „kleinen Mann“ spielen wollende Held sehr wohl nicht einmal nix gegen die dauernde Belastungen, Sparpakete, beschämenden angeblichen Inflationsabgeltungen und sonstigen materiellen Daumenschrauben der Regierung unternommen, sondern diese schmerzhaften Einschnitte – ohne ein Ohrwaschl zu rühren – mitgetragen. Gleiches gilt auch für die ungehinderte weitergehende steuerliche Schröpfung der Leistungsträger des Mittelstandes. Ich kann nur sagen: An seinen faulen Früchten sollt ihr ihn messen, und nicht an seinen Super-Sprüchen, die nichts als Seifenblasen waren und es auch weiterhin sind.

Mag. Günther Eilmers,
1030 Wien

Bildmontage: Schneeweiß-Arnoldstein

III.
Zu neuen blauen Ufern

Bild: FPÖ

„Du hast mir mein Orange verpatzt…"

Strache kandidiert für FPÖ-Obmann, Haider spaltet sich als „BZÖ" ab

VON WENDELIN MÖLZER

Es war wie ein Paukenschlag, wenn auch ein schon lange erwarteter. Dass Haider seine Drohung, eine eigene Partei zu gründen, auch wirklich wahr machte, hat sich letztlich doch keiner gedacht. Zu groß die Probleme, die auftreten würden, zu gering die Chancen, wirklich auf Dauer zu überleben.

Es ist aber dennoch passiert. „Bündnis Zukunft Österreich" (BZÖ) lautet der zungenbrecherische Name, den sich die orange Truppe rund um Haider gegeben hat. Kern dieses Vereins bildet neben Haider und der Kärntner FPÖ die Regierungsmannschaft der FPÖ, desweiteren ein Großteil der Nationalratsabgeordneten. Wer wie genau wohin aus- und wieder eintritt, war zu Redaktionsschluss nicht bekannt, jedoch scheint klar, dass sich fünf Landesgruppen sicher zur FPÖ bekennen, und dass mit Sicherheit der Wille besteht, diese FPÖ wieder flott zu machen.

Allen voran steht Heinz-Christian Strache, der beim kommenden Parteitag für den Obmann kandidieren wird. Bis dahin ist im übrigen Hilmar Kabas interimistischer Parteiobmann. Strache spricht gegenüber Haider und seinen Gefolgsleuten von „Hochverrat“ an der freiheitlichen Sache und an den freiheitlichen Wählern, die der „FPÖ original“ ihr Vertrauen geschenkt haben: „Haider hat unglaubliche historische Leistungen, aber jetzt ist er für mich die größte Enttäuschung.“ Der Spaltungsschritt sei ein „Versuch der Zerstörung der FPÖ“. Doch dieser Versuch sei gescheitert, versicherte Strache. Laut Strache wurde außerdem bereits Ende März eine Vereinbarung zwischen ihm und Haider über die Zukunft der FPÖ geschlossen. Demnach hätte Haider Parteichef und Strache geschäftsführender Obmann werden sollen. Unterzeichnet wurde das Papier am 21. März. Haider habe sich dann aber nach seiner Rückkehr aus Kanada nicht daran gehalten, kritisierte Strache. „Jörg Haider und Heinz-Christian Strache sind bereit, die Partei gemeinsam zu führen“, heißt es in dem Papier wörtlich. Und: „Jörg Haider und HC Strache unterstützen einander in ihrem jeweiligen Bemühen. Ihre Aktivitäten finden in enger Kooperation, Offenheit und Freundschaft statt.“

Strache spricht von Haiders „Hochverrat“ an der FPÖ.

Geregelt waren in der „Arbeitsvereinbarung“ laut Strache neben der Frage, wer die Partei künftig führen soll, auch inhaltliche Punkte. Unter anderem habe Haider gefordert, dass die Gruppe um Strache die Finanzschulden der FPÖ, die Eurofighter-Beschaffung und den angeblich bereits mit der ÖVP akkordierten EU-Beitritt der Türkei nicht mehr thematisieren solle. Strache dazu: „Das ist für mich unmoralisch. Das ist für mich Altpolitik im herkömmlichen Sinn.“ Neben dem Kampf um jedes Parteimitglied ist die Frage der Finanzierung besonders virulent. Die Parteischulden der FPÖ will Strache allerdings nicht übernehmen. Er verweist diesbezüglich auf eine Haider-Aussage von Anfang März, wonach die Schulden der FPÖ im Fall einer Neugründung von der neuen Bewegung übernommen würden.

Warum braucht dieses Land eine Kraft wie die Freiheitlichen?

Streitgespräch zwischen Lothar Höbelt und Andreas Mölzer über die Zukunft des Dritten Lagers

Mölzer: Lothar Höbelt, Du begleitest die FPÖ seit Jahrzehnten kritisch aus historischer Sicht. Blicken wir einmal weniger in die Vergangenheit, blicken wir in die Zukunft! Wie kann denn im Jahr 2010 dieses Dritte Lager aussehen?

Höbelt: Na ja, im schlechtesten Fall ist ziemlich klar, dass das Dritte Lager politisch-parlamentarisch nicht mehr vertreten ist, indem sich die Partikelchen gegeneinander so abstoßend verhalten haben, dass nicht genügend Masse mehr übrig bleibt. Das ist eine Gefahr, die gegeben ist. Ich halte sie immer noch nicht für wahrscheinlich, aber ich halte sie für gegeben.

Mölzer: Das hieße, dass es bei den nächsten Parlamentswahlen, wann auch immer diese sein werden, keinen Einzug mehr ins Parlament geben könnte.

Höbelt: Ja, kein Einzug mehr ins Parlament. Das ist im Rahmen des Befürchtbaren, wenn sich beide Teile bekämpfen. Die Medien haben zwar unterschiedliche Interessen, aber einer guten Story weichen sie natürlich nicht aus. Wenn nur der Rosenkrieg überbleibt, amüsiert er zwar die Leute, aber damit wird natürlich nicht im geringsten für irgendeine Seite Vertrauen erweckt.

Mölzer: Das heißt also, Du glaubst, dass der künftige Wahlkampf in erster Linie gegeneinander geführt würde?

Höbelt: Ich glaube, es bedarf großer Anstrengungen, um überhaupt einen Wahlkampf zu führen, der medial nicht auf diese Art transportiert wird. Als konkretes Beispiel: Der jüngste Wiener Landesparteitag, so höre ich von Teilnehmern, hätte sich gar nicht so sehr um Jörg Haider gedreht, wie es medial rübergebracht wurde. Es war halt das einzige, was die Medien interessant fanden. Und vice versa heißt das, dass es sehr, sehr schwierig sein wird, von diesem einzigen Punkt, der die Leute interessiert – jö was wird da wieder g'stritten – wegzukommen.

Mölzer: Bleiben wir beim schlechtesten Fall: Wenn beide Parteien jetzt wirklich rausfallen würden, die alte FPÖ und auch dieses orange Bündnis, hieße das aus Deiner Sicht, dass das Dritte Lager insgesamt tot wäre?

Höbelt: Nicht unbedingt. Ich meine, es ist ja eine nicht nur im historischen Sinn spannende Frage, ob eine geistige und weltanschauliche Strömung heutzutage wirklich eine solche Vertretung braucht, um sozusagen als Strömung, als geistige Potenz zu überleben. Man könnte sagen, wie in einem wirklichen neoliberalen Staat – und ich halte dies keineswegs für etwas Schlechtes – hat der Staat gewisse, genau definierte Aufgaben. Was die Bürger ansonsten denken, geht nur sie etwas an und sie brauchen nicht unbedingt eine Partei, die an diesem Staat Mitverantwortung trägt. Nur glaube ich, von dem Ideal sind wir in der Praxis immer noch sehr weit entfernt und es wird sich ein politisches Lager in einem so traditionsbewussten Land wie Österreich – das ist ja positiv, dass wir das noch immer sind – schwer tun, ohne jede politische Vertretung auf Dauer zu bestehen.

Bilder: ZZ/Archiv

Mölzer: Ich sehe das ähnlich, weil ich das deutsche Beispiel kenne, wo das national-konservative Lager zwar am Rande bei der CDU und bei der CSU, vielleicht früher bei der FDP, geduldet wird, im Grunde aber politisch keine wirklich stringente Repräsentanz mehr hat und eigentlich fast zur Sekte verkommen ist. Wobei man sich sehr wohl da und dort literarisch und publizistisch äußert, aber eigentlich nicht mehr politisch betätigt.

Höbelt: Mit all den Vor- und Nachteilen! Die „Junge Freiheit“ beispielsweise ist sicherlich ein hervorragendes Blatt. Da muss man sagen, Hut ab. Das hat Niveau und da passiert Geistiges, da ist wirklich was los. Aber politisch sind es eben lauter Leute in der inneren Immigration, die am Rande von anderen Parteien, die irgendwo halt das kleinere Übel darstellen, irgendwo ihr Auskommen fristen. Seien es jetzt die Etablierten, oder die vom Rande her, ganz gleich, nirgendwo ist da wirklich eine bürgerliche Kraft.

Mölzer: „In Deutschland ist das nationale Lager fast zur Sekte verkommen“.

Darum sehe ich in Österreich doch die Notwendigkeit und die Chance, das irgendwie zu erhalten. Das hängt zum Teil davon ab, wie sich die politischen Kräfte, also die einzelnen Politiker, hier überhaupt aufführen. Nach all den Verwerfungen der Ära Haider, nach all der Beliebigkeit, die überall in der Politik und in allen Lagern eingetreten ist, hat es ein kleines Lager natürlich immer ein bisschen schwieriger, wenn es um das Überleben geht. Die Frage ist, ob noch

Lothar Höbelt und Andreas Mölzer: Amicales Streitgespräch mit konstruktivem Ausgang

Bild: ZZ/Archiv

soviel Substanz da ist, dass dieses kleine Lager irgendwie trotz aller ungünstigen Zeitumstände überleben kann.

Mölzer: Damit sind wir jetzt beim optimistischen Szenario. Wie siehst Du denn beispielsweise im Jahre 2010 im optimistischen Sinne die Möglichkeiten dieses Lagers?

Höbelt: Ich sage es jetzt wirklich ganz so märchenhaft: Warum nicht ein Lager, wo man endlich die Ära Jörg Haider beendet hat, mit all den Versuchungen und Schrecken, die diese mit sich gebracht hat. Wo man sich wieder auf ein Lager von 5 bis 10 Prozent beschränkt, im wesentlichen bürgerlich-mittelständisch, national-freiheitlich und wo man beispielsweise als Galionsfiguren dann niemanden aus der jetzigen Führungsriege hat, sondern, sagen wir einmal Cornelia Haider und Heidi Gugerbauer.

Mölzer: Also bist Du auch schon auf die Frauenparteien fokussiert?

Höbelt: Ja, nach außen hin würde sich das sicher gut verkaufen.

Mölzer: Ich habe ja reaktionäre Freunde, die mir gesagt haben, wenn in einer Partei eine Frau Obmann wird, ist es Zeit, auszutreten. Ich habe ihnen immer widersprochen, weil ich ja jahrelang in einer Partei Mitglied war, wo das so war. Aber Spaß beiseite, es geht ja weniger darum, wer im Jahr 2010

Parteichef ist, es geht vielmehr um die Frage, ob es in Österreich einen Bedarf für eine solche Partei gibt. Gibt es von den Themen her ein soziologisches Substrat, sprich Wähler, für so eine Partei? Gibt es das alte Lager noch? Ich habe das Gefühl, dass es zwar vorhanden ist, aber um die Hälfte schwächer als am Ende der Ära Steger vor 20 Jahren.

Höbelt: Ja, ich glaube, die allgemeine Erosion der Lager – die Meinungsforscher übertreiben das zuweilen – ist sicherlich so, dass alle Lager geringer geworden sind. Das bedeutet, dass eine „hardcore“-sozialistische oder katholische Partei immer noch leicht ins Parlament kommt. Bei den Freiheitlichen ist es nicht mehr sicher, ob der harte Kern das allein schafft. Das mit den Themen ist eine schwierige Frage. Wir werden die längste Zeit eine Situation haben, wo all die sachlichen Fragen, die wirklich in der aktuellen Politik diskutiert werden, die zu unmittelbaren Entscheidungen Anlass geben, genau betrachtet quer durch fast alle Parteien thematisiert werden.

Mölzer: Ja, das ist jetzt aber diese Haidersche bedarfsorientierte Politik, die ohne jede Ideologie auskommen will.

Höbelt: Genau das ist das Problem, wenn ich sozusagen auf ein aktuelles Thema aufspringen will und damit eine Partei machen will.

Mölzer: Wie es die Orangen derzeit gerade machen wollen.

Höbelt: Na ja, ich frage mich allerdings, welches Thema das sein soll. Der Türkei-Beitritt ist nicht populär, dem Haider glaubt keiner mehr was. Ich sehe das zentrale Thema der BZÖ nicht. Aber sogar wenn es eines gäbe, diese „Ein-Thema-Parteien“ wie die Grünen haben es nicht leicht. Das Umweltthema macht bei ihnen nur einen kleinen Bereich aus. Die sind doch in der Gefahr, Eintagsfliegen zu bleiben. Ich meine, einmal gewählt, dann orientieren sich die anderen Parteien um, sagen aha, hoppla, da haben wir was übersehen, auf das wir eingehen können und das ist dann beim nächsten Mal wieder weg.

Die Situation der Freiheitlichen war so: Erstens dieser Filz der Großen Koalition, wo Österreich einen Reformbedarf hatte, den sie decken konnten. Und zweitens dann noch das Zuwanderungsthema. Da gab es also zwei Themen, wo sie weitaus glaubwürdiger waren als alle anderen, und die ihnen von den anderen auch relativ lange ziemlich kampflos überlassen wurden. Die Liberalisierung wurde von niemandem aufgegriffen. Die ÖVP hatte da größte Schwierigkeiten in den eigenen Reihen, in Einwanderungssachen genauso. Dieser Glücksfall kommt nicht wieder. Ein Überlebenskonzept von mir wäre eigentlich nahezu ein vergangenheitsorientiertes. Es gibt nur zwei Dinge, die momentan für dieses Lager sprechen: Tradition, sozusagen alte Verbundenheit, die natürlich sehr stark gelitten hat unter diesen wechselseitigen Querelen und Verratsvorwürfen. Und zweitens die strategische Überlegung, dass es einfach geschickt und vernünftig und erfolgsversprechend ist, neben der ÖVP einen zweite bürgerliche Partei zu haben.

Mölzer: Da hätte aber dann die SPÖ das erste Interesse.

Höbelt: Nicht unbedingt. Es wäre umgekehrt, denn die ÖVP wird eine absolute Mehrheit nicht erreichen. Und es wäre viel geschickter, wenn man der rot-grünen Koalition eine Allianz von zwei Parteien gegenüberstellt, weil es genügend Leute gibt, die auf eine Partei aus dem einen oder anderen Grund irgendwie schlecht zu sprechen sind und dann zur anderen gehen.

Mölzer: Aber genau das versucht Schüssel ja im Moment mit dieser offensichtlichen Ermunterung Haiders, eine eher indifferente Gruppe aufzubauen. Er versucht, sich eine zweite Partei als Mehrheitsbeschaffer zu halten, die man relativ bequem ohne irgendwelche lästigen Ideologen und ohne irgendwelche Zwischenrufe für die Regierungsarbeit als Basis benötigt. Das verstehe ich schon taktisch von Schüssel. Ich verstehe es nicht von Haider, dass er sich dafür hergibt.

Höbelt: Wenn überhaupt eine Planung mit Haider erfolgversprechend ist – was man mit ihm ausmacht findet nächste Woche meist ohnehin nicht statt – warum soll es Schüssel in der Beziehung besser gehen als Dir? Aber ich glaube auch nicht, dass das das wesentliche Motiv war. Das wesentliche Motiv war, dass Haider am ehesten den Bluff wagen konnte, statt irgendwie gute Miene zum bösen Spiel zu machen. Er konnte sagen, wenn man mir nicht willfährig ist, dann bringe ich fünf oder mehr Abgeordnete auf die Waage, die dieser Regierung Schwierigkeiten machen. Das konnte Haider eher, viel eher als der Flügel, der mit Dir verbunden wird. Und da musste man Haiders Erpressungen oder Wünschen eher nachgeben als anderen. Das ist ganz einfach: Haider wünscht sich etwas und weil er ansonsten, wie man weiß, unruhig wird, sagt man, gebt es ihm halt. Aber, dass das ein Projekt Schüssels war, glaube ich nicht. Schüssel wurde nie durch die Ideologen in der FPÖ blockiert.

Höbelt: „Es wäre vernünftig, neben der ÖVP eine zweite bürgerliche Partei zu haben!“

Mölzer: Damit sind wir jetzt bei der Taktik, sowohl bei der gegenwärtigen als auch der möglichen zukünftigen: Da glaube auch ich, dass es für alle Teile vernünftiger wäre, wenn es eine zweite „bürgerliche Partei“ gebe. Zu der von Dir auch aufgeworfenen Frage, ob es noch die Wählerschaft gibt, ob es den inhaltlichen Bedarf für eine solche Partei gibt. Ich glaube das schon. Wenn ich unsere zwei alten klassischen Themen – als „Wärter eines Museumsvereins“ wie mich Haider netterweise bezeichnet hat – hervorhole die Freiheit und die Identität, das Liberale und das Nationale, so scheint es mir doch so, als wäre die Freiheit ein Thema, das in unserer Zeit des elektronischen Biedermeiers, der zunehmenden Reglementierung durch Brüssel, der Sprachregelungen, einer gewissen Verengung, dass die Freiheit das erste Thema ist. Und das Zweite, um das Identitätsthema anzureißen, die Zuwanderung ist nicht nur ein Phänomen der späten 90er Jahre des 20. Jahrhunderts gewesen. Sie geht ja mit ihren Folgen weiter. Das heißt, wir leben natürlich in einer multi-kulturellen Gesellschaft, no na, das brauchen wir gar nicht leugnen, das können wir uns auch nicht mehr wegwünschen. Aber wie gehen wir damit um, und wie bewahren wir darin, sagen wir es so – als deutsche Österreicher, unsere Identität? Und so gesehen glaube ich, dass der Bedarf an so einer Partei anhand der traditionellen, die aber auch Zukunftsthemen sein können, durchaus gegeben ist.

Höbelt: Ja und nein. Ich glaube sehr wohl, dass das wesentliche Themen sind. Die Frage in der Umsetzung ist nur, braucht man dazu eine Partei oder hilft mir eine Partei dabei sehr viel? Das ist die große Frage.

Bild: ZZ/Archiv

Revolution von 1848: Das identitätsstiftende Ereignis des Dritten Lagers

Mölzer: Oder schadet sie womöglich sogar? Das könnte auch sein.

Höbelt: Ich meine, die Identität zu bewahren, liegt darin, dass wir halt alle irgendwann einmal die Klassiker nicht nur zitieren, sondern auch lesen müssen. Dass wir die Fremdsprachen auch lernen, aber die eigene Sprache nicht verkommen lassen. Das sind alles Dinge, wo die Politik uns nicht in erster Linie hilft. Die Frage, ob wir uns von irgendwelchen politisch korrekten Sprachregelungen ins Bockshorn jagen lassen oder nicht, ist auch eine im wesentlichen mediale. Man kann sagen, die Medien sind sicher nicht unabhängig von der Politik, aber ob sie so direkt von der österreichischen Parteipolitik abhängen, ist doch die Frage. Wenn man bedenkt, der Großteil der Filme kommt zu uns, sie werden außerhalb Österreichs gedreht. Oder wenn man an den Großteil der Brüsseler Regelungen denkt. Ich meine, es ist lächerlich zu glauben, dass da gerade auch die Österreicher immer ein entscheidendes Wort sprechen werden.

Mölzer: „Die Freiheit und die Identität, das Nationale und das Liberale bleiben ein Thema."

Also, ein wenig Unbehagen oder Frustration mit der freiheitlichen Regierungsbeteiligung, die es im Lande ja sicherlich gab, und das waren ja nicht nur Phantomschmerzen, die Haider hatte, kommt auch daher, dass diese quasi metapolitischen Themen, die den Leuten unter den Nägeln brennen, unbeeinflusst blieben. Man kann nicht sagen, die Susanne (Riess-Passer, Anm.) hätte dazu solche oder solche Nasenlöcher machen sollen. Aber im wesentlichem ist alles, was das Kabinett Schüssel und der österreichische Nationalrat dazu sagen, vollkommen gleich.

Mölzer: Ist das wirklich so?

Höbelt: Gut, es ist das Problem, wenn ich eine Partei mit der Erwartung gründe, dass ich an diesen großen Weltentwürfen irgendwas ändern soll. Damit überfordere ich das Projekt natürlich.

Mölzer: Das ist natürlich das Problem von Gesinnungsgemeinschaften: Wobei das früher die Probleme auch der austromarxistischen Sozialdemokraten waren und der wirklich christkonservativen Volkspartei. Heute ist das nicht mehr so, weil man nur mehr pragmatisch ist. Ich glaube auch, dass die FPÖ in der Regierung vielleicht nicht gescheitert ist. Aber letztlich hat die FPÖ schlecht ausgeschaut, weil sie an diesen Erwartungen gemessen wurde, von ihrer herkömmlichen Klientel. Und an den messianischen, fundamentalistischen Ansagen der Oppositionszeit. Beides konnte sie nicht erfüllen. Und jetzt sind beide Teile, sowohl der Protestteil, der unter Haider dazugekommen ist, als auch der alte nationalliberale Teil enttäuscht gewesen.

Höbelt: Es gibt ja neben dem bürgerlich-konservativen Teil durchaus auch einen gewissen nationalen Kern im Dritten Lager, der prinzipiell von der Politik nur seine Ruhe haben möchte. Der war hochzufrieden mit der Regierung Schüssel/Riess-Passer. Der hat gesagt, endlich sind wir das rote Gesindel los und die ganzen grünen Krawallmacher. Und jetzt wird regiert und wir wollen eine Ruhe haben. Und der war, glaube ich relativ zufrieden. Stimmt natürlich, Leute die von der Politik eine Ruhe haben wollen sind nicht die, die sich dann engagieren.

Mölzer: Na ja, auch ich habe immer gesagt, die Regierung ist nicht schlecht. Nur die vorhergehende war schlechter. Das ist natürlich eine Pointe, die manche überfordert hat weil sie dann glauben, sie würden kritisiert. In Wirklichkeit wurden sie damit ja gelobt. Aber schau, es ist doch so, dass dieses Lager so einen Protestimpuls in sich hat, schon seit 1848 oder zumindest seit 1945, als Zuspätgekommene immer irgendwo gegen „die da oben“ sind. Und dass man dann offenbar auch böse ist, wenn die eigenen Leute mitregieren. Das ist ganz eigenartig, das war bei Steger so und ist jetzt auch bei Riess-Passer und bei Haubner so gewesen. Man ist eigentlich böse, wenn einer von den Unseren Minister ist.

Höbelt: „In der historischen Perspektive saßen immer Exponenten dieses Lagers an den Schalthebeln.“

Höbelt: Ich habe das ja auch in der Zeitung einmal geschrieben, in einem Artikel mit einem Zitat aus dem Jahr 1921 oder so, dass, wann immer einer von uns regiert, die Leute glauben, dass eine Verschwörung im Gange ist. Langfristig betrachtet stimmt das aber nicht. Über den Großzeitraum der ausgehenden Habsburgermonarchie war dieses sogenannte Dritte Lager eindeutig das erste Lager, das zwar nie geeint war, aber von dem immer Exponenten zu fast allen Zeiten an den Schalthebeln saßen. Auch in der Ersten Republik. Die großdeutsche Volkspartei war eine sehr verknöcherte Beamtenpartei, aber sie hat von 1920 bis 1932 gar nicht so schlecht regiert. Und dann kam sogar noch der Landbund. Also eine langfristige Prägung, glaube ich, kann man da wirklich nicht darin sehen, das ist vielleicht wirklich ein Resultat der Haider-Jahre.

Mölzer: Ist es nicht doch die Prägung von 1945, dass man sagt, das sind die Besiegten von 1945?

Höbelt: Nein, also meine Studien würden mich eher dazu verleiten anzunehmen, dass gerade die Besiegten in dieser doch durchpolitisierten Welt nach 1945 sehr wohl wussten, dass man ohne politischen Rückhalt überhaupt nichts tun konnte, man nicht amnestiert wurde, man keine Lizenzen oder Genehmigungen bekommen hat, gar nichts. Sie haben sehr wohl den Wert des Mitregierens und des von den Regierenden nicht Verfolgtwerdens verstanden. Und gerade, das ist ja das Paradoxon dieses Vergangenheitsbewältigungsdebakels, das wir heute haben: Gerade die alten Nazis waren ja die konstruktivsten Geister der Nachkriegszeit, die wirklich nur Wiederaufbau und Ruhe haben wollten und absolut nicht an eine neue Revolution oder sonst was gedacht haben. Die waren sehr, sehr brav. Man kann vielleicht systemkritisch sagen, vielleicht sogar zu brav. Ich glaube nicht, dass von da her diese Widerständigkeit kommt. Ich glaube, das ist wirklich ein Teil dieser Aufbruchstimmung der Haider-Jahre, dieses quasi gewendeten 68er-Geistes, das er in gewisser Weise verkörpert: Das Alles-Hinterfragen und ständig Institutionen in Frage stellen. Das ist ganz gut, aber auch ständig die eigenen Positionen zu hinterfragen, ist für einen Philosophen nett, aber für einen Regierungspolitiker unmöglich.

Bild: ZZ/Archiv

Georg Ritter von Schönerer

Mölzer: Da sind wir jetzt bei der Typologie der Exponenten dieses politischen Lagers. Mich frappiert ja immer diese Ähnlichkeit zwischen Haider und Schönerer, die irgendwo beide etwas Zwiespältiges haben. Einerseits waren sie in ihrer Zeit und auf ihre Art Volkstribune. Andererseits haben sie sich mit allen zerstritten, alles zusammengehauen. Und ohne da jetzt selbst den Karl Hermann Wolf für Haider spielen zu wollen, habe ich so das Gefühl, dass Haider sich in einer Phase befindet wie Schönerer in der Endphase seines politischen Wirkens.

Mölzer: „Mich frappiert immer diese Ähnlichkeit zwischen Haider und Schönerer – beide destruktive Volkstribune.“

Höbelt: Das ist eher Zufall, diese ganzen Geschichten mit dem gebrochen Charakter der Österreicher durch die Gegenreformation, und durch die seltsame Nationalbindung, wo man nie genau weiß, wo gehören wir jetzt wirklich hin und so. Aber ich würde dem fast ein bisschen misstrauen, diesen quasi globalen psychologisierten Interpretationen.

Mölzer: Na ja, es ist aber doch so, dass wir eine gewisse gespaltene Haltung in diesem Lager haben, weil man einerseits immer revolutionär war, von der akademischen Legion des Jahres 1848 über die illegalen Nazis der 30er Jahre bis herauf zur Haider-FPÖ. Auf der anderen Seite wollte man immer höchst spießig als Beamte, als Mitregierer usw. staatstragend Verantwortung haben. Also diese innere Spaltung gibt es schon, die wiederum durch Haider besonders stark herausgekommen ist.

Höbelt: Ja, nur ist dieses Revoluzzertum doch wirklich auf relativ wenige, eher extreme historische Situationen beschränkt. Also, wie bei der Wirtschaftskrise der 30er Jahre war das erste Aufflackern einer Mitbestimmung im Jahre 1848 ein herausragender Punkt, der sicherlich im Rückblick natürlich besonders identitätsbildend ist. Aber im wesentlichen dominiert doch das Lager, das bis in die 50er Jahre ein bürgerliches war. Das Bürgertum war sozusagen in irgendeinem Sektor der national-liberalen Bewegung beheimatet, mit allen möglichen Schwierigkeiten. Nur ist natürlich nach 1945 dieses Bürgertum zum Teil weggegangen, weil die Chancen sich entsprechend zu betätigen, anderswo besser waren.

Mölzer: War da nicht schon eine Proletarisierung im illegalen Nationalsozialismus gegeben?

Höbel: Im illegalen, aber im regierenden nicht. Im illegalen konnten sich ja nur Arbeitslose ein Engagement leisten, die konnten nicht mehr entlassen werden, die konnten hingehen. Die anderen sind dann erst wieder im Herbst 1938 beigetreten, wie mein Großvater. Das gibt es natürlich auch, das macht es interessant, gegenüber diesem Establishmentflügel auch immer wieder dieses Wider-den-Stachel-Löcken. Aber das ist eine Mentalität, die doch primär entstanden ist, oder sich festgesetzt hat, in den letzten 20 Jahren. Noch in der Ära Steger war es weniger der Kampf gegen das Mitregieren, sondern der Kampf, dass man zu den Mitregierern gehört. Der Fehler war, dass man gleichzeitig bewusst und offen die Partei reformieren und eigentlich in eine ganz andere als ihre gewohnte Richtung wenden wollte. Und so etwas darf man nicht offen verkünden, so was passiert die ganze Zeit, alle Parteien, alle sozialen Organismen ändern sich unwillkürlich ständig. Aber als sozusagen offenes Programm zu sagen, den großen Anteil meiner Anhänger mag ich eigentlich nicht mehr und ich hätte lieber angenehmere, das kann man nicht. Und ich meine, in gewisser Weise ist das, was Haider heute tut, genau dasselbe. Dass er so auf die Art brutal – neben Schönerer könnte man diesbezüglich noch andere Österreicher nennen – sagt, ihr seid meiner nicht würdig, geht unter.

Mölzer: Es hat ja aber auch diese absolut konstruktiven tragenden Persönlichkeiten in diesem Lager gegeben: Johannes Schober in der Ersten Republik zum Beispiel. Glaubst Du, dass wir in der Zukunft noch einmal Persönlichkeiten aus diesem Lager haben werden, die in dem Maße prägewirksam sein werden? Ich glaube, um meine europäischen Erfahrungen ein bisschen einfließen zu lassen, die Tendenz im europäischen Parteiensystem ist meines Erachtens so, dass die großen Parteien sich so um die 20 Prozent plus/minus einpendeln und die normalen Mittleren um die 10 Prozent. Und dass eine gute 10-Prozent-Partei, sei es als gestaltende Opposition, sei es als Mitregierungspartei, durchaus politikfähig ist, durchaus mit dabei ist. Und dass man nicht sagen muss, eine Partei, die nur mehr 12 Prozent hat, sei für ewig weg vom Fenster.

Höbelt: Das sehe ich völlig gleich. In der Geschichte gibt es viele Beispiele, gerade in Deutschland und Italien, die nun einmal unsere besten Vergleichspartner sind, wo Parteien weit unter dem 10-Prozent-Niveau viel mehr bewegt haben, als es ihrer Größe entspricht. Dazu kommt natürlich, es muss sich um Parteien handeln, die auch ein Niveau, ein Milieu repräsentieren, das über seine zahlenmäßige Stärke hinaus eine gewisse Strahlkraft, Aussagekraft, auch ökonomisches Potential auf die Waage bringt. Das Know-how ist entscheidend, also die FDP quasi nicht nur als Partei der Freiberufler, sondern auch der Manager. Bringt natürlich auch Schwierigkeiten bei all diesen Zuordnungen, die auch Lobbyismus mit sich bringen. Aber die liberale Partei war in Italien mit 2 Prozent einflussreich, weil man gewusst hat, die Industrie steht dahinter.

Höbelt: „Die Chance der FPÖ ist eine große Koalition als Gegner."

Die Frage ist, ob ich mit einer 5 bis 10prozentigen Protestpartei das noch habe. Also das interessante Experiment scheint mir zu sein, ob die FPÖ, die traditionelle FPÖ selbstverständlich, wenn sie sich sehr klug und das heißt in der momentanen Situation glaube ich in vielen Fällen sehr zurückhaltend benimmt, eine Chance hat, nachdem der Versuch Massenpartei zu werden, aus welchen Gründen auch immer gescheitert ist. Aber es bringt ja auch nichts mehr, zurückzurudern zur alten Honoratiorenpartei und damit parlamentarische Repräsentanz weiterhin zu behaupten, in einer Zeit, wo die Große Koalition als Alternativmodell relativ wenige Chancen hat. Ich glaube, die Große Chance der FPÖ – bei aller ihrer Schwäche – ist die große Koalition. Die ist aber, glaube ich, im neuen Europa nicht mehr so gefragt, weil im neuen Europa gibt der Kanzler sehr stark den Ton an. Der muss im Rahmen der Treffen der Regierungschefs diverse Vereinbarungen, mündlicher und informeller Natur treffen, an die sein Land doch mehr oder weniger gebunden ist. Die Idee als Kanzler einen Grüßonkel aufzustellen, geht allein aufgrund der europäischen Situation nicht mehr so recht.

Mölzer: Damit sind wir ja wieder bei dem Denkmodell, bei dem wir ja schon, schon vor fünf, sechs Jahren, als es zu der Regierung Schüssel/Riess-Passer kam, gewesen sind. Dass man sagte, es gibt also zwei annähernd ähnlich starke Bereiche im Lande, einen mitte-rechts, einen mitte-links, wenn wir bei diesen alten Lagern bleiben wollen, die um die Macht ringen. Wie stark wir dabei sind, wie stark man dabei gestaltend wirken kann, ist eine Frage. Damals habe ich noch geglaubt, es könnte wie in Italien gehen, wo man die alte Democrazia Cristiana ablöst oder auflöst, oder übernimmt. Das glaube ich indessen nicht mehr. Und dass man sozusagen aus dieser Position heraus sagt, gut, unser Platz ist auf der rechten Seite, auch ideologisch und taktisch und das strebt man an. Mir wäre natürlich auch eine Honoratioren-Partei lieber, wo meine Corpsbrüder und die Herrn Burschenschafter und Landsmannschafter, die Ärzte und Juristen das große Wort führen. Allein ob das nicht wirklich eine romantische Illusion des 19. Jahrhunderts ist, ob das noch möglich ist, das weiß ich nicht.

Höbelt: Na, das muss man ausprobieren.

Mölzer: Eines halte ich allerdings auch für einen großen Irrweg, zu glauben, man kann jetzt in kleinerem Maßstab die Haidersche Protestpartei noch einmal nachbauen. Das geht nicht. In dem Zusammenhang, wie siehst Du denn die Chancen des Mannes, der jetzt die herkömmliche FPÖ übernommen hat, also des Wieners Heinz Christian Strache?

Höbelt: Prinzipiell positiv, würde ich sagen. Er ist unter den Landesobleuten der Einzige, der irgendwo eine spezifische Persönlichkeit entwickelt hat. Ich halte ihn für klug genug, die Situation auch einmal vorurteilsfrei und ohne allzu emotionale oder kleinkarierte Aspekte zu sehen. Vielleicht bekommen wir einmal einen Besseren, aber momentan ist er durchaus in Ordnung, nachdem Haider 20 Jahre lang die Funktionäre eigentlich entmündigt hat. Denn es war wirklich kein Spaß mehr, Delegierter zu sein – ich war nie Delegierter, ich war nicht einmal Mitglied – denn es ist wohl wirklich nicht lustig, um vier in der Früh in einen Bus gezwängt zu werden, zu irgendeinem Parteitag gefahren zur werden, dort als Abstimmungsmaschinerie irgendeinem Programm zu lauschen und nicht einmal dort weggehen zu können, weil der Bus wartet. Das Publikum, das sich da diesem Ritual ausgesetzt hat, ist schon ein spezielles. Es musste 20 Jahre lang applaudieren und kuschen und jetzt kommt fast mit einer gewissen revolutionären Empörung, so wie in der Französischen Revolution, oder im Spanischen Bürgerkrieg, die Rache des kleinen Mannes, der sich an allen möglichen Großkopferten rächt. Und die einen schließen den aus und die anderen schließen den aus und dem drehen wir den Saft beim Telefon ab und den schmeißen wir aus dem Büro. Das ist der Rosenkrieg. Und das ist, glaube ich, die Gefahr. Eine Partei, die eine breitere Basis mitbringt, und das ist die alte FPÖ im Vergleich zum

BZÖ, ist dieser Gefahr natürlich mehr ausgesetzt. Sie ist von diesen Strukturen, mit all der Dynamik, die ihnen innewohnen, mehr geprägt. Und natürlich wird jede Ungeschicklichkeit von den Medien, sie brauchen da nicht einmal jetzt böswillig sein, allein aus der Mediengesetzlichkeit heraus vergrößert. Dadurch entsteht der Eindruck, dass doch nur lauter kleinkarierte Verrückte unterwegs sind.

Mölzer: Das sehe ich auch so. Eines meiner Prinzipien ist, ja nur keinen Streit vermeiden, wobei ich da durchaus auch Lustgewinn aus Kämpfen ziehe. Aber, das ist natürlich unwichtig, verglichen mit dem Eindruck, der beim Wähler entsteht, der einen völlig verwirrenden Vorgang vor sich hat und jede Lust verliert, da eine positive Stimme abzugeben.

Höbelt: Ich glaube, da sind wir einer Meinung. Wenn bei all dem unübersehbar der Eindruck entsteht, es geht nicht um weltbewegende Themen. Wenn ich wegen des Türkei-Beitritts irgendeinen Zirkus mache, so ist das ein Thema, das für die Zukunft Europas auf Jahrzehnte und Jahrhunderte bestimmend ist. Wenn ich aus dem Grund sage, dass ich austrete, so ist das in Ordnung. Das Problem ist aber, wenn ich deshalb austrete, weil die Steuerreform im Sommer oder im Winter stattfindet, oder wegen eines Staatssekretärs, an den sich ohnehin niemand mehr erinnert, ob er blau oder orange ist, oder wer ein Parteibüro bekommt, dann mache ich mich lächerlich. Es wurde auf beiden Seiten gestritten, zum Streiten gehören immer zwei. Und es wurde um Dinge gestritten, die es eigentlich nicht wert sind. Das hat der Wähler mitbekommen. Man kann sich taktisch noch so ungeschickt verhalten, wenn man wenigstens den guten Willen für eine größere Sache hat.

Mölzer: „Die orange Abspaltung ist nicht Teil einer großen Strategie, sondern nur Haiders Laune."

Mölzer: Das ist schon richtig. Aber ich glaube, dass die Masse der Österreicher, insbesondere der freiheitlichen Wähler, klar sieht, dass die Abspaltung jetzt nicht einmal Teil einer großen Strategie ist, sondern den Launen und Eitelkeiten des bisherigen Kärntner Landeshauptmanns entspringt.

Höbelt: Das ist der einzige Vorteil der Situation. Mit dieser, politisch gesprochen, einfachen Fehlkalkulation, nämlich der Überlegung, mit diesem Absprung würden Erfolge tatsächlich stattfinden …

Mölzer: Du siehst das also als Fehlkalkulation an sich an.

Höbelt: Ja. Allein die Tatsache, dass die beiden großen Landesgruppen Oberösterreich und Steiermark im ersten Schock gesagt haben, na ja, wenn es nicht anders geht, dann machen wir mit und nach einiger Überlegung gesagt haben, nein, wir wollen doch nicht, zeigt, dass alles taktisch sehr schlecht vorbereitet war. Bis hin zu dem Punkt, den man als Vorwand für den Absprung gesucht hatte. Man hätte sagen müssen: Mölzers Ausschluss ist ungültig. Ihn zuerst als gültig zu erklären und dann doch beleidigt zu sein, das sind alles Dinge, die auffallen. Und ich halte es für eine Fehlkalkulation, ich glaube dieses Thema ist vorbei. Mag sein, das ist eine Frage der Statistik, dass mit Kärntner Rückenwind und irgendwelchen Überlegungen sich einmal vier Prozent ausgingen, das wäre wirklich möglich.

Mölzer: Aber ähnlich wie beim Liberalen Forum kein zweites Mal, würde ich sagen.

Höbelt: Ich glaube, das ist umfragemäßig nicht zu erfassen, denn selbst die besten Umfragen haben eine Schwankung von zwei Prozent. Das geht nicht. Aber mittelfristig braucht man sich über diese Variante keine Sorgen und auch keine Hoffnungen zu machen. Die Frage ist wirklich nur, ob die FPÖ überleben wird. Und da besteht eine gewisse Versuchung von Seiten der „Knittelfelder“ oder mancher Funktionäre, gerade solcher, die sich lange entmündigt fühlten, dass man nun sagt, jetzt gehört die Partei uns und jetzt werfen wir alle anderen raus und machen unseren eigenen Verein.

Höbelt: „Die FPÖ muss Signale setzen, dass sie das Lager in seiner ganzen Breite abdeckt.“

Auf der anderen Seite gibt es wirklich die Chance, jetzt endlich eine Post-Haider-Partei auf die Beine zu stellen, die alle Komponenten der FPÖ umfasst, die psychologisch und taktisch aus den unterschiedlichsten Ecken kommen. Mit jenen, denen aus dem einen oder anderen Grund diese Haider'sche-Strategie, bei all seinen Verdiensten, schon lange nicht mehr vernünftig erschienen ist. Diese Personen gibt es ja wirklich in allen Flügeln des Lagers. Ich möchte jetzt keine Personen nennen, die sollen sich selber melden. Wenn auch vielleicht mehr aus dem Bereich der nicht mehr aktiven Politiker, weil sich die Aktiven meisten für Schweigen entscheiden und sich alle Optionen offen halten, was auch vernünftig so ist. Und da muss man momentan den Blick auf den Wähler richten, der Funktionär hat vielleicht eine andere Erwartungshaltung. Beim Wähler kommt wahnsinnig gut an – und das ist vollkommen richtig – maxima culpa zu sagen. Wir haben alle wahnsinnige Fehler gemacht, wir haben ein fürchterliches Spektakel geboten, wir haben die Priorität falsch in den internen Bereich gesetzt, wir haben also irgendwelche kleinen Streitigkeiten fürchterlich eskalieren lassen, wir haben dann immer wieder nach Sündenböcken gesucht, beim Koalitionspartner oder intern, Rot-Grün hat sich über uns einen Ast abgelacht und so kann es nicht weitergehen.

Es gibt sogar, wenn auch noch sehr früh, Umfragen in der Richtung, dass fast 30 Prozent der Österreicher die mit der Vorstellung, dass es nur mehr ein schwarz-rot-grünes Parlament gäbe, sehr unzufrieden wären. Und ich glaube, dass es eine Chance gibt. Mittel- und langfristig kann nur die FPÖ dieses Vakuum füllen. Wenn sie aus irgendwelchen Gründen nicht in der Lage ist, diese Chance zu nützen, geht sozusagen die zweite Chance verloren. Wenn beide Chancen nicht genützt werden, dass sich beim übernächsten Mal sozusagen die vernünftigen Elemente wieder zusammentun, ist die Gelegenheit vorüber. Denn wegen der Energie, die gebraucht wird, um einen neue Gruppierung aus der Taufe zu heben, finden sich nicht so viele Leute, die Zeit und Geld in eine solche Operation investieren. Drum würde es mich sehr freuen, wenn die momentane FPÖ mit dem einen oder anderen Schnitzer oder Fehler diese Chance nützt. Sie muss dafür nur irgendwelche, wie immer in der Politik und in der Öffentlichkeitsarbeit, primär symbolische Möglichkeiten finden, deutlich zu machen, dass sie auch wirklich dieses Lager in seiner gesamten Breite abzudecken bereit ist.

Mölzer: Da sind wir weitestgehend gleicher Meinung. Auch ich glaube, dass es der künftigen Parteiführung gut anstünde, beim Wähler Entschuldigung zu suchen, um Verzeihung zu bitten für diese ganzen Krämpfe und Kämpfe. Ich glaube auch, dass man die Breite signalisieren muss, das ist völlig klar. Und ich glaube wie Du auch, dass jetzt in all diesen Krämpfen die Chance besteht, eine Post-Haider'sche FPÖ aufzubauen, was jetzt einmal das Wichtigste ist. Aber, und da trennt uns doch eine gewisse Haltung, Du siehst es doch in erster Linie als Aufgabe oder als Versuch an, weiter zu regieren, mitzuregieren, wenn ich Dich jetzt interpretieren darf. Ich glaube als Realist und als gelernter Österreicher, so sehr ich das wünsche, so schön es ist, wenn man jemanden in der Regierung hat und viele Dinge verwirklichen kann, dass das nicht möglich sein wird. Hilmar Kabas, der interimistisch die Partei in dieser schweren Zeit fast als Scharfrichter führte, der die Leute rausschmeißen musste, was ja nicht sein Vergnügen war, hat da in einer internen Diskussion einmal ein kluges Wort gesagt: Er hat gesagt, dass er die Steger-Mitregierungsperiode miterlebt hat, dass er die jetzige Mitregierungsperiode unter Riess-Passer und unter Haubner erlebt hat und dass er manchmal das Gefühl hat, als wäre die FPÖ nicht wirklich regierungsfähig. So weit will ich nicht gehen, weil ich unsere Leute weder für dümmer, noch für moralisch schlechter halte. Im Gegenteil, ich halte sie sogar für besser. Aber es gibt irgendwo systemimmanent eine gewisse Schwierigkeit. Denn es hat die FPÖ unter Steger ja wirklich nicht die ganze Legislaturperiode durchgehalten. Und sie ist auch jetzt hart daran, vor dem Wähler dieses Bild abzugeben. Darum stellt sich für mich die Frage, ob es nicht ehrlicher wäre, auch vor dem Wähler, zu sagen, wir möchten natürlich gestalten, wir möchten natürlich regieren. Aber jetzt müssen wir uns einmal ins Trockendock zurückziehen, um dieses Schiff wieder klar und flott zu machen.

Höbelt: Im Vergleich ist die FPÖ – und den Grünen ginge es sicherlich ähnlich – weniger regierungsfähig, außer auf der Landesebene, wo alles immer sehr schön ist und nur Geld verteilt wird. Denn hinter Rot und Schwarz, bei aller Souveränität, die sich Leute wie Raab, Kreisky und Schüssel erarbeitet und erkämpft haben, stehen eben doch starke Interessensgruppen, die der Souveränität der politischen Entscheidungen durch einen noch so tollen Obmann gewisse Fesseln anlegen. Auch wenn ein Kreisky alle Ideen, die Haider gehabt hat, auch gehabt hätte, die SPÖ hätte sie ihm nicht durchgehen lassen in der Art und Weise, wie es die FPÖ bei Haider getan hat. Es stimmt schon, dass insofern diese wenigen, nicht auf Interessensgruppen basierenden Parteien weniger administrationsfähig sind. Ich glaube, es geht gar nicht so sehr darum, ob wir jetzt nach der nächsten Wahl weiter regieren oder nicht. Sind wir uns ehrlich: Sollten wir alle unser Vermögen auf einen Ausgang der nächsten Wahl wetten müssen, glaube ich wären wir gut beraten, auf ein Rot-Grün zu tippen. Ich glaube, das Wesentliche ist nicht so sehr, ob wir die Wahlen gewinnen oder verlieren – da wird sich in dem verbleibenden Jahr auch nur mehr wenig machen lassen – sondern dass man nicht den Eindruck erwecken darf, dass das eine Truppe ist, die für die Regierung eben prinzipiell nicht geeignet ist. Denn dann fürchte ich, werden sich auf Dauer wenige Wähler finden, die, nachdem es ja immer um irgendwas in der Politik geht, eine Gruppe wählen, von der sie von vornherein wissen, dass sie damit in der Politik wenig bewegen können. Eine Partei, die aus der Opposition heraus etwas bewegen will, das geht. Haider hat das, Hut ab, in den 90er Jahren vorgezeigt. Aber dazu muss ich gar nicht einmal so sehr in absoluten Zahlen groß sein, sondern ich muss in Wachstumsraten groß sein. Haider hat, egal ob wir jetzt 10, 15 oder 20 Prozent hatten, durch das Wachstum die Leute in den 90er Jahren wirklich eine Zeit lang vor sich her getrieben. Das kann man jetzt, wie immer sich die FPÖ positioniert, wohl nicht erwarten. Die FPÖ wird, wenn es gut geht, zwischen 5 und 10 Prozent pendeln. Aber das ist nichts Schlechtes. Das hatte sie vorher auch. Vorher haben wir nie regiert, jetzt waren wir in der Regierung, das ist gar nicht schlecht. Nur: aus der Opposition heraus etwas zu erreichen, wird sehr schwer werden. Da sind die Grünen wohl eher der Angstgegner, von dem die anderen sagen, die Jungen, die besser gebildeten Jungen laufen denen zu. Wir haben eine Menge Leute, die zwar nicht viel im Kopf haben, die aber formal Maturanten sind und die da hingehen. Ich habe eher vor denen Angst, in Wien zum Beispiel. Das werden wir nicht schaffen. Und ich glaube, wenn sich die Chance bietet, eine bürgerliche Mehrheit zustande zu bringen, muss die FPÖ als regierungsfähig erscheinen. Jeder Versuch zu sagen, die mögen ja da und dort Recht haben und sie sind ein notwendiges Korrektiv und all das, was uns die Journalisten momentan ums Maul schmieren, ist auf diese Art: aber bitte raus aus der Regierung und bitte wieder die Große Koalition. Die Großkoalitionäre sind, momentan diejenigen, die jeden „blauen Fundamentalisten" bis zum Gehtnichtmehr streicheln. Es geht nicht um die Situation 2005/2006, es geht darum, was als Fazit dieser Epoche übrig bleibt. Wenn übrig bleibt, dass das ganz interessante, lustige Leute sind, die ein bisschen verrückt sind, man mit ihnen aber nicht regieren kann, dann kippt das politische System in eine andere Richtung. Und das wird auf den Wähler notwendigerweise Rückwirkungen haben. Denn der Wähler wählt auf die Dauer nicht eine Truppe, von der er weiß, sie bewirkt nichts. Und darum beharre ich so auf dem, dass sich die FPÖ möglichst konstruktiv geben muss und sich nicht den Schwarzen Peter zuschanzen lassen darf, dass sie am Scheitern einer bürgerlichen Regierung schuld ist.

Wenn wir die Wahl verlieren, würde ich mich nicht freuen, aber das kommt in der Demokratie vor. Aber dann muss im Jahr 2010 theoretisch die Chance gegeben sein, wie in Deutschland, dass man nach Rot-Grün wiederkommt. Wenn man von vornherein sagt, wie die ÖVP in den 70ern, die Alternative zur roten Alleinregierung ist erst wieder die Große Koalition, dann haben alle gesagt, nein, dann bleiben wir gleich beim Kreisky. Und das ist es, was ich fürchte, dass sich eine Situation ergibt, wo man es leicht plausibel machen kann, dass man mit denen nicht regieren kann. In den letzten Jahren hatten alle Gruppen innerhalb der FPÖ genügend Anschauungsmaterial geliefert, mit dem man das einmal oberflächlich plausibel behaupten könnte. Dann fürchte ich, sind auch die Chancen bei Wahlen auf Dauer beschränkt, weil sich der Wähler über die eine oder andere Regierung ärgern wird – sagen wir es konkret, er wird sich über Rot-Grün ärgern – und er wird sich fragen, wen er wählen soll, damit er eine andere Regierung bekommt. Und dann wird er sagen, die Blauen mögen Recht haben, aber mit denen geht's nicht, wir müssen einen anderen wählen.

Mölzer: „Die FPÖ hat in den Jahren 2000 bis 2002 Regierungsfähigkeit und Regierungswürdigkeit bewiesen."

Mölzer: Da sind wir an einem interessanten Punkt angelangt. Wenn man das so aus dieser Warte erklärt, hat das viel für sich, dass man wirklich fast um jeden Preis die eigene Regierungsfähigkeit, behaupten muss. Ich habe selber in den ersten oder nach den ersten zwei Jahren der Koalition Schüssel/Riess mehrfach geschrieben, dass die FPÖ nun entgegen allen politisch korrekten Kritikern bewiesen habe, sie sei regierungsfähig und regierungswürdig. Weil die Rauschers und Co ja gesagt haben, da kommen dann der Faschismus, der Führerstaat und alles das. Wie gesagt, nichts ist passiert, im Gegenteil, man hat sich zum Teil politisch korrekter Verhalten als andere, weil man brav sein wollte. Ich glaube, diese Regierungsfähigkeit und -würdigkeit ist natürlich dann durch Knittelfeld und auch durch die jetzigen Ereignisse in den Hintergrund getreten. Ich sehe auch schwere Versäumnisse beim Kärntner Landeshauptmann, weil er ohne die Verantwortung zu tragen alles bestimmen wollte und zum Teil aus meiner Sicht mediokre Leute, vor allem in der zweiten Phase, in die Regierung geschickt hat. Schau, der Dieter Böhmdorfer, da kann man vieles einwenden, seinen Verschleiß an Mitarbeitern und, und, und, aber ich halte ihn für einen exzellenten Justizminister. Die Frau Miklautsch, sagen wir so, ist für mich nicht so interessant, weil ich mich in keiner Weise mit ihr identifiziere.

Höbelt: Da falle ich Dir jetzt ins Wort, um Dir Recht zu geben. Natürlich, in der zweiten Mannschaft war meines Erachtens die sehr nette Schwester, die wirklich nur die Aufgabe hatte, Mediatorin zu sein. Diese Aufgabe hat sie nach bestem Wissen und Gewissen erfüllt, aber sie hatte nicht die Aufgabe, nach außen etwas zu kommunizieren. Der Gorbach, ist wie Du weist ein sehr netter politischer Manager, aber keine Integrationsfigur der Partei. Und ich glaube, die Chance im bürgerlichen Bereich jenseits der ÖVP sich zu positionieren, war wirklich auf die Figuren Riess-Passer und Grasser konzentriert.

Mölzer: Darf ich Dich korrigieren? Ich glaube, dass war ein guter Mix zwischen Leuten aus der Entourage des Herrn Landeshauptmann, die sich als fähig erwiesen haben, nehmen wir die vor allem Riess-Passer und gestandenen Persönlichkeiten aus dem Dritten Lager, Waneck, Haupt und Böhmdorfer.

Höbelt: Ja, das war eine gute Mischung. Diese Regierungsmannschaft hat wirklich eine Akzeptanz gefunden, die vielen Linksintellektuellen die „Grausbirn“ hat aufsteigen lassen, nämlich dahingehend, die werden wir nicht mehr los. Da gibt es alle möglichen Anekdoten in der Richtung. Diese Akzeptanz gekippt oder in Gefahr gebracht zu haben, wobei ich niemanden von vornherein böse Absichten unterschieben möchte, war ein schwerer politischer Fehler. Nur es hat keinen Sinn, über vergossene Milch zu weinen. Knittelfeld zu analysieren ist sicher interessant für die Historiker, aber das ist nicht das Problem jetzt. Das ist einmal geschehen und wir kommen auf dieses Niveau nicht wieder und das ist es jetzt. Die Susanne (Riess-Passer, Anm.) möchte nicht in die Politik zurück. Den Haider möchten wir nicht in der Politik zurück! Diese Ära ist, wie immer man auch dazu steht, vorbei. Als Haider antrat, hatten wir, mit einem Blick auf Europa, wie ich glaube, eine gewisse Aufbruchstimmung in dem Sinn, fast so wie bei der Lotto-Werbung: Alles ist möglich. Der Eiserne Vorhang ist plötzlich zerrissen, die Verstaatlichte Industrie geht pleite und muss verkauft werden, die SPÖ verliert die Arbeiterschaft. Das waren lauter Entwicklungen, wo man gesagt hat, hoppla, jetzt ist alles möglich. Inzwischen hat Europa zu einer neuen Stabilität und Ordnung gefunden, die sehr schwierig ist. Rein analytisch ist schwer zu fassen, was noch gut und schlecht ist, es ist sehr diffus. Aber sie verstärkt für die Innenpolitik die Perspektive des Wählers: Wichtig ist nur, wer regiert, weil in Brüssel eben die Regierungen den Ton angeben. Wem sag ich das. Daher wird die Idee, wir sind mit einer kleinen lustigen Oppositionspartei im Spiel, in Brüssel negiert. Das trifft zum Beispiel in Italien die Christdemokraten, die auch nicht wissen, was Berlusconi hinter ihren Köpfen macht. Aber es trifft auch überall anderswo die Kleinen und darum glaube ich, dass eine Partei, die nicht glaubhaft machen kann, dass sie mitregiert, es schwierig hat. Taktisch kommt aber als zweites dazu – es war vielleicht das Schöne am Wahlergebnis 1999 – dass durch diesen Gleichstand und doch Vorteil der FPÖ, man allenfalls machen konnte was man wollte. Die Versuchung, die darin lag war, dass die FPÖ dann doch auf den Kanzleranspruch langfristig verzichtet hatte.

Höbelt: „Die Freiheitlichen in der Regierung wussten nicht mehr genau, was sie eigentlich wollten."

Mölzer: Oder gekränkt war, dass sie ihn nicht hatte?

Höbelt: Das hat irgendwie jene Option verbaut, die für einen Juniorpartner ideal ist: Nämlich dem großen Koalitionspartner, dem muss man sehr genau auf die Finger schauen, aber der Kanzler ist tabu. Dass ist das, womit sich die FDP immer über die Hürden gerettet hat: Wer Helmut Schmidt wirklich helfen will, wählt uns und nicht die SPD. Wehe, er hat eine absolute SPD-Mehrheit, dann würden ihn seine eigenen Leute blockieren. So ungefähr war das. Und in vielen Ländern haben wir dieses System, dass man sagt, ich muss den Spitzenmann, der eine gewisse Strahlkraft hat, gegen die Betonköpfe seiner eigenen Partei retten. Was uns in dem Fall Schwierigkeiten gemacht hat war, dass sich Schüssel, in zweiter Linie vielleicht noch Bartenstein, vom Bauernbund und ÖAAB und all diesen Leuten relativ emanzipiert hat. Diese ÖVPler waren jene, die uns sozusagen am nächsten waren. Sie waren hier vielleicht auch wählerwirksam und daher gefährlich, aber gerade diese Figuren zu Gegnern zu stempeln, zu sagen, da muss man aufpassen, das war falsch.

Mölzer: Aber bei allem Respekt, es ist natürlich zu wenig, in einer Partei zu sagen, o.k. wir peilen auf Dauer die Funktion eines Mehrheitsbeschaffers in einer Mitte-Rechts-Koalition an. Die Stärksten werden wir nicht, aber wir wollen mitregieren und wir peilen das an. Das ist schon gut. Man muss aber doch, wenn man das macht, dieses Anpeilen der Regierungsfähigkeit zumindest auf der Basis gewisser Inhalte und gewisser Ideale agieren. Dass man etwa sagt, Freunde wir wollen mitregieren, aber wir stehen für die Freiheit der Meinungsäußerung, für das Eintreten gegen political correctness, wir stehen auch für die deutsche Identität dieses Landes, wir stehen für unser Heimatbewusstsein, für unsere Volkskultur usw.

Höbelt: Absolut, aber man muss dann nur klar sagen, was man will. Das Problem ab einem gewissen Zeitpunkt der freiheitlichen Regierungsbeteiligung, wobei ich das nicht einmal so sehr mit Knittelfeld ansetzten würde, war ein Verschleißprozess, der da begonnen hat, dass die Freiheitlichen eigentlich nicht mehr genau wussten, was sie wollten. Die haben sich immer nur beschwert, dass sie es nicht bekommen haben.

Mölzer: Die Minister und Staatsekretäre selbst am aller wenigsten.

Höbelt: Ja überhaupt, ich meine, wir können da beide Anekdoten erzählen von der Akademie. Das letzte, was unsere Regierungsbüros wollten, war irgendwas inhaltlich festlegen zu müssen. Wir haben immer gesagt, machen wir eine Veranstaltung um unser Programm. Die Antwort lautete, nein, am besten kein Programm. Und das Einzige, was immer wieder herauskam, und das ist irgendwie das Tragische daran, es waren sich alle innerparteilichen Strömungen, Lager und Cliquen nahezu einig, dass wir sozialer sein müssen als die ÖVP, ohne zu realisieren, dass es da schon die SPÖ gibt. Wenn ich unbedingt sozialer sein will als die ÖVP, dann habe ich mit der SPÖ einen Partner, der auf dem Gebiet schwer zu schlagen ist. Zumindest medial. Man kann jetzt sagen, viele der Strategien, die die SPÖ in dem Bereich macht, sind funktionärslastig und gar nicht so günstig…

Mölzer: Lothar, wenn ich marktwirtschaftlicher sein will als die Wirtschaftspartei ÖVP, erleide ich aber das selbe Schicksal.

Höbelt: Zum Teil. Ich würde sagen, das ist in der Realität besser begründet, weil die ÖVP und der freie Markt, das ist ein wirklich leidiges Thema. Ich muss mich wahrscheinlich als kleine Partei auf relativ wenige Themen konzentrieren, und diese konsequent wahrnehmen. Wenn man zum Beispiel zum Thema Asylgesetz sagt, gut ich habe diese und jene Forderungen, und diese versuche ich jetzt lange Jahre hinter verschlossenen Türen durchzusetzen, dann werde ich sogar Erfolg haben, glaube ich. Nur, den ganzen legislativen Prozess zu verschlafen und dann fünf Minuten nach zwölf zu sagen, das passt uns nicht, wir hätten es lieber anders gehabt, das geht nicht.

Mölzer: Gut das spricht für das Mitregieren. Und das spricht für die Teilhabe am Diskurs in den gesamten Gremien, im Parlament und auch in der

Regierung. Ich bin durchaus Deiner Meinung, nur glaube ich und das ist mir ein Anliegen, dieser Anspruch auf Mitgestaltung in dieser Republik soll bestehen bleiben, aber auf der Basis eines festen Wertgefüges. Adaptierbar für die Zukunft hin und nach vorne offen! Wo man beispielsweise sagt, warum sind wir für soziale Politik? Weil wir aus einer gewissen nationalen Solidarität heraus für unsere Leute was tun wollen. Nicht für die Nigerianer, nicht für die Leute in Zentralanatolien, sondern für unsere Leute. Denn das ist unsere nationale Verpflichtung in sozialer Hinsicht. Also das, dass man weiß, warum man das tut.

Mölzer: „Die Freiheitlichen müssen politikfähig und berechenbar sein, aber durchaus mit inhaltlich radikalen Ansätzen."

Höbelt: Wir sind wahrscheinlich in vielen Dingen einer Meinung. Gegen eine inhaltliche Radikalität war ich selten. Was mich aber gestört hat, war die inhaltliche Beliebigkeit, die zu einer taktischen Radikalität konträr war: Ich weiß nicht, wofür ich bin, aber auf alle Fälle stelle ich einmal ein Ultimatum. Und für irgendwelche Unsinnigkeiten soll gleich die Regierung platzen. Also auf die Art, als ob es von Schüssel abhinge, ob die Tschechen jetzt ihr Atomkraftwerk zusperren oder nicht. Und wenn das nicht passiert, muss irgendwie die Welt sich ändern. Das geht nicht. Ich habe nichts gegen diese Utopien in der Politik und auch nichts gegen ziemlich radikale Ansätze. Im Gegenteil, man kann sie als langfristiges Ziel durchaus verfolgen, was bei uns aber schwierig war. Und Haider hat den Zeitgeist erfasst. Die Eventkultur neigt dazu, dass quasi alles sofort geschehen muss. Das heißt, dass es nicht darum geht, dass ich langfristig in 20 Jahren den Steueranteil auf so und so viel Prozent senken möchte, sondern dass übermorgen das Budget auf ein bestimmte Art und Weise beschlossen werden muss oder ich bin auf ewig sauer. Das geht nicht. Und ich fürchte, das war genau jener Pseudoradikalismus. Die FPÖ hat ganz selten in der Geschichte unter Radikalismen gelitten, ich glaube das kann man belegen. Sie hat in letzter Zeit unter diesem Pseudoradikalismus gelitten, dass man für nichts und wieder nichts große Krisen vom Zaun gebrochen hat, um in den wirklich wesentlichen Sachen dann ziemlich ohne Stimme zu sein. Ich meine, beim Türkei-Beitritt hätten wir bei der letzten Regierungsbildung verhandeln können, ob man da nicht irgendwas macht.

Mölzer: Da waren sie zu kurzsichtig.

Höbelt: Ja, weil in diesem Fall hätten wir einen guten Grund gehabt zu sagen, tut uns leid, schade, wir fragen den Wähler, was er dazu denkt.

Mölzer: Das heißt also, wir sind eigentlich dafür, dass diese Partei, dieses Lager sich positiv, regierungsfähig in diese Politik und in die politische

Landschaft der Republik einbringt. Ich sage, dass sie durchaus auch mit radikalen inhaltlichen Ansätzen an diese Aufgabe geht, allerdings vernünftig und politikfähig.

Höbelt: Man muss sich immer die Situation des Jahres 2006 vor Augen halten, was der FPÖ halt immer so ein bisschen ihre Komplexe beschert hat: Wir sind der größere Partner, also können wir theoretisch alles durchsetzen. Wie immer das damals war, es ist vorbei. Wir sind ein Partner der, wenn wir wieder in eine Regierung kommen, so im Verhältnis 1 zur 6, oder 1 zu 8 oder irgendwo so dastehen wird …

Mölzer: Optimist.

Höbelt: Das heißt, da muss man sich dann wirklich auf einige wenige wesentliche Dinge beschränken.

Mölzer: Aber für die muss man dann auch kämpfen, allenfalls unter Aufgabe von Ministerposten.

Höbelt: Ja, das war ja die Sache, die muss ich dann im Regierungsabkommen festlegen. Ich meine, im Jahr 1983 gab es offenbar gar kein Abkommen, im Jahr 2000 war es sehr zusammengeschustert, auch personell, das war alles sehr schnell, da hätte man sich vielleicht mehr Generalstabsarbeit vorher erwartet. Im Jahr 2003, gebe ich zu, waren wir in einer gewissen schwachen Verhandlungsposition, dass so viel gar nicht möglich war. Aber ich muss mir das eben vorher überlegen.

Univ.-Prof. Dr. Lothar Höbelt
lehrt an der Unversität Wien. Seine Forschungsschwerpunkte sind die frühe Zeitgeschichte und das Parteiensystem in der Monarchie und in der Ersten Republik. Höbelts Habilitation „Kornblume und Kaiseradler“ befasste sich mit der Geschichte des Dritten Lagers in der K.u.K.-Monarchie.

Andreas Mölzer
ist ZZ-Chefredakteur und Herausgeber und seit 2004 Mitglied des Europäischen Parlaments. Er verfasste mehrere Bucher und zahllose Zeitungsartikel über das Dritte Lager.

Am Beginn einer Schlammschlacht

ANDREAS MÖLZER
IM ZZ-EDITORIAL VOM 15. APRIL 2005

Vor 13 Jahren war es, als der Autor dieser Zeilen vom Parlament hinüber zum Presseklub Concordia eilte, um an einer Pressekonferenz teilzunehmen. Heide Schmidt hatte mit vier weiteren Abgeordneten eine solche anberaumt, um überraschend ihre Abspaltung von der FPÖ bekanntzugeben. Gemeinsam mit Friedhelm Frischenschlager, der längst vergessenen Vorarlbergerin Klara Motter und dem Rössel-Wirt Helmut Peter gab sie die Gründung des Liberalen Forums bekannt. Der Autor dieser Zeilen stand unter den Journalisten und fand allein deshalb eine gewisse Beachtung, weil er – Sie entsinnen sich des Wirbels um die „Umvolkung" – als Auslöser dieser Abspaltung galt. Besonderes politisches Gelingen und großes Glück war dieser Abspaltung bekanntlich nicht beschieden. Heute entsinnt man sich ihrer kaum mehr.

Dieser Tage nun, konkret am Montag, dem 4. April, eilte der Autor dieser Zeilen wiederum zu einer Pressekonferenz: Kurioserweise ausgerechnet in die Wiener Urania,

Bild: „Kronenzeitung", 5. April 2005

Bild: „Kurier", 8. April 2005

wo normalerweise das bei Kindern so populäre Kasperltheater gegeben wird. Und auch diesmal gab es Marionetten-Theater, nämlich das des Jörg Haider vor oranger Kulisse und in oranger Gewandung, wobei wiederum eine Abspaltung von der FPÖ einigermaßen überraschend bekanntgegeben wurde. Und einmal mehr erfreute sich der Autor dieser Zeilen der zweifelhaften Aufmerksamkeit der Medien, da er auch diesmal wiederum als Auslöser für diese Abspaltung galt. Seine Kritik an der Regierungsmannschaft und an der Parteiführung hatte bekanntlich vor wenigen Wochen zur Dauerkrise der FPÖ geführt, weil es der einstigen Parteispitze nicht gelang ihn auszuschließen. Nun glaubte man offenbar, mit einer eigenen Parteigründung die lästigen Kritiker und die ideologisch fundierten Freiheitlichen hinter sich lassen zu müssen.

Und naturgemäß war es da naheliegend, sich daran zu erinnern, dass Parteiabspaltungen, bei deren Bekanntgabe Andreas Mölzer anwesend ist, offenbar kein großes Glück beschieden ist. Tatsächlich scheint sich dieses einigermaßen kurios-zeitgeistige „Bündnis Zukunft Österreich" zu einem „Bündnis ohne Zukunft" zu entwickeln. Der Start war nämlich eine glatte Bauchlandung, und die großen, dahinter stehenden Schlaumeier, Haiders einstiger „Mann fürs Grobe"

Die Dinosaurier, kurz vorm Aussterben

Bild: „Kurier", 9. April 2005

Bild: Ausriß „Kleine Zeitung", 6. April 2005

Auf in die Zukunft

KARIKATUR: PIETRO R. HAUSN

Gernot Rumpold und sein unappetitlicher langjähriger Pressemann Karl Heinz Petritz (mit Geburtsnamen Jože Petri) haben einmal mehr bewiesen, dass sie als politische Strategen nichts taugen. Ihren letzten grandiosen Fehlschlag legten sie nämlich bei der vorjährigen Europawahl hin. Damals ging die Kampagne für den famosen Hans Kronberger nämlich auf ihre Rechnung (im doppelten Wortsinn).

Haider dürfte den in den Umfragen nicht sonderlich glänzend dastehenden Bundeskanzler für die Fortsetzung der Koalition gewonnen haben, indem er ihm zuvor versichert hatte, dass das Ganze bloß ein Neustart der Freiheitlichen sein werde und dass die Partei ohnedies mit fliegenden Fahnen zum orangen Bündnis überwechseln werde, man einzig und allein einige „rechte Narren" zurücklassen wolle. Und dies möglicherweise mit Millionenschulden, was auch noch sehr angenehm sein könnte. Beide, Schüssel und Haider, scheinen sich aber getäuscht zu haben. Die von Schüssel erwartete Stabilität ist keinesfalls gegeben, und die von Haider erhoffte allgemeine Bejubelung seiner Neugründung blieb ebenfalls aus.

Im Gegenteil, der Parlamentsklub, von dem man erwartet hatte, dass er – mit Ausnahme von Barbara Rosenkranz – geschlossen übertreten würde, bleibt gespalten und unschlüssig. Die Landesgruppen bleiben mehrheitlich bei der freiheitlichen Fahne und selbst jene, deren man sich sicher war, nämlich Oberösterreich, Vorarlberg, sowie Steiermark und Kärnten, zögern. Die Steiermark ist in der großen Mehrheit längst auf FPÖ-Kurs zurückgeschwenkt, in Oberösterreich sind zwei Drittel der Parteibasis gegen den Plan des Landesparteiobmanns zu Orange zu wechseln, und selbst in Kärnten – das traf den Bärentaler böse – haben sich aufrechte Alt-Freiheitliche und die Parteijugend sowie das gesamte Vorfeld des Dritten Lagers zusammengetan, um zu demonstrieren, dass keine Rede davon sein könne, dass das karantanische, freiheitliche Lager geschlossen hinter Haider stehe.

Von den Abspaltern werden Gräben aufgerissen, die nicht mehr zu schließen sind. Wozu auch, will doch die neue Truppe mit dem national-liberalen Lager nichts mehr zu tun haben.

Wie das bei Bruderkriegen so ist, bahnt sich nun eine Schlammschlacht dramatischsten Ausmaßes an. Da werden die einen als „selbstzertifizierte, ideologische Tiefwurzler" abgekanzelt und den anderen rät man, ihre künftige Parteizentrale doch gleich „im Heizraum" des Schwulen- und Lesben-Zentrums aufzuschlagen. Jedenfalls werden damit von den Abspaltern Gräben aufgerissen, die nicht mehr zu schließen sind. Wozu auch, muß man fragen, handelt es sich bei der neuen Gruppierung doch ganz offensichtlich um eine Nachfolgepartei des eingangs zitierten Liberalen Forums, das nichts mehr mit dem nationalen und auch nichts mehr mit dem klassischen liberalen Lager zutun haben will. Und auf der anderen Seite steht die Freiheitliche Partei als dramatisch geschwächte Vertreterin des klassischen Dritten Lagers, das um sein Überleben kämpft. Schwere Zeiten sind angebrochen.

„Hin zu den Menschen – zurück zu den Werten“

Leitantrag an den 27. Ordentlichen Bundesparteitag der FPÖ am 23. April 2005 in Salzburg

VON LABG. HEINZ-CHRISTIAN STRACHE, FPÖ-LANDESPARTEIOBMANN WIEN

I. Wir entschuldigen uns.

Politische Verantwortung bedeutet nicht nur, seine Fehler zu erkennen und aus ihnen zu lernen.

Sie bedeutet auch, für sie einzustehen.

Ja, es stimmt – wir haben Fehler gemacht, und wir entschuldigen uns dafür:

- bei den Menschen im Land.
- bei jenen Wählern, die sich von uns abgewandt haben und jenen, die uns noch immer die Treue halten.
- bei den kleinen Funktionären, die auslöffeln mussten, was wir ihnen eingebrockt hatten, die am Stammtisch, bei Hausbesuchen und auf der Straße sprichwörtlich die Schläge einstecken mussten, die wir verdient haben.

Die FPÖ ist ein unteilbares Ganzes.

Daher trifft der Vorwurf uns alle.

Wir haben den Anschein zugelassen, wir würden die Sorgen und Nöte der kleinen Leute vernachlässigen.

Wir haben uns mit uns selbst beschäftigt, statt alle unsere Kräfte auf die Verwirklichung unserer Vorhaben zu konzentrieren.

Wir haben uns zu wichtig genommen und unseren Auftrag beinahe aus den Augen verloren.

Wir haben unsere Energien gegeneinander gewandt, statt sie auf den politischen Gegner zu richten.

Wir haben unsere Grundsätze nicht aufgegeben, aber wir sind ihnen nicht immer hinreichend gerecht geworden.

Wir haben den Menschen das Gefühl gegeben, nicht mehr für sie da zu sein und ihr Vertrauen nicht länger zu verdienen.

Wenn wir unsere Versprechen nicht einlösen konnten, haben wir es verabsäumt, die Gründe zu benennen und um Verständnis zu werben.

Wir sind Gefahr gelaufen, wie alle anderen zu werden, die an der Macht sind.

Viele kleine Leute haben große Hoffnungen in uns gesetzt.

Wir haben sie enttäuscht.

Wir haben den Eindruck erweckt, mehr gegeneinander zu kämpfen als für ihre Interessen.

Viele haben sich von uns abgewandt, ohne dass wir uns besonnen haben.

Wir, die wir Verantwortung tragen für unsere Gesinnungsgemeinschaft,

wir, die wir Verantwortung tragen für Österreich,

wir, die wir versprochen haben, die Lebenssituation der kleinen Leute zu verbessern,

sie gegen die Mächte des Groß-Kapitals, der Politik und der Bürokratie in Schutz zu nehmen,

wir, die Verantwortlichen, müssen uns schämen für das Bild des Chaos, das wir geboten haben.

Niemand ist schuld, dass wir fast zerbrochen und zersplittert wären, außer wir selbst.

Niemand hat uns schlechter behandelt als wir selbst.

Die Schuld liegt nirgendwo sonst als bei uns.

Lange haben wir aus unseren Fehlern nicht gelernt und das Wohlwollen Hunderttausender verspielt.

Wir haben solcherart unsere Existenzberechtigung in Frage gestellt und unsere Existenz riskiert.

Daran gibt es nichts zu rütteln.

Aber jetzt haben wir die Chance auf einen Neubeginn.

Schütten wir die Gräben zu.

Bestellen wir unser Haus.

Fangen wir neu an.

Fangen wir an wieder das zu tun, was die Menschen von uns erwarten.

Stellen wir uns nicht länger in den Mittelpunkt unseres Denkens und Strebens.

Mittelpunkt aller Anstrengungen können nur die Menschen in Österreich und Österreich in Europa sein.

Politische Verantwortung bedeutet nicht nur, seine Fehler zu erkennen und aus ihnen zu lernen, sondern auch sich bei denen zu entschuldigen, denen man sie zugemutet hat.

„Hin zu den Menschen – Zurück zu den Werten“.

Dieses Erfolgsrezept, das uns stark und groß gemacht hat, muss wieder zurück in unsere Köpfe und Herzen.

Wir bekennen uns zu unserer staatspolitischen Verantwortung als Regierungspartei, betonen aber gleichzeitig, dass die FPÖ ihrer Programmatik, ihren Funktionären, Wählern und Sympathisanten im Wort zu bleiben hat.

Jene Themen, welche die FPÖ groß und stark gemacht haben, müssen auf Basis des obigen Bekenntnisses weiter verfolgt und schrittweise umgesetzt werden.

II. Wir bleiben dabei: Österreich zuerst!

1. Verpflichtende Anerkennung der Leitkultur

Selbst in linksliberalen Blättern wird heute offen ausgesprochen, dass „sich insbesondere in Großstädten Parallelgesellschaften entwickelt haben. Ein Teil der Ausländer ist gar nicht gewillt sich zu integrieren. Einigen geht es vor allem darum, ihr Gastland auszunutzen. Ein Teil ist auch nicht bereit die Rechtsordnung zu akzeptieren. Das gehört offen angesprochen, ohne dass man in Verdacht gerät, ausländerfeindlich zu sein. Es ist auch notwendig, gegen diese Fehlentwicklungen vorzugehen." (Standard, 22.11.2004)

Die FPÖ ist dazu entschlossen.

Sie ist und bleibt die Partei des Österreichpatriotismus.

Ein solcher Österreich-Patriotismus äußert sich

- im Willen zur Eigenständigkeit und Zusammengehörigkeit der Österreicher
- im Willen zur Aufrechterhaltung von Menschenrechten, Rechtsstaatlichkeit und laizistischer Staatsordnung sowie
- im Anspruch auf die Geltung der eigenen Kultur als Leitlinie für das Zusammenleben der Menschen in Gesellschaft und Staat.

Ausländer müssen die hiesige Leitkultur anerkennen.

Dieser patriotische Anspruch verpflichtet zu Widerstand gegen Bestrebungen, Parallelgesellschaften entstehen zu lassen, deren Werte und Selbstverständnis im Gegensatz zur freiheitlich-demokratischen Leitkultur stehen.

Abgelehnt wird auch ein Verständnis von „Integration", das darin besteht, die heimische Kultur durch das Zusammenführen mit fremden Kulturen einem grundlegenden Wandel zulasten des sozialen Friedens und der österreichischen Identität auszusetzen.

Nicht alle Kulturen sind kompatibel, nicht alle Kulturen ohne Beschädigung ihrer Substanz miteinander vereinbar.

Wer hier leben möchte, muss daher auch Integrationswillen zeigen.

Sozialleistungen sind an Integrationserfolge zu koppeln.

Widrigenfalls sind staatliche Leistungen konsequent zu kürzen.

Integration wie wir sie verstehen heißt, dass Ausländer die hiesige Leitkultur anerkennen.

Bilder: MJH

Heinz-Christian Strache: Will die FPÖ zurück zum Erfolg führen

Wer unsere Rechts- und Werteordnung ablehnt, sie bekämpft oder zu ihrer Missachtung aufruft, für den ist in Österreich kein Platz.

Hier lebende Ausländer müssen die deutsche Sprache lernen und die auf der abendländischen Tradition beruhenden Grundwerte sowie die Gleichheit von Mann und Frau achten.

Diese Werte dürfen nicht einer multikulturellen Beliebigkeit geopfert werden.

2. Österreich ist kein Einwanderungsland.

Österreich ist wegen seiner Bevölkerungsdichte und seiner beschränkten Ressourcen kein Einwanderungsland.

Das Grundrecht auf Heimat, das wir fordern, gestattet daher keine unbeschränkte und unkontrollierte Zuwanderung nach Österreich.

Eine uneingeschränkte Zuwanderung würde die ansässige Bevölkerung hinsichtlich ihrer aktiven Integrationsfähigkeit überfordern und ihr Recht auf sozialen Frieden sowie die Wahrung und Schutz der eigenen Heimat gefährden.

Strache im Wiener Landtag: Tritt energisch für die Interssen der heimischen Bevölerung ein

Das Schutzinteresse der österreichischen Bevölkerung erfordert den Erhalt der vollen Souveränität in allen Ausländerangelegenheiten.

Die Einführung eines Punktesystems, das es gestattet, Zuwanderer nach ihrer kulturellen und wirtschaftlichen Integrationsprognose auszuwählen, erscheint als taugliches Instrument.

In Kanada wird schon heute jeder Einwanderungswillige nach Alter, Qualifikation, Sprachkenntnissen und Herkunftsland mit Punkten bewertet. Wer unter 70 von 100 möglichen Punkten bleibt, wird nicht aufgenommen. Auf diese Weise könnte die Zuwanderung von Personen kontrolliert werden, die ihrer Nationalität oder ihrem Glaubensbekenntnis nach kulturelle Probleme befürchten lassen.

3. Der Islamismus und seine Tolerierung ist eine Gefahr für alle offenen Gesellschaften.

Die geistigen Grundlagen des Abendlandes sind die Idee der Menschenwürde und der Grundfreiheiten, die daraus abgeleiteten Vorstellungen von Demokratie und Mitbestimmung und der Rechtsstaatlichkeit, die Idee der Solidarität sowie der Respekt vor dem Leben und der Schöpfung.

Durch vielfältige Strömungen sind diese Grundlagen jedoch gefährdet. Der zunehmende Fundamentalismus eines radikalen Islam und dessen Vordringen nach Europa bedrohen den Wertekonsens in der Gesellschaft.

Jeglicher Tendenz eines islamischen Fundamentalismus ist daher mit alle staatlichen Mitteln zu bekämpfen.

Der Konflikt zwischen Säkularität und religiöser Bestimmung der Gesellschaft kann nur zugunsten der laizistischen Staatsordnung entschieden werden.

Die Trennung von Kirche und Staat ist unaufhebbar.

Die Religionsfreiheit darf nicht dazu missbraucht werden, um den Rechtsstaat und die bürgerlichen Freiheiten zu bekämpfen.

Unsere Vorstellung von Leitkultur geht von einem Gemeinwesen aus, dessen Mitglieder durch eine gemeinsame Identität der Bürger verbunden sind.

Für diese Bürgeridentität, die über der religiösen Identität steht, haben die Bildungseinrichtungen zu sorgen.

4. Brücken zwischen den Generationen bauen

Ein Paradoxon unserer heutigen Gesellschaft: Je dichter Ballungsräume heute sind, desto mehr wächst auch die Einsamkeit der Individuen. Faktum ist: Die Lebensform „Familie" gerät im urbanen Bereich immer mehr unter die Räder. Die Generation der „Aktiv-Senioren" steht heute Jugendlichen gegenüber, die sich rasant wachsenden Herausforderungen in wirtschaftlich harten Zeiten stellen müssen und dabei immer stärker nach Orientierung ringen. Zwischen ihnen befinden sich die „Leistungsträger", die den täglichen Spagat zwischen beruflicher Herausforderung und Kinderbetreuung zu bewältigen versuchen.

Die Politik muss die Lebensform Familie aktiv fördern.

Die Politik hat hier nicht nur auf die spezifischen Anforderungen der jeweiligen Generationen Bedacht zu nehmen, sondern auch all jene Maßnahmen zu fördern, welche zwischen diesen Generationen Brücken bauen.

Anlass dafür bietet das heurige Gedenkjahr. Zwischen jung und alt muss es zu einem intensiven Gedankenaustausch kommen, den die Politik zu fördern hat. Darauf aufbauend soll Zug um Zug ein generationenübergreifendes Fürsorgedenken ins Bewusstsein gebracht und eine umfassende Solidarität etabliert werden.

Der Gedanke der Solidargemeinschaft muss mit neuem Leben erfüllt werden!

Die Lebensform Familie bedarf der aktiven Förderung durch die Politik: Im

Konkreten soll die steuerrechtliche Besserstellung durch Einführung des „Familiensplittings“ bei der Ermittlung der Abgabenlast angestrebt werden. Dabei muss auf ein steuerfreies Existenzminimum für alle Familienmitglieder weiter verfolgt werden.

Zum Schutz der Jugend bedarf es einer aktiven Anti-Drogen-Politik, da der massive Anstieg von Handel und Konsum illegaler Drogen immer mehr zu einem Schlüsselproblem für die Existenz unserer Gesellschaft wird. Dieser politische Kampf hat auf allen Ebenen zu erfolgen: Durch bewusste Förderung von Sportinitiativen, durch politische Ächtung des Konsums illegaler Drogen, eine massive Strafverschärfung für Drogenhandel sowie eine Intensivierung des Angebots an Entwöhnungskuren.

Die Leistung der Österreicherinnen und Österreicher, die in den schweren Jahren der Nachkriegszeit den Grundstein zur heutigen Lebensqualität in unserer Heimat gelegt haben, die ohne Schuld in den Krieg gezogen wurden und ihre Kindheit und Jugend in seinem Schatten zubringen mussten, soll in Form eines „Aufbauschecks“ in der Höhe von 1.000 Euro anerkannt werden.

Wir alle sind ihnen zu Dank verpflichtet.

5. Globalisierung erfordert nationale Schutzmaßnahmen

Die sozialpolitischen Errungenschaften der letzten 150 Jahre stehen auf dem Spiel.

Der Gegensatz von Arbeit und Kapital ist noch immer nicht überwunden. Im Gegenteil. Das Profistreben der „global player“, der multinationalen Konzerne, verschärft diesen Gegensatz von Jahr zu Jahr. Die Maxime des „shareholder value“ schafft für immer weniger immer mehr Wohlstand. Machen wir uns nichts vor: Die Reichen werden immer reicher, die Armen immer ärmer – und immer mehr.

Der Sozialstaat steht mehr denn je auf dem Spiel.

Die Kluft zwischen dem Verdienst aus Kapital und dem Lohn der Arbeitnehmer wächst und unsere Gesellschaft steuert von der Dreiklassen-Gesellschaft (arm, mittelständisch, reich) zu einer Zweiklassen-Gesellschaft (arm, superreich), wobei das Wohlstandsgefälle immer größer wird.

Abgesehen von der hohen Arbeitslosenrate haben wir unter den Schlagworten „Flexibler Arbeitsmarkt“, „Vereinbarkeit von Familie und Beruf“ einen großen Teil der österreichischen Arbeitnehmer in Teilzeitberufe gedrängt. Der Verdienst aus dieser Art der Beschäftigung ermöglicht niemanden ein menschengerechtes Leben in einem „sozialen Wohlfahrtstaat“ zu führen.

Der Schluss – „Wirtschaftswachstum steigert die Beschäftigtenzahl“ – hat schon lange seine Gültigkeit verloren. Das Erreichen einer von positiven Kennzahlen geprägten Wirtschaft wird heutzutage oft nur durch Rationalisierungsmaßnahmen gewährleistet. Oft geht die Steigerung der Rendite mit dem Abbau von Personal Hand in Hand. Aller Wirtschaftsethik zum Trotz wird der Arbeitnehmer immer weniger als Humankapital und immer mehr als bloßer Kostenfaktor betrachtet.

Eine egozentrisch betriebswirtschaftliche Sicht, die das eigene Unternehmen nicht als Element der Volkswirtschaft begreift, produziert Arbeitslose, schmälert die verfügbaren Haushaltseinkommen, überwälzt die Verantwortung für den sozialen Frieden auf die Gesellschaft und den Staat.

Eine weitere Beeinträchtigung des Arbeitsmarktes droht von der EU. Tausende Österreicher könnten ihren Job durch die Osterweiterung verlieren. Eine Klausel im EU-Recht macht auch Österreich zum Billiglohnland. EU-Neubürger müssen zwar bis zu sieben Jahren lang auf freie Arbeitsplatzwahl in den Mitgliedsstaaten verzichten. Bereits in Geltung befindet sich jedoch die sogenannte Dienstleistungsfreiheit. Danach dürfen Betriebe aus den neuen Mitgliedsländern österreichischen Unternehmern ihre Dienstleistrungen anbieten – und zwar zu den Arbeitsbedingungen ihrer Länder – zu Dumpingpreisen. Das Prüfrecht, ob es sich tatsächlich um Dienstleistungen oder aber um illegale Arbeitnehmerüberlassung handelt, haben nicht österreichische Stellen, sondern die Heimatländer.

Außerdem gilt für die Dienstleistungsanbieter das Recht ihres Heimatlandes, das sogenannte Herkunftslandprinzip. Ein polnischer Unternehmer etwa, der in Deutschland seine Dienste leistet, unterliegt nicht dem dortigen Sozialstandard, sondern nur dem polnischen. Die Sozialbeiträge werden in Polen entrichtet.

Durch die geltenden „EU-Freiheiten" wird die Verknappung des Arbeitsmarktangebotes gesteigert. Viele Unternehmungen machen sich diese Liberalisierung zu Nutze. Statt Arbeitnehmer zu beschäftigen, werden Sub-Unternehmer (vornehmlich Einmanngesellschaften aus den neuen EU-Mitgliedsstaaten) engagiert

Vor dem Hintergrund drohender Massenarbeitslosigkeit, der Verarmung wachsender Bevölkerungskreise und der Bedrohung des Arbeitsmarktes durch die EU-Osterweiterung stellen wir nachstehende Forderungen:

„Die Politik alleine schafft keinen einzigen Arbeitsplatz – Die Politik muss aber die Grundlagen aufbauen, damit die Wirtschaft Arbeitsplätze schaffen kann."

• Da Klein- und Mittelbetriebe den überwiegenden Teil der österreichischen Arbeitnehmer beschäftigen, aber auf Grund von der ständig steigenden Konkurrenz multinationaler Konzerne und durch finanzpolitische Maßnahmen, wie Basel II, immer mehr ihrer wirtschaftlichen Grundlage beraubt werden, ist es notwendig, durch gezielte Förder- und fiskalische Maßnahmen diesen wichtigen Bereich zu stärken.

- Ein wichtiger Faktor zur Stärkung heimischer Betriebe, und somit zur Sicherung bzw. Schaffung neuer Arbeitsplätze, ist das Konsumverhalten der österreichischen Bevölkerung. Abgesehen von der Beschäftigungssicherung ist die Stärkung der Kaufkraft österreichischen Familien zu gewährleisten. Steuerpolitische Maßnahmen und Familienförderung sind die richtigen Schritte in eine sichere Zukunft.

Die heimische Betriebe müssen gefördet werden.

- In Deutschland hat die Liberalisierung des europäischen Dienstleistungssektors „binnen weniger Monate einen Milliardenmarkt mit mafiösen Strukturen, Lohndumping und moderner Sklaverei entstehen lassen.“ („Spiegel“, Nr. 7, 14. Februar 2005) Diese Entwicklung bedroht auch den österreichischen Arbeitsmarkt. Aus diesem Grund sind auf nationaler und internationaler Ebene sämtliche Anstrengungen zu unternehmen, um die EU-Dienstleistungsrichtlinie zum Schutz des österreichischen Arbeitsmarktes in ihrer gegenwärtigen Form zu Fall zu bringen.

6. Europa – Weg vom Bundesstaat hin zum Staatenbund!

Europa ist mehr als ein geographischer Begriff. Es gründet in der christlich-abendländischen Wertegemeinschaft. Die durch gemeinsame Schicksale verbundenen Völker und ihr kulturelles Erbe bilden und tragen Europa.

Das Schicksal Europas muss von der Gestaltungsfreiheit seiner Völker geprägt sein.

Dieser Grundsatz des geltenden FPÖ-Parteiprogramms muss insbesondere auch für die zukünftige Entwicklung der Europäischen Union gelten. Die EU-Osterweiterung, die Beitrittsverhandlungen mit der Türkei, aber auch der Entwurf zur EU-Verfassung sind nicht dazu geeignet, dass Vertrauen der Menschen in Österreich in dieses Europa zu stärken.

Aktuell steht die Europäische Union ihren Bürgerinnen und Bürgern vor allem als eine bürokratische, unsoziale und undemokratische Realität gegenüber. Wichtige Souveränitätsrechte der Staaten sind an die EU abgegeben und nationaler demokratischer Kontrolle entzogen worden, ohne die politischen Entscheidungsprozesse in der EU transparent zu machen.

Die FPÖ befürwortet die europäische Integration. Sie sieht in ihr eine Chance, Frieden, Freiheit und Gleichheit für die Bürgerinnen und Bürger der Europäischen Union und damit weltweit zu fördern. Das friedliche Miteinander ihrer Völker und Staaten ist ein vorrangiges Gut, für dessen Bewahrung und Weiterentwicklung sich die FPÖ nachhaltig engagiert. Deshalb bekämpft sie alle Tendenzen, die Europäische Union in eine Militärmacht zu verwandeln, den Sozialstaat zu zerstören und die Demokratie abzubauen.

Die Einbindung der Bürger Österreichs in die Entscheidungsprozesse innerhalb der Europäischen Union ist für die FPÖ eine Grundvoraussetzung eines demokratischen und föderalistischen europäischen Einigungsprozesses. Gerade die EU-Osterweiterung aber auch die Beitrittsverhandlungen mit der Türkei haben gezeigt, dass die Brüsseler Entscheidungsträger offenbar kein allzu großes Interesse daran haben, Politik im Interesse der Europäer zu machen. Diese EU wird auf Dauer jedoch nur dann die Menschen hinter sich vereinen können, wenn sie den Weg von einer technokratisierten Bürokrateninstitution hin zu einer offenen und plebiszitär mehrheitlich getragenen Gemeinschaft findet. Diese Entwicklung ist derzeit jedoch noch nicht absehbar.

In der Außen- und Sicherheitspolitik steht die EU an einem Scheideweg. Sie kann sich für eine weltweite völkerrechtliche Ordnung einsetzen, für zivile Konfliktprävention und friedliche Lösung von Konflikten sowie demokratische Entwicklung. Sie kann aber auch zum weiteren Ausbau einer imperialen Weltordnung unter Führung der USA beitragen und sich dabei als Juniorpartner mit eigenen Großmachtinteressen profilieren. Die jetzige Debatte zur geplanten EU-Verfassung zeigt einmal mehr, dass das jetzige Europa eine Entwicklung nimmt, das von der Mehrzahl der Menschen in Österreich bereits abgelehnt wird. Die EU ist auf Kriegskurs, das zeigt klar ein Blick in den neuen EU-Verfassungsentwurf, der regelrechte Aufrüstungsparagraphen enthält.

Die Politik der EU geht an den Menschen vorbei.

Die EU hat einen Entwurf für eine gemeinsame Verfassung vorgelegt, die dann über den einzelstaatlichen Verfassungen, also auch über der österreichischen Verfassung steht.

- Die so genannte „Gemeinsame Außen- und Sicherheitspolitik" (GASP) und die „gemeinsame Verteidigungspolitik" nehmen einen zentralen Raum im Verfassungsentwurf ein. Im friedens- bzw. militärpolitischen Bereich finden sich dramatische Neuerungen. So gibt es eine explizite Aufrüstungsverpflichtung mit Verfassungsrang: „Die Mitgliedstaaten verpflichten sich, ihre militärischen Fähigkeiten schrittweise zu verbessern" (Artikel I-40 Absatz 3). Um diese regelmäßige Aufrüstung zu kontrollieren und teilweise durchzuführen soll ein „Europäisches Amt für Rüstung, Forschung und militärische Fähigkeiten" eingerichtet werden.
- EU-Streitkräfte – z.B. die neue EU-Interventionstruppe mit 60.000 Mann – sollen zu „Kampfeinsätzen im Rahmen der Krisenbewältigung einschließlich Frieden schaffender Maßnahmen" (Artikel III-210) eingesetzt werden können.

Weiter heißt es: „Mit allen diesen Missionen kann zur Bekämpfung des Terrorismus beigetragen werden, unter anderem auch durch die Unterstützung für Drittstaaten bei der Bekämpfung des Terrorismus in ihrem Hoheitsgebiet". (Artikel III-210).

- Passend zur Absicherung der militärischen Komponente der EU wird im Verfassungsentwurf zudem das neoliberale Wirtschaftsmodell festgeschrieben.

Die FPÖ steht dafür, dass die Europäische Union künftig eine eigenständige Rolle in der internationalen Politik spielt, indem sie sich dem Hegemonialstreben der USA widersetzt und zu einer Staatengemeinschaft wird, in der die Außenpolitik und Außenwirtschaft den Prinzipien gemeinsamer Sicherheit untergeordnet wird.

7. Mehr Sicherheit ist unser gutes Recht!

Viele Menschen verstehen nicht, warum einerseits die Sicherheit des Luftraumes gewährleistet wurde, andererseits aber nicht ausreichend Mittel für die „Sicherheit am Boden" vorhanden sind.

Drogenhandel. Asylmißbrauch. Einbruchsdiebstähle. Delikte gegen Leib und Leben. Die Kriminalität hat ein besorgniserregend hohes Niveau erreicht. Die FPÖ muss sich als Sicherheitspartei diesen Entwicklungen mutig gegenüberstellen und auch vehement eine Budgetierung dafür einfordern. Personell wie auch ausrüstungsbezogen.

Das Recht der Bürger auf Sicherheit ist mit Leben zu erfüllen.

Vor allem in den städtischen Ballungsräumen, den grenznahen Bereichen und im Umfeld von Asylantenheimen sind massive Kriminalitätszuwächse zu verzeichnen. Die Bevölkerung reagiert daher mit Unverständnis, wenn auf diese Entwicklung nicht mit der notwendigen Aufstockung der Exekutive und einer restriktiven Politik reagiert wird. Eine „Null-Toleranz", wie sie erfolgreich unter dem ehemaligen New Yorker Bürgermeister Rudolph Giuliani praktiziert wurde, muss die Antwort auf die aktuellen Entwicklungen sein. Zu der Entwicklung eines neuen Sicherheitsdenkens gehört auch, dass die Exekutivbeamten mehr Befugnisse erhalten und die Politik die notwendige Rückendeckung garantiert.

Das „Recht der Bürger auf Sicherheit" kann in den Ballungsräumen auch mit einer Sicherheitswacht nach dem bayerischen Erfolgsmodell in den jeweiligen landesgesetzlichen Grundlagen zusätzlich mit Leben erfüllt werden.

Die FPÖ muss ihr Profil als sicherheitspolitische Ansprechadresse Nummer eins neu erobern. Der von Justizministerin Karin Miklautsch eingeschlagene Weg der Verbrechensbekämpfung wird in diesem Zusammenhang begrüßt und muss auf allen Ebenen weiter unterstützt und forciert werden.

Der Antragsteller bekräftigt, jeglichen Tendenzen einer Spaltung, Stillegung oder totalen Neugründung der FPÖ eine Absage zu erteilen. Die FPÖ war, ist und muss die Heimat aller freisinnigen, patriotischen, wertebewußten und positiven Geister bleiben.

Die FPÖ – wie wir sie denken – ist die politische Vertretung des kleinen Mannes und der vielen Klein- und Mittelunternehmer, welche das wirtschaftliche Rückgrat unserer Republik bilden. Sie ist die Gruppe der sozial Schwachen, aber auch der Leistungsträger. Sie ist das Sammelbecken, in dem die Generationen Brücken zueinander schlagen, der Vergangenheit mutig ins Auge blicken und gemeinsam an einer guten Zukunft arbeiten. Unter dem Dach dieses freiheitlichen Hauses muss auch weiterhin Platz für Vor-, Quer- und kritische Nachdenker sein.

LPO Heinz-Christian Strache

Bild: MJH

Unter neuer Führung

ANDREAS MÖLZER
IM ZZ-EDITORIAL VOM 29. APRIL 2005

Wir haben einen Parteiobmann. Gewiß, die österreichische Innenpolitik und die Geschichte der schwer angeschlagenen FPÖ interessiert wahrscheinlich allenfalls als Fußnote – verglichen mit der welthistorisch bedeutsamen Papstwahl. Dennoch, für jene, die sich zur freiheitlichen Gesinnungsgemeinschaft zugehörig fühlen, ist es höchst bedeutsam: Wir haben einen neuen Parteiobmann. Und zwar einen, der die personelle und inhaltliche Neupositionierung und Selbstfindung der FPÖ symbolisiert.

Ein junger Mann, dieser Heinz-Christian Strache. Gutaussehend und medial präsentabel, eloquent, vielleicht manchmal bereits ein bißchen zu glatt, ein bisschen zu professionell, aber doch glaubwürdig und einer, der Herzlichkeit ausstrahlt und Entwicklungspotential signalisiert. Und einer, der dem Dritten Lager entstammt, der die Wurzeln, Traditionen, das Lebensgefühl und die Werte der freiheitlichen Gesinnungsgemeinschaft kennt.

Er bietet nach den Wochen, Monaten, ja Jahren der Desorientierung, des Niedergangs und des Verlusts an Glaubwürdigkeit, welchem diese Gesinnungsgemeinschaft ausgesetzt war, die Chance, die Hoffnung für einen Wiederaufstieg. Zwar ist der schmerzhafte Abspaltungsprozess der Orangen-Truppe noch nicht wirklich abgeschlossen, geschweige denn verkraftet, zwar ist die Gefahr, dass bei den früher oder später auf uns zukommenden Parlamentswahlen durch den desorientierten Wähler ein vernichtendes Votum für die Freiheitlichen abgegeben wird, es besteht aber auch die Chance, dass ein kraftvoller und zukunftsweisender Neubeginn gelingt. Ideen brauchen Menschen, die sie tragen und Gesichter, die sie verkörpern. Heinz-Christian Strache verkörpert den ehrlichen Versuch der Freiheitlichen, im 21. Jahrhundert, in der Ära nach dem gescheiterten Jörg Haider, wieder politikfähig zu werden. Nach dem rasanten Aufstieg in quantitativer Hinsicht in schwindelnde Höhen unter dem Bärentaler, erfolgte der tiefe Sturz – wer hoch steigt, kann tief fallen –, der auch ein moralischer Absturz des vormaligen Volkstribuns war. Nun folgt der freiheitliche Versuch wieder auf die Füße zu kommen – mit Heinz-Christian Strache.

Bild: „Kurier“, 17. März 2005

Briefe an „Zur Zeit“ über Abspaltung und Neubeginn

Haiders Blabla

Dass Haider alt wird und politisch am Ende ist, bewies die Pressestunde. Immer wieder lobte er die Steuerreform und lobte immer wieder diese Regierung. Dass die Wirklichkeit anders aussieht, weiß jeder, denn die Steuerreform war mehr wie ein Hohn. Der Großteil der Bürger hat nichts davon. Das einzige Programm, das ÖVP und BZÖ haben, ist, mit allen Mitteln die Macht zu erhalten, um ja keine Posten zu verlieren. Auch hat man das Gefühl, er biedert sich Schüssel an, und umgekehrt tun dies einige ÖVP-Politiker gegenüber Haiders BZÖ. Früher hatte Haider wenigstens einen Unterhaltungswert – auch diesen hat er verloren: Denn ich drehte nach 40 Minuten den Fernseher ab, da das ganze Blabla nicht mehr zu ertragen ist.

Ernst Pitlik, per E-Mail

„Binweg-binschonwiederda“

Nun hat der „Binweg-binschonwiederda“ sein ehemals heißgeliebtes „Spielzeug“ FPÖ fast ganz kaputt gemacht. Wie ein kleines, trotziges Kind, das all die mühsam aufgetürmten (blauen) Bausteine umstößt, wenn es sich seinen Spielkumpanen gegenüber nicht mehr anders durchzusetzen vermag, hat er die FPÖ zerschmettert. Aber das war wahrscheinlich schon lange vorausgeplant, so wie auch die Gründung des eher dissonant klingenden BZÖ (ein schwerhöriger Bauer könnte wegen der Lautähnlichkeit glattweg das ihn sicher sehr erschreckende BSE heraushören).

Ob sich die „Altpartei“ FPÖ jemals wieder aufrappeln kann, steht in den Sternen. Das neu gegründete BZÖ hingegen wird aller Voraussicht nach über kurz oder lang ebenso im Nirwana verschwinden wie einst das von Heide Schmidt gegründete LIF, und mit ihm der von seinen politischen Gegnern jahrelang als „Gottseibeiuns“ verdammte und gefürchtete Jörg Haider.

Heiko W. H. Urtel, 3153 Rotheau

Kindeswegleger

Nein, nein, so einfach, wie sich das der Kindeswegleger aus Kärnten vorstellt und er es gerne hätte, spielt es das sicher nicht. Erst die Menschen mit zündenden Reden für sein politisches Programm begeistern und sie dann ganz locker, mit einem Schlenzer, eiskalt im Regen stehen lassen, seine Intentionen je nach aktuellem Bedarf um 180 Grad umdrehen und mit den Idealen der Menschen nach Belieben herumfuhrwerken, mit ihren Gefühlen wie auf einem Klavier herumspielen, das spielt es wirklich nimmer. Das geht kein zweites Mal mehr. Diese zutiefst enttäuschten, sich dreckig verraten und verkauft fühlenden Leute lassen sich garantiert kein zweites Mal mehr von ihm schmählich aufs Eis führen. Ganz sicher nicht mehr. Da werden auch die feurigsten heißen Luftblasen, die wir alle schon einmal hörten und erfuhren, wohin die führten, nix mehr nützen. Dessen bin ich mir ganz sicher und das wird die Wirklichkeit, die ihn – der sie verweigern will – bald einholen wird, auch erweisen.

DI Herwig Bogenhauser,
1030 Wien

Von den Verrätern befreit

Ich verstehe nicht, wie es – angebliche – Freiheitliche geben kann, die (wie etwa Frau Partik-Pable) erst „abwarten" wollen, wie sich die Sache „entwickelt", um erst dann zu entscheiden, ob sie zu den „Orangen" gehen oder bei den Blauen bleiben wollen. Wenn ich ein echter Freiheitlicher bin, dem die freiheitlichen Grundsätze und unser freiheitliches Weltbild was bedeuten, dann brauche ich doch gar nicht zu überlegen, da steht es doch für mich von Haus aus fest, dass ich bei Blau bleibe und freue mich, dass jetzt unser freiheitliches Profil wieder geschärft wird. Aber diesen übervorsichtigen Zögerern geht es anscheinend gar nicht um die Durchsetzung unserer freiheitlichen Ideale, sondern ums Geld, die wollen zuerst wissen, welchen der beiden Seiten sich das Blatt zuwenden wird, wo sie bessere Chancen zum Geldverdienen haben werden, ehe sie sich dann für eine Seite entscheiden. Für mich Freiheitlichen sind das traurige Gestalten, politische, wendehalsige Glücksritter, die jedem zujubeln, bei dem es in ihrer Kassa besser klingelt. Ich bin jetzt 77 Jahre alt, aber in meinem ganzen Leben hat mich noch niemand so enttäuscht wie Haider, der jetzt noch dazu die Perfidie aufbringt, „andern" die Schuld am Niedergang der FPÖ zu geben. Aber das eine weiß ich: ab dem Zeitpunkt der Abspaltung, wo also die originale FPÖ von Schmarotzern und Verrätern befreit ist, wird es mit ihr ganz sicher wieder bergauf gehen, denn dann wissen die Menschen, wie sie dran sind, brauchen sich von keinem Till Eulenspiegel mehr zum Narren halten lassen und werden wieder in den Schoß ihrer politischen Heimat zurückkehren, während die orange Sesselkleberpartie hoffnungslos absaufen wird.

Jetzt braucht sie halt der Schüssel

noch als seine willigen Mehrheitsbeschaffer, aber spätestens 2006 ist es dann endgültig vorbei mit dem Spuk und die Original-FPÖ wird wie ein Phönix aufsteigen – unter Männern, wie Stadler, Strache und Mölzer.

Manfred Hofstätter,
1200 Wien

Nichts als Feigheit!

Was Steinkellner und Co. derzeit rund um das orangene Polit-Theater aufführen, setzt selbst für deren Verhältnisse völlig neue Maßstäbe in bezug auf Unglaubwürdig- und Charakterlosigkeit! Sprach er zuerst davon, die gesamte FPÖ-Landesgruppe zum orangenen Sesselkleber-Verein überführen zu wollen, so gewann er in der Zwischenzeit – zu Recht – die Überzeugung, dass ihm das Gros der Funktionäre und Mitglieder dabei nicht folgen würde. Nun will er zwar mit der Bundes-FPÖ nichts mehr zu tun haben, kann sich jedoch – wie immer in seiner „mutlosen" Vergangenheit – zu keiner aufrechten, klaren Linie durchringen, geht es doch auch um die für ihn nötige Infrastruktur wie Geschäftsstellen, Personal, Fahrzeuge, Finanzen etc. sowie sein damit verbundenes eigenes „politisches Überleben". Gerade dieses verschwommene Nicht-Fisch-nicht-Fleisch-Chaos allerdings wird weder vom Wähler noch vom Funktionär goutiert werden, da die meisten weiterhin zur Bundes-FPÖ stehen. Die Menschen wollen jeden-

Bild: „Standard", 8. April 2005

falls eindeutig wissen, woran sie sind. Wer verunsichert ist, geht dorthin, wo er sich auskennt! Das scheinheilige „Steinkellnersche Zwitterprodukt“ des sog. „eigenständigen Weges“ stellt nichts anderes als eine große Mogelpackung dar, die bloß dem eigenen Machterhalt dient. Die Einheit der FPÖ Oberösterreich wird damit keinesfalls gewahrt, im Gegenteil: Sollte dieses rückgratlose Vorhaben beim kommenden Landesparteitag tatsächlich die nötige 2/3-Mehrheit erhalten, ist der unweigerliche Absturz dessen, was sich einst stolz „Freiheitliche Partei“ nannte, auch in Oberösterreich vorprogrammiert und alles andere als Geschlossenheit die Folge!

Arno Malik, 4623 Gunskirchen, ehem. FPÖ-Bezirksparteiobmann von Wels-Land

An die NR-Abgeordneten des BZÖ!

Ich möchte Ihnen namens meiner Familie und vieler mir bekannter freiheitlicher Mitglieder und Wähler das äußerste Missfallen über Ihre Aktionen und Ihr Verhalten zum Ausdruck bringen. Bis zu einer Million Wähler hat Ihnen irrtümlich als Repräsentanten der „Fleißigen und Anständigen“ das Vertrauen ausgesprochen und nun machen Sie das, was mit Sicherheit keinem Fleißigen und Anständigen je einfallen würde, Sie flüchten mit der Beute wie die Diebe. Ja, Sie wollen sogar der Gemeinschaft, der Sie Ihre Positionen verdanken, die Schulden, für die Sie verantwortlich sind, überlassen und ihr gleichzeitig die gesetzliche Finanzierung entziehen, nur um Ihre eigenen Pfründe zu sichern. Ihnen kann man nur größte Verachtung entgegenbringen. Soviel Charakterlosigkeit hätte sich wohl niemand träumen lassen. Wir hoffen, dass Ihre Namen nie mehr auf einer Wahlvorschlagsliste auftauchen.

Anton Schachinger, 1170 Wien

„Objektiver“ ORF

Ich bin schon sehr gespannt, ob unser „unabhängiger, freier und objektiver ORF“ bei der Neukonstituierung der von den Orangen befreiten FPÖ von ihrem Programm und von der Antrittsrede des neu gewählten Chefs genau so ausführlich und liebevoll und ganz oben an erster Stelle berichten wird, wie er es derzeit über die Konstituierung der abgesprungenen Orangen tut. Neugierig darf man auch darauf sein, ob dann der ORF-Nachrichtensprecher, der derzeit (na, so ein Zufall) mit einer knall-orangen Krawatte brilliert, dann genau so auch eine blaue tragen wird.

Michael Sandner, 1220 Wien

Narrenschiff

An den Vorstand der Freiheitlichen Partei Österreichs:

Nach monatelangem, ja sogar jahrelangem geduldigem Zuwarten, Hoffen und auch nach genauso langem Ärger über die Vorkommnisse in Knittelfeld sowie der folgenden Trotteleien in ausreichender Menge und die unausbleiblichen Folgen dieser politischen Inkontinenzaktionen (das musste ja in die Hosen gehen), ist die jetzige Situation (Trennung, Rausschmisse, Neugründungen etc.) und die Tatsache, dass sich auch nichts mehr zum Positiven aus Sicht eines bürgerlichen Nationalliberalen im Sinne des Jahres 1848 ändern wird, Grund genug, Ihnen hiermit meinen Austritt aus den Trümmern der Partei kundzutun.

Nachdem ich jahrelang so ziemlich jede Aktion, und mag sie noch so sehr logischer Argumente, respektive Grundlagen entbehrt haben, mitgetragen habe, zähneknirschend und auch manchmal vor Ekel gebeutelt, aber um eines gemeinsames Zieles wegen duldend, ist jetzt, da es keine gemeinsamen Ziele mehr gibt, meine Geduld und Langmut zu Ende. Ein vormals hochbegabter und charismatischer Egomane, der jetzt vollends ins Pathologische abkippt; ein phagozytärer Funktionärsapparat, welcher aus Angst vor dem Verlust der jeweiligen Positionen, Gehälter und sonstigen Pfründe, den prozentualen Untergang vor Augen, aus Feigheit vor dem Wähler das „Heil" in der Flucht (auch vor Millionenschulden) sucht, eine „neue Bewegung" gründet, welche keine wie auch immer geartete, von Wählern legitimierte Berechtigung zu Regierungsarbeit hat, dabei völliges Chaos produzierend und um sich schlagend alles zu zerstören, was in einem halben Jahrhundert mühsam aufgebaut wurde – all das ist nicht mehr meine politische Heimat und widert mich zutiefst an. (...) In diesem Sinne wünsche ich eine möglichst schnellen und schmerzlosen Untergang – ich verlasse das Narrenschiff.

Adolf Gotzmann,
380 Perchtoldsdorf

FPÖ–BZÖ

Ich danke Andreas Mölzer und seinen Mitstreitern in der originalen FPÖ für den Mut, dem ehemaligen „Übervater" Jörg Haider Paroli zu bieten, und für die Charakterfestigkeit, die freiheitliche Gesinnung nicht einem höchst zweifelhaften und konturlosen orangen Zeitgeist zu opfern. Wenn Haider seinen Parteiausschluss als „Hinrichtung" bezeichnet, ist das die Chuzpe des Jahrzehnts. Haben Sie, Herr Haider, nicht unzählige Weggefährten im Lauf der Jahre politisch hingereichtet (von Gugerbauer bis Mölzer, von Dillersberger bis Haupt)? Mir fällt dazu ein alter Filmtitel ein: „Leichen pflastern seinen Weg". Haben Sie, Herr Haider, sich etwa erwartet, die FPÖ würde nach Parteispaltung, Vertragsbruch und versuchtem Rauswurf von Andreas Mölzer, sowie ähnlichen „Heldentaten", „Danke Jörg" sagen?

Robert Geist,
1120 Wien

Mitkassieren

Nach den Worten Haiders ginge es der urplötzlich von blau auf orange umgefärbten Regierungsmannschaft darum, weiterhin „mitgestalten" zu können. Möglicherweise erlag ich, der ich schon schlecht höre, einem Hörfehler, und Haider sagte nicht mitgestalten, sondern „mitschneiden oder mitkassieren“, wäre auch einleuchtender. Wer gibt schließlich freiwillig ein bestens honoriertes Ministeramterl auf? Könnte auch sein, dass beispielsweise dem einen oder anderen (etwa dem ÖBB-und Post-Zerstückler oder der Frau Handarbeitslehrerin) noch ein paar Jahre Anwartszeit für ihre üppigen Ministerpensionen fehlen.

Sehr amüsant auch zuzusehen, wie manche FPÖ-Funktionäre aus der Bundes-, Landes- oder Gemeindeebene mit ihrer Entscheidung darüber, zu welcher Seite sie sich bekennen sollen, noch zögern und erst einmal „die Entwicklung abwarten“ wollen, um zu sehen, auf welcher Seite sie ein besseres Drauskommen haben würden. Im Klartext: abwarten, bis man weiß, welche Seite chancenreicher fürs eigene Fortkommen ist, auf welcher Seite die besseren Filetstücke abfallen.

Das sind mir ja die allerliebsten Idealisten, denen es nicht im Traum um das freiheitliche Weltbild, das von den bereits domestizierten „Mitgestaltern“ schon seit Jahre über Bord geworfen wurde, sondern nur ums angenehme Leben und das wohlfeile Abräumen geht.

Da gibt es doch ein altes, aber wie man sieht dennoch hochaktuelles Sprichwort: „Wessen Brot ich essen, dessen Lied ich singe“. Es ist zum Erbrechen.

Wie wohltuend war dagegen die sofortige Entscheidung von Barbara Rosenkranz, der blauen FPÖ die Treue zu halten. Diese großartige Frau brauchte erst gar keine Zeit des Überlegens und Abwägens, wo sie besser fahren könnte, für sie stand es sofort fest, dass sie treu bleibt.

Hut ab und großen Respekt vor dieser bewundernswerten, großen Frau, von der sich manche Abweichler ein Scherzl runterschneiden können.

Martin Grübl,
2200 Korneuburg

Bärentaler Rache?

Man begreift die Welt nicht mehr! Da meldet sich der Kärntner Landeshauptmann mit viel Trara auf die bundespolitische Bühne zurück, aber es gibt keine Sanktionen der EU-Staaten. Haben die Herren Chirac, Michel und Schröder diese Entwicklung verschlafen? Es könnte aber auch sein, daß sie ihn endlich durchschaut haben und diesen unzuverlässigen Politrabauken, der sich widerspricht, sobald er den Mund aufmacht, nicht mehr voll nehmen. Für den Bundeskanzler bedeutet er auf jeden Fall eine Gefahr. Sinnt der Bärentaler auf Rache?

Dipl.-Kfm. Norbert Fux,
2120 Wolkersdorf

Macht der Bilder?

Nach Blitztempo-Gründung der neuen Bewegung BZÖ (Bündnis Zukunft Österreich) zierten tags darauf, am 5. d. M., Strahlemann Haider und Schwester eine Seite der Kronenzeitung. Als Garanten für den Bestand der schwarz-orangen Koalition bis zum Ende der Legislaturperiode überraschten die beiden Freunde und Gegner. Das Geschwisterpaar Haider signalisierte damit unentschlossenen Funktionären der FPÖ und den abhanden gekommenen Wählern, ins vielversprechende neue Boot zu steigen und so bei den nächsten Wahlen den Stimmenzuwachs wieder voranzubringen. Auf derselben Seite der „Kronenzeitung“ fristete auch der sympathische H.-C. Strache sein bildliches Dasein, der, hoffnungslos unterbelichtet, jeglicher Strahlkraft entbehrte. Unwillkürlich erinnerte man sich des Knittelfelder Debakels, als Dr. Haider unausgesetzt im feindseligen Kreuzfeuer der „Kronenzeitung“ stand, und das zum Überdruss seiner damaligen Anhänger. Heute verliert selbst die Schuldenlast den Druck, wenn Konzernmilliardäre im Hintergrund so manche Fäden ziehen.

Hans Schönsleben,
2020 Hollabrunn

Dämlich

Wenns nicht so traurig wäre, könnte man sich ja vor Lachen krümmen: Zuerst verlangen die Schwarzen von den „freien Mandataren“ des blau-orangen Parlamentsklubs, die angeblich in ihren Entscheidungen völlig frei und ungebunden seien und nur nach ihrem eigenen Gewissen entscheiden können, eine schriftliche Garantie-Erklärung, also eine Knebelung ihrer Entscheidungen im Voraus. Und nachdem das nicht so nach Wunsch klappte, weil manche diese Möglichkeit der „freien Entscheidung“ ernst nahmen, drehen die Herrschaften Khol, Schüssel, Scheibner & Co. mit Lichtgeschwindigkeit den Spieß um und sagen: „Wir haben's nicht nötig, Unterschriften zu keilen, es genügt vollauf der Handschlag.“ Liebe Mitbürger dieses Landes, merkt Ihr, welch mieses Theater die Euch vorspielen, für wie dämlich und einfältig die uns halten?

Dipl.-Ing. Hans Ulmreich,
1210 Wien

Gründung einer Partei

Für die Parteigründung braucht Herr Dr. Haider noch jemanden, der sich bei solchen Vorhaben wirklich gut auskennt. Ich schlage ihm deshalb Frau Heide Schmidt vom Liberalen Forum vor. Da sie sich beim Mozartheum – Gott sei Dank – nicht durchsetzen könnte, wäre ein hilfreiches Unter-die-Arme-Greifen sicher leicht möglich. Die von ihr bei der Gründung des Liberalen Forums gesammelten wertvollen Erfahrungen könnten dann eins zu eins in das Projekt BZÖ fließen. Verlässlich würden sich dann auch die tollen Wahlerfolge des LiF einstellen.

Michail Welitschkow,
5020 Salzburg

Devot

Es ist eine einzige Peinlichkeit, wie devot sich die orangenfarbenen Chamäleons der ÖVP anbiedern, wie sie für lukrative Regierungsämtern ihren Charakter – sofern überhaupt einer vorhanden war – verkaufen. So eine

Schandhaftigkeit wird und muss ins Auge gehen.

Gerhard Trimmel,
1220 Wien

Treu bei blauer FPÖ

In den Zeiten der rücksichtslosesten Geldwirtschaft hat sich also auch Jörg Haider dem Trend angepasst. Dass er die Stronach-Werke (MAGNA) in Kanada besichtigt hat und von der Absicht Stronachs, auch in Kärnten ein Magna-Werk zu errichten, angetan ist, kann ich verstehen. Warum auch nicht? Ein bedeutendes Werk schafft Arbeitsplätze und bringt Kärnten Wohlstand. Als tüchtiger Landeshauptmann ist Jörg Haider unbestritten.

Aber warum muss er eine neue – und noch dazu eine orangefarbene – Partei gründen und damit der FPÖ, für die er so viele Jahre erfolgreich gekämpft hat, in den Rücken fallen und sie zu zerstören versuchen? Hat er denn keine wichtigeren Dinge zu tun? Ist er mit seinen Tätigkeiten als Landeshauptmann nicht genügend ausgelastet? Ich verstehe das alles nicht und bin jetzt von Jörg Haider, den ich einst bewundert und verehrt hatte, sehr enttäuscht. Ich bleibe auf jeden Fall weiterhin ein treues Mitglied der blauen FPÖ!

Stefanie Hell,
1220 Wien

„A sichere Pension“

Ein schiefes Lächeln um den Mund,
Orangensaft sei sehr gesund,
so kündet er den blauen Mannen,
beim BZÖ könnt ihr entspannen!
Die Schulden hab ich euch erspart,
so machen es alle, wir sind hart.
Die Alten sollen zum Teufel gehen,
genug lang hab ich blau gesehen!
Die Tierwelt ist mein Vorbild heut,
denn ich bin ein Chamäleonfreund.
Die Farben wechseln geht geschwind
Und mit der Zunge treff ich blind!
Die Dummen sind, die alles glauben,
dass die, die sitzen an dem Trauben,
an Euch noch denken nach der Wahl,
nein, jetzt heißt es nur noch zahl!
„Ich lenk die Leute, wie´s mir beliebt,
solang sie kommen auf den Pfiff!
Was soll das Deutschtum und der Kaas,
ich bin ein Flötenspieler alter Rass“!
Mei „Glück“, die hab ich gut versorgt,
die bleiben bis zwei-null-sechs am Ort.
Danach hab ich a sichere Pension,
das Leben ist kurz, ich geh davon.

W. Hauck,
6072 Lans

Welche „Chancen für Österreich“?

Aus dem heutigen „freien Wort“ der Kronenzeitung ist die Meinung eines Lesers zu entnehmen, dass die neue BZÖ „für viele politisch Unzufriedene die Chance für eine kompetente politische Vertretung“ biete. Der Verfasser des Leserbriefs hofft, dass die Wähler erkennen, welch „neue Chancen ihnen von engagierten Köpfen (BZÖ) geboten würden, und sie diese auch entsprechend nützten! Darf man bitte fragen: welche Chancen? Welches politische Programm? Ich jedenfalls kenne keines. Oder sollte ich am Ende nicht aufgepasst und was überhört haben? Ach ja, richtig: „Pfiffig, lässig flott und modern“ heißt die Parole. Na wenn das keine revolutionäre, neue Idee ist! Das einzige, was die Österreicher aus jahrelanger Erfahrung von diesen neuen „Lässigen und Pfiffigen“ kennen, ist die schwankende, unberechenbare Psyche ihres Anführers. Es wird jetzt alles davon abhängen, welchem der beiden gespaltenen Teile die beiden wichtigsten Medien ihre Gunst zuwenden. Von seiten des ORF scheints gut zu laufen fürs BZÖ, von seite der Krone dürfte es fürs BZÖ ja auch nicht schlecht ausschauen.

Maximilian Brunner,
1190 Wien

Die Wohltaten des Kindesweglegers

Der KindesweglegER wird nicht müde, bei jeder sich bietenden Gelegenheit auf seine bisherigen fürs Volk vollbrachten Wohltaten hinzuweisen. Besondere Höhepunkte seiner Selbstbeweihräucherung sollen ja die „Korrekturen und Nachbesserungen“ sein, die er zum Wohle des kleinen Mannes und der Tüchtigen und Fleißigen dem Schüssel quasi im letzten Augenblick noch herausgerissen hätte. Nun, ich kann mir schon vorstellen, dass Schüssel auf Bitten und Drängen Haiders diesem mitleidig ein paar Brosamen übrig gelassen hat, damit er sich gierig drüberstürzen und es als seine große Superleistung ausschlachten kann. Herr Haider soll uns bitte einmal sagen, wieviel er da durchschnittlich für den österreichischen Bürger durch seinen persönlichen Einsatz herausschlagen konnte. Es wird sehr bescheiden ausfallen. Andrerseits hat aber dieser so gerne den Robin Hood für den „kleinen Mann“ spielen wollende Held sehr wohl nicht einmal nix gegen die dauernde Belastungen, Sparpakete, beschämenden angeblichen Inflationsabgeltungen und sonstigen materiellen Daumenschrauben der Regierung unternommen, sondern diese schmerzhaften Einschnitte – ohne ein Ohrwaschl zu rühren – mitgetragen. Gleiches gilt auch für die ungehinderte weitergehende steuerliche Schröpfung der Leistungsträger des Mittelstandes. Ich kann nur sagen: An seinen faulen Früchten sollt ihr ihn messen, und nicht an seinen Super-Sprüchen, die nichts als Seifenblasen waren und es auch weiterhin sind.

Mag. Günther Eilmers,
1030 Wien

Der Bundesrat...

Ist es nicht eigenartig. Da hebt Bundesrat John Gudenus (FPÖ) bei einer Abstimmung die Hand für Neuwahlen und wird von der Bundesrätin Michaela Gansterer (ÖVP) dabei behindert, weil dies nicht Regierungslinie sei. Stellen Sie sich vor, ein Freiheitlicher hätte diese Behinderung vollzogen, das hätte man nicht als Lachnummer abgetan, das hätte Konsequenzen gehabt. Bin gespannt, wie lange man dieses ÖVP-Machtgehabe noch toleriert.

Karl Moser,
1031 Wien

Heinz-Christian Strache: Neubeginn für FPÖ

Pressestimmen

Hans-Christian Strache als neuer FPÖ-Obmann

Die Presse

Er ist eigentlich bloß eine Kopie des einstigen FP-Chefs Jörg Haider. Ob eine Kopie das Original übertreffen kann? Selbst Haider dürfte sich in dieser Einschätzung nicht sicher gewesen sein. Ansonsten wäre er dem direkten Vergleich wohl nicht aus dem Weg gegangen, sondern hätte sich einer Kampfabstimmung gestellt. Doch Haider hat bereits zuvor die Notbremse gezogen, sich gemeinsam mit dem ehemals freiheitlichen Regierungsteam und dem Klubchef abgespalten. So glaubte er, die FPÖ und damit Strache in die Bedeutungslosigkeit verschwinden lassen zu können und mit einer neuen Partei wieder an alte Erfolge anknüpfen zu können. Doch Haider hat sich verkalkuliert: Zum einen ist die Basis längst nicht mehr so Haider-treu wie in früheren Zeiten. Daher sind abgesehen von den Kärntnern nur wenige ins neue Bündnis übergetreten. Zum anderen rechnete Haider damit, dass die Abgeordneten seinen Weg mitgehen werden. Ebenfalls eine Fehleinschätzung.

Christine Lugmayr, „Die Presse", 25. April 2005

OÖNachrichten

Erfrischend offen hat Heinz-Christian Strache im OÖN-Interview dargestellt, wohin die Reise der Rest-Blauen gehen soll, falls er neuer FP-Bundesparteiobmann wird, woran übrigens kaum jemand zweifelt. Strache will im Retro-Look der neunziger Jahre mit knallharter Oppositionspolitik an Jörg Haiders damalige Erfolge anknüpfen. Was lange nicht heißt, dass damit angesichts gewachsener EU-Skepsis und manifester Ängste vor Ausländern nicht Wähler zu gewinnen oder zumindest zu halten wären. Betrachte man demgegenüber das blass-orange Programm des BZÖ, dann wird klar, dass Straches Chancen auf ein großes Stück vom einst gemeinsamen Wählerkuchen gar nicht so schlecht stehen sollten.

Lucian Mayringer, „Oberösterreichische Nachrichten", 19. April 2005

DER STANDARD

Heinz-Christian Strache hat beim Parteitag der FPÖ am Samstag eine starke Leistung geboten. Er hat dort angesetzt, wo Haider vor fünf bis zehn Jahren war. Er ist der neue alte Haider. Angriffig, direkt, nicht im Bierernst, aber aggressiv. Die Rede vor den mehr als 300 Delegierten war sein Gesellenstück. Auffällig waren die Parallelen zu Haider. Es schien fast so, als ob Strache alte Reden seines einstigen Mentors studiert hätte. In Tonfall, Sprachmelodie und Aufbau machte er auf Haider in dessen besten Zeiten. Und es gelang ihm, so etwas wie einen Schlußstrich zu ziehen und Aufbruchsstimmung zu erzeugen.

Rhetorisch in Höchstform, rechnete Strache mit Haider ab, vorerst vorsichtig, da bei vielen FPÖ-Funktionären die Trauerarbeit noch nicht ganz bewältigt ist, dann schärfer. Zwischenrufer, die Haider als „Verräter" oder „Feigling" beschimpfen, gaben ihm Recht. Diese Abrechnung mit und Anlehnung an Haider ist kein Zufall. Die blauen Funktionäre brauchen eine Leitfigur, jetzt erst recht. Haider war ihnen lange genug ein überzeugender Führer, dem sie gerne folgten. Nun schlüpft Strache in diese Rolle, da braucht man sich nicht groß umgewöhnen.

Inhaltlich ist das Programm wieder freiheitlich pur. Die FPÖ ist klar nach rechts gerückt. Die Positionen, die Strache vorgibt, sind bekannt.

Michael Völker, „Der Standard", 25. April 2005

Salzburger Nachrichten

Und dennoch: Der Wiener mit den blauen Augen ist drauf und dran, in die gleiche politische Spielklasse vorzustoßen wie Haider. Den Ritterschlag des politischen Gegners hat Strache bereits erhalten: In wenigen Tagen wird die erste Anti-Strache-Demonstration durch Wien ziehen, zu der auf Plakaten mit dem Slogan „Stoppt Strache!" aufgerufen wird. Umgekehrt werden Straches Plakat-Lippen Wien-weit mit Hitler-Bärtchen verunziert. Strache emotionalisiert also, und das ist – wie wir von Haiders Karriere wissen – politisch schon die halbe Miete.

Alexander Purger, „Salzburger Nachrichten", 4. April 2005

Für Freiheit und Vaterland

Österreich braucht eine freisinnige und patriotische Kraft

EINE ANALYSE VON ANDREAS MÖLZER

Für Österreich sind sie alle. No na, und für die Freiheit ebenso. Die Sozialdemokraten, die Volkspartei, die Grünen - und natürlich auch die Freiheitlichen, soweit man sich neben den Personal-Querelen für deren Inhalte überhaupt noch interessiert. Österreich tragen sowieso alle auf den Lippen. Jene, die es gegenüber den Lobbyisten der multinationalen Konzerne und den Eurokraten in Brüssel meistbietend verhökern ebenso wie die, die es bei internationalen Gutmenschen-Treffen leichterdings zum Ort des Rassismus' und Antisemitismus erklären. Gegenüber den Wählern in der Heimat gibt man sich wohlfeil als Patriot. Kritisch vielleicht und weltoffen, aber doch eben rot-weiß-rot.

Gegenüber den Wählern geben sich alle als Patrioten.

Und die Freiheit, darüber könnte man Bücher schreiben. Die einen sind für die Freiheit der Ladenschlußzeiten, die anderen für die der Marihuana-Raucher. Es gibt solche, die der Freiheit der Schwulen und Lesben auf ein Adoptionsrecht das Wort reden und andere, die der Freiheit auf Einstellung möglichst vieler ausländischer Billigarbeitskräfte eine Gasse schlagen wollen. Und dann kommt da das Beharren auf der Freiheit der Kunst und der Freiheit für jeden Unsinn, der sich Kunst nennt, Steuergeld aus den

Bild: ZZ/Archiv

Förderungstöpfen lukrieren zu wollen und die Freiheit der Medien, die nicht so sehr die Freiheit von Manipulation umfaßt, sondern vielmehr die Freiheit auf Dummheit und Schwachsinn. Und die Freiheit für die Verfügung über den eigenen Bauch zwecks Abtreibung und die Freiheit für jede Perversion und schrankenlosen Egoismus und so weiter und so fort.

Wozu also dann in Zukunft eine freiheitliche Partei, die den Freisinn hochhalten soll und den Patriotismus, wenn ohnedies alle für Österreich sind und jeder für jede nur denkbare Freiheit? Oder stimmt da womöglich etwas mit den Begriffen nicht, geht es vielmehr um eine ganz andere Form von Freiheit und einen ganz anderen Patriotismus?

Bleiben wir vorerst beim Österreich-Patriotismus, den die Freiheitlichen erst zu Beginn der 90er-Jahre entdeckt haben, wobei der seinerzeitige Parteiobmann dies gleichzeitig mit einer Absage an die vielzitierte „Deutschtümelei“ verband. Leichterhand warf er damit das herkömmliche Bekenntnis der FPÖ zur „deutschen Volks- und Kulturgemeinschaft“ über Bord, um sich zum Anwalt der Austro-Patrioten zu machen. Die Jahre davor getätigte Aussage, die österreichische Nation sei eine „ideologische Mißgeburt“, war damit natürlich nur schwer in Einklang zu bringen, da man sich von Seiten der FPÖ nie wirklich mühte, diesen Österreich-Patriotismus auch tiefergehend zu interpretieren.

Die FPÖ entdeckte in den 90er Jahren den Patriotismus.

Man ging vielmehr in die Falle, in die alle Apologeten eines eigenständigen österreichischen Nationalbewußtseins gegangen sind: Man glaubt sich nur in Distanzierung oder Abgrenzung von der deutschen Identität und vom deutschem Nationalbewußtsein definieren zu können. Deshalb auch Haiders Absage an die „Deutschtümelei“. Dass österreichischer Patriotismus, definiert womöglich sogar als österreichischer Staatsnationalismus, durchaus mit deutschem Kulturbewußtsein und geradezu zwingend mit der laut Verfassung als Staatssprache zu bezeichnenden deutschen Muttersprache von 98 Prozent der Österreicher zu verbinden war, begriff man nicht so recht.

Tatsache ist allerdings, dass ein konstruktiver Österreich-Patriotismus nur möglich ist, indem man die historisch gewachsene, kulturelle und nationale Identität des Landes und seiner Menschen zu akzeptieren in der Lage ist. Diese historische Identität Österreichs ist nun einmal eine deutsche. Wobei Österreich, das Haus Österreich nämlich und die österreichischen Kronländer in der deutschen Geschichte eine so dominante Rolle gespielt haben, dass diese schließlich nach 1918 und 1945 in der Eigenstaatlichkeit mündete und in einem eigenen Staatsnations-Bewusstsein. Wer auf die österreichische Literatur stolz ist, muss erkennen, dass sie eine interessante und spezifische Variante der deutschen

Literatur darstellt. Und wer die österreichische Kulturlandschaft zwischen Bodensee und Neusiedler See liebt, weiß, dass von der Romanik über die Gotik bis zum Barock und zum Biedermeier diese ein Teil der süddeutschen Kulturlandschaft ist. Allerdings einer mit einem spezifischen und unverwechselbaren Eigencharakter. Wer die ethnische Herkunft der Bevölkerung der österreichischen Alpen- und Donauländer hinterfragen will, erkennt natürlich sofort, dass es hier um bajuwarische, fränkische und – im Westen – alemannische Stammesteile handelt und dass die nichtdeutschen Volksgruppen vergleichsweise, zumindest quantitativ, eine geringfügige Rolle spielten. Ein produktiver und zukunftsfähiger Österreich-Patriotismus muß also in der Lage sein, die historisch gewachsene Identität des Landes ohne Tabus und ohne die Pflege

Bild: Schneeweiß-Arnoldstein

National und Liberal für die Zukunft

Das Nationale...

also Heimatverbundenheit, österreichischer Patriotismus und deutsches Kulturbewußtsein, muß zukunftsweisend interpretiert sein:

- **Nationale Souveränität als Gestaltungselement und Gegenpol zur Europäisierung und Globalisierung.**
- **Nationale Identität, das Prinzip unserer sprachlichen, kulturellen und ethnischen Zugehörigkeit.**
- **Nationale Solidarität als Basis für die gesamte Sozialpolitik, Familienpolitik und einen neuen Generationenvertrag.**

Das Liberale...

- **als Kampf um die geistige Freiheit, insbesondere die Meinungsfreiheit,**
- **als Eintreten für Rechtsstaat und Bürgerrechte,**
- **und als Bekenntnis zum freien Markt und zur Leistungsgesellschaft.**

diverser allzu opportunistischer Lebenslügen akzeptieren zu können. Wer in der Nivellierung der zunehmenden Globalisierung und im Sog der Europäisierung das eigene, das unverwechselbar Österreichische erhalten will, muß sich auch zum deutschen Österreich bekennen. Dies hat nicht mehr das Geringste mit der alten Anschlußsehnsucht zutun, auch nichts mit einem austriakischen Minderwertigkeitskomplex gegenüber „preußisch-piefkinesischer“ Dominanz, sondern schlicht und einfach mit der Tatsache, dass Österreich ein Teil der „german speaking world“, des deutsch sprechenden Bereiches in Mitteleuropa also ist.

Eine solche Dimension des Österreichbewußtseins und des Österreich-Patriotismus wird sich bereits massiv von den Patriotismus-Varianten anderer politischer und gesellschaftlicher Gruppierungen unterscheiden. Diese Form von rot-weiß-rotem Patriotismus bedingt natürlich auch eine prinzipiell kritische Einstellung gegenüber allzu starker Zuwanderung und gegenüber einer Überlagerung der historisch gewachsenen ethnischen und kulturellen Substanz der autochthonen Bevölkerung.

Nachdem der zum Unwort abgestempelte Begriff „Umvolkung“ längst in vielen massiven Ansätzen Realität geworden ist, geht es darum, für den österreichischen Patrioten dafür zu sorgen, dass die angestammte Bevölkerung nicht zur Minderheit im eigenen Land wird, dass sie ihre Kultur und ihre Sprache in der Lage ist zu erhalten. Zu diesem Zweck ist eine betont patriotische pro-natalistische Politik vonnöten. Eine Familienförderung, die ausschließlich den heimischen Familien und dem Mut zum Kind in den Familien der angestammten Österreicher dienen soll. Wenn die Österreicher und zwar die deutschen Österreicher selbst keine Kinder haben, ist jeglicher Patriotismus im wohlverstandenen Sinn über kurz oder lang sinnlos.

Patriotismus bedeutet aber auch, die Kulturlandschaft und die Natur des Landes zu erhalten. Der Patriot wird weder die Zersiedelung und die wuchernde Verbauung seiner Heimat dulden, noch die Prostitution der gewachsenen Kultur zum Zwecke des Fremdenverkehrs. Wohlverstandener Umweltschutz und eine positive Kulturpolitik, die überlieferte Kultur und das gewachsene Kunstschaffen sinnvoll weiterzuentwickeln, sind daher Gebote eines solchen Patriotismus.

Auch in wirtschaftlicher Hinsicht wird der Patriot sich mit aller Macht gegen den Ausverkauf der Grundlagen des heimischen Erwerbslebens wehren. Die Gefahr, dass unsere österreichische Heimat in allen fundamentalen Produktionsbereichen zum Niemandsland wird, muß gebannt werden. Gegenwärtig sieht es so aus, als hätten wir über kurz oder lang keine Landwirtschaft mehr und kein Bauerntum, keinen Bergbau, keine Schwerindustrie und auch kaum mehr handwerkliche Betriebe. Die im Zuge der Globalisierung in Billiglohnländer abwandernden Arbeitsplätze und der Abverkauf des österreichischen Tafelsilbers an multinationale Konzerne muß von einem zukunftsfähigen Patriotismus auf das Entschiedenste bekämpft werden.

Auch in dieser Hinsicht wird sich der freiheitliche Patriot der Zukunft grundlegend etwa vom vorgeblichen Patrioten aus den Reihen der Volkspartei unterscheiden, wenn sich in dieser Gesinnungsgemeinschaft allzu leicht Lobbyisten der multinationalen Konzerne und des internationalen Kapitals Einfluß verschaffen können.

Schließlich wird ein Patriotismus in dieser Dimension auch der einzig vernünftige Baustein für ein Europa der Vaterländer in kultureller Vielfalt und politischer Eintracht darstellen. Und das kleine Österreich wird im Kreise der EU-Mitgliedsstaaten nur dann bestehen können, wenn es durch einen gesunden Patriotismus seiner Bevölkerung selbstbewußt und entschieden seine Interessen wahrend auftritt.

Wenn man einen kulturnational fundierten und damit historisch gewachsenen deutschen Identität der Österreicher bewußten Staatspatriotismus als zeitgemäßen Ausfluß der alten nationalen Tradition der Freiheitlichen interpretiert, ergeben sich mit einer gewissen Zwangsläufigkeit weitere inhaltlich-weltanschauliche Grundpositionen. Der nationale Imperativ im klassischen Sinne verfügt nämlich über drei Komponenten: Die Bewahrung der nationalen Identität (die wir bereits im Zuge des Patriotismus´ kurz angesprochen haben), das Streben nach Erhaltung der nationalen Souveränität und schließlich als Drittes das Gebot der nationalen Solidarität.

Die Frage der nationalen Souveränität ist insbesondere im Zeitalter der Europäisierung von größter Bedeutung. Wer nationale Souveränität, hinfokussiert auf unsere Heimat, die Republik Österreich, erhalten will, kann aus dieser Position heraus nicht für die Einführung eines europäischen Superstaats mit Brüsseler Zentralismus sein. Er muss allein deshalb für einen europäischen Staatenbund, für eine Konföderation souveräner europäischer Staaten eintreten, in welchen die Identität und die Kultur ihrer Völker und Volksgruppen geschützt und zukunftsträchtig weiterentwickelt werden können. Nationale Souveränität bedeutet aber auch, dass die Volksvertretung im nationalen Rahmen, also im staatlichen Rahmen der Republik Österreich realisiert werden muss, Demokratie im Bereich der herkömmlichen Nationalstaaten gelebt werden muss und nicht an ferne und undurchschaubare Brüsseler Institutionen delegiert werden darf. Dieses Gebot der Erhaltung der nationalen Souveränität also ist die primäre Handlungsmaxime in Hinblick auf die europäische Integration.

Das Gebot der nationalen Solidarität hingegen bedingt die freiheitliche Haltung im Bereich der Sozialpolitik und der sozialen Frage. Die solidarische Gesellschaft, die über die Generationen und quer durch alle Schichten und Stände der Bevölkerung geht, ist ein alter nationaler Wunschtraum. Unter dem heute verpönten Stichwort „Volksgemeinschaft" war sie Basis einer solidarischen und durchlässigen Gesellschaft, die nicht zuletzt das einmalige Phänomen der sozialen Marktwirtschaft geschaffen hatte. Diese ist bekanntlich in den vergangenen Jahren mehr oder weniger unfinanzierbar geworden, dennoch bleibt die soziale Verantwortung im Bereich der eigenen nationalen Gemeinschaft, im Gegensatz zum postmarxistischen Internationalismus der Linken aller Schattierungen, ein Gebot zukunftsweisender freiheitlicher Politik.

Im Gegensatz zu den Doktrinären der multikulturellen Gesellschaft ist diese soziale Verantwortung allerdings auf den Kreis der eigenen ethnisch-kulturellen und staatsbürgerlichen Gemeinschaft beschränkt. Soziale Solidarität im Sinne von Erhaltung des Generationenvertrags, der Erhaltung des sozialen Netzes im Bereich der Altersversorgung und der Krankenversorgung, dient der Stärkung der eigenen nationalen, in unserem Falle eingeengt auf die Republik Österreich, Gemeinschaft.

In einem durchaus paternalistischen Sinne hat hier die „res publica" jene Obsorge, die der Familienvater für den Kreis seiner Familienmitglieder zu üben hat, für die Bürger des Landes walten zu lassen. Die Solidarität zwischen Jung und Alt, die gesicherte Beibehaltung eines funktionierenden Generationenvertrags, die Erhaltung eines entsprechenden Pensionssystems und die optimale und gleichberechtigte Versorgung der gesamten staatsbürgerlich definierten Bevölkerung im Bereich des Gesundheitswesens sind die großen Ziele dieser nationalen Solidargemeinschaft. Solcherart definiert hätte freiheitliche Sozialpolitik einen deutlich anderen Charakter als eine christlich-soziale oder sozialdemokratisch-postmarxistische. Nach dem Grundsatz der Nächstenliebe würde soziale Verantwortung und Solidarität nach dem Prinzip der konzentrischen Kreise von der Familie über den engeren kommunalen Bereich hin zur staatsbürgerlichen Gemeinschaft bis zu Europa und zur Menschheit insgesamt wahrgenommen werden. Nicht die Fernstenliebe, im Sinne der Rhetorik der Multikulti-Gutmenschen, sondern wirkliche Nächstenliebe also wäre die Maxime.

Doch nun zum Freisinn einer zukunftsfähigen freiheitlichen Gruppierung in Österreich: Dass damit nicht die Libertinage eines dekadenten Zeitalters und die Pseudo-Liberalität des platten spätlinken Zeitgeists gemeint ist, versteht sich von selbst. Im Gegenteil, diese Auswüchse eines pervertierten Freiheitsgedankens müssen deklarierte Feindbilder jeder zeitgemäßen Freiheits-Bewegung sein.

Ohne Wahrheit keine Freiheit, weiß der gläubige Christ und der wertkonservative Freiheitliche des 21. Jahrhunderts. Er respektiert diese unabänderliche Feststellung im Bewußtsein, dass er damit in den besten Traditionen des alten christlichen Abendlandes steht.

Es gibt aber auch keine Freiheit ohne Verantwortung, das weiß der Ordoliberale, der sich der bis heute prägend wirksamen Gedanken eines Friedrich August von Hajek bewußt ist. Wenn man Wahrheit, Freiheit und Verantwortung in einem Atemzug nennt, drei scheinbar so konträre Begriffe, dann bewußt. Die dogmengeschichtliche Tradition Europas hat aus dem Christentum, dem Humanismus und der Aufklärung, auch aus dem deutschen Idealismus ein Wertesystem entwickelt, dem man mit der nötigen Demut den Charakter zeitloser Wahrheit zumessen kann. Dazu gehören scheinbar so gegensätzliche Werte wie Gottesfurcht und kritische Vernunft, Menschenwürde und Opferbereitschaft.

Sich als unverrückbar erkannten Wahrheiten verpflichtend zu fühlen, heißt allerdings keineswegs, der Freiheit zu entsagen. Des Menschen freier Wille, Freiheit, sich für etwas zu entscheiden, deutet wahrscheinlich das einzige Tor zu

Bild: Begsteiger

Haiders Absage an die „Deutschtümelei“: Ein konstruktiver Österreich-Patriotismus ist nur möglich, indem man die historisch gewachsene kulturelle und nationale Identität des Landes und seiner Menschen zu akzeptieren in der Lage ist.

einem gewissen Freiraum in den fest gefügten Gesetzlichkeiten der Schöpfung, zwischen Werden und Vergehen, Physik und Metaphysik.

So gesehen geht es nicht so sehr um die Freiheit von wirklichen oder vermeintlichen Zwängen, die das Individuum oder die Gemeinschaft anzustreben hat, sondern um die Freiheit zur Übernahme selbstgewählter Verantwortung des Individuums im ethischen Sinne und der Gemeinschaft im Sinne der Übernahme kollektiver Verpflichtungen. Die Freiheit des Geistes, der Gedanken, der Meinung und des Wortes ist in diesem Sinne weniger eine Freiheit gegenüber irgendwelcher Zensur, Einengung oder irgendwelchen Verboten, sondern vielmehr die Verpflichtung, diese Freiheiten des Denkens, des Sprechens und des Schreibens im Sinne der Wahrheit auszuüben. Die Meinungsfreiheit wahrzunehmen gegenüber dem Tugendterror der political correctness und den Gutheuchlern im Sinne des spätlinken Zeitgeistes, stellt also nicht nur ein zu erkämpfendes Recht, sondern vielmehr eine auszuübende Verpflichtung für den Freiheitlichen des 21. Jahrhunderts dar. Das Eintreten für historische Wahrheit, das Eintreten für die Freiheit der Kritik, für die Freiheit des Diskurses ist also nicht so sehr Recht des künftigen Freiheitlichen, sondern seine Pflicht.

Jenseits solcher beinahe schon im Philosophischen angesiedelten Überlegungen gilt es aber, die historisch bekannten Dimensionen des Freiheitsgedankens neu zu definieren: Der Freiheitsgedanke als Basis des freiheitlichen Rechtsstaats hat keineswegs ausgedient, sondern ist eine Zukunftsfrage im Zeitalter der unbeschränkten Manipulierbarkeit des Bürgers.

Der Freiheitsgedanke als Basis der freien Marktwirtschaft und der Leistungsbereitschaft des Bürgers ist ebenso wenig überholt. Eine zeitgemäße Ausformung einer sozial gebundenen freien Marktwirtschaft dürfte gerade im Zeitalter der schrankenlosen Globalisierung und der völlig enthemmten Gewinnmaximierung der multinationalen Konzerne von ungeheurer Notwendigkeit sein.

Der Freiheitsgedanke ist die Basis für die Grundrechte.

Der Freiheitsgedanke schließlich als die Basis für die Grund- und Freiheitsrechte des Bürgers muss als zeitloses Gebot angenommen werden. Die Unfreiheit des elektronischen Biedermeiers, in dem wir vorläufig noch leben, sieht naturgemäß anders aus als jene in den Zeiten der Sklavenhaltergesellschaft, des Feudalismus´ oder der totalitären Systeme des 20. Jahrhunderts.

Diese Unfreiheit ist vielleicht subtiler geworden, ihr aber die Grund- und Freiheitsrechte des Bürgers entgegenzusetzen, ist eine immer wieder neue Aufgabe, die sich dem freiheitlich orientierten Menschen stellt. Eine Aufgabe, die dieser freiheitlich orientierte Mensch anders wahrnehmen wird als christlich-sozial fundierte Mitbürger oder sozialdemokratisch-austromarxistisch motivierte.

Diese kurze Ideenskizze über die Notwendigkeit einer freisinnigen und patriotischen Kraft für Österreich im 21. Jahrhundert bleibt zwangläufig eher im theoretischen, politisch scheinbar höchst Unkonkreten hängen. Diese Gedanken anhand der konkreten Probleme des Landes und seiner Menschen auf ihre politische Anwendbarkeit zu überprüfen, wäre der nächste Schritt: Welche Rolle kann ein österreichischer Patriotismus in den Zeiten der Globalisierung und der Europäisierung spielen? Wie kann die solidarische Gesellschaft Österreichs für die kommenden Generationen aussehen, wie werden wir die Grund- und Freiheitsrechte im Zeitalter des totalen Überwachungsstaates gewährleisten?

Fragen, die in diesem Text nicht einmal angerissen wurden und die einer weiteren tiefschürfenden Diskussion bedürfen. Fragen, die zum zukunftsweisenden Teil der „Zur Zeit“-Serie über die Situation der freiheitlichen Gesinnungsgemeinschaft in Österreich führen sollen.

Für eine wertorientierte Politik

Eine Politik, die kein Wertordnungsfundament hat, wird in der Zukunft keine Chance haben.

VON EWALD STADLER

Die FPÖ wurde im Jahre 1956 von Persönlichkeiten und von Wählern als eine Gesinnungsgemeinschaft gegründet, die nicht als Interessensgruppierung in der Politik ihre Daseinsberechtigung gesehen hat, sondern in der Umsetzung von Wertordnungspositionen und von weltanschaulicher Gesinnung. Das ist der Urgrund und der Daseinszweck der Freiheitlichen Partei gewesen und das ist auch der Daseinszweck der Freiheitlichen Partei für die Zukunft. Denn wenn die Freiheitliche Partei nur ein Filialbetrieb einer anderen Partei oder nur eine Art Interessensvertretung für berufsständische Interessen ist, dann könnte man genauso gut zur ÖVP oder zur SPÖ gehen. Deswegen ist die Freiheitliche Partei von allem Anfang an gegen das System gestanden und ist in diesem System der beiden anderen Parteien nicht integriert.

Bild: Schneeweiß-A.

Ewald Stadler

Inhaltlich sollte sich die Freiheitliche Partei zunächst mit Themen, die in den vergangenen 15 Jahren beim Wähler, basierend auf unserem Parteiprogramm, auch die größte Zustimmung erfahren haben, positionieren. Das ist die Sozialpolitik mit der Betonung der sozialen Gerechtigkeit, einer Sozialpolitik, die auch betont auf Mütter und Familien ausgerichtet ist. Das ist eine Arbeitnehmerpolitik, die darauf ausgerichtet ist, den Arbeitnehmer nicht in das internationale, globalisierte Lohndumping hineinrutschen zu lassen und die Feiertage zu sichern.

Das heißt, eine europäische Politik zu betreiben, die auf ein Europa der Vaterländer hinausläuft, die die österreichischen Sicherheitsinteressen berücksichtigt und damit auch die Neutralität erhält. All diese Themen, die wir in den letzten 15 Jahren bis hin zur Ausländerpolitik, bis hin zum Privilegienabbau vertreten haben, sind nach wie vor aktuell und auf der Basis unseres Parteiprogramms auch argumentiert und durchstrukturiert.

Die personellen Angebote werden sich danach richten, ob Leute auch wirklich auf dem Boden dieser Problematik stehen oder nicht. Wir haben viele junge Menschen, die eine wertorientierte Politik verlangen. Das ist auch die Lehre aus dem amerikanischen Wahlkampf. Die Menschen haben genug von „Allerweltspolitikern“, von denen man nicht weiß, wofür sie morgen noch stehen oder nicht mehr stehen. Im Gegenteil, die Menschen wollen klare Wertordnungsfundamente haben und sind dann auch bereit, diese Politiker zu wählen und sich selber in der Politik zu engagieren, wenn eben ein solches Wertordnungsfundament da ist. Das beweist auch die Zustimmung zu einem Mann, von dem man immer behauptet hat, er sei mit seinem Wertordnungsfundament unpopulär, nämlich der verstorbene Papst. Das beweist auch die Zustimmung zur Republikanischen Partei und zu George W. Bush, obwohl man uns immer eingeredet hat, wie unpopulär er wäre. In der amerikanischen Innenpolitik war er der einzige, der eine Wertordnungsdebatte erzwungen hatte und damit beim Wähler und insbesondere beim jungen Wähler gepunktet hat.

Eine Politik ohne Wertefundament hat keine Zukunft.

Ich glaube, dass wir den Einzug in den Nationalrat auf jeden Fall schaffen werden und dass wir auch gute Chancen für eine neue Aufwärtsentwicklung haben. Umgekehrt möchte ich sagen, dass eine Politik, die kein Wertordnungsfundament hat, in der Zukunft keine Chance haben wird.

Bild: Schneeweiß-Arnoldstein

Heraus aus dem braunen Schmollwinkel

Das „Gedankenjahr 2005" und das „Dritte Lager"

EINE ANALYSE VON ANDREAS MÖLZER

Die Zweite Republik hat ihren 60. Geburtstag gefeiert. Vertreter des Dritten Lagers – der Kärntner Landeshauptmann, der orange Vize-Kanzler und die orange Sozialministerin sind keine Vertreter dieses Lagers mehr – sind dabei nicht zu Wort gekommen. Nur zwei Bundesräten hat man mit medialer Raffinesse und aus dem Zusammenhang gerissen jeweils eine Aussage entlockt, die nunmehr als Beleg für die Unverbesserlichkeit der wenig verbliebenen „Ewiggestrigen" aus dem braunen Schmollwinkel zitiert werden darf. Kampls allzu simple Gurktaler Einfalt in Sachen Geschichtsbild und John Gudenus' verklausuliertes Hinterfragen eines der grausigen Details der NS-Vernichtungsmaschinerie.

Und mehr soll da nicht gewesen sein?

Die Historiker, die Philosophen, die Juristen, die Staats- und Völkerrechtler, die Publizisten und Schriftsteller, die dieses nationalliberale Lager im Lauf des 20. Jahrhunderts hervorbrachte, die es ja noch immer gibt, sollen nichts mehr dazu zu sagen haben zur Geschichte der Zweiten Republik, zum Ende des Zweiten Weltkrieges, des großen dreißigjährigen Völkerringes, des europäischen Bürgerkriegs? Zum 50. Jahrestag des Staatsvertrages, zum fragwürdigen 10-Jahres-Jubiläum unseres EU-Beitritts bleibt da wirklich nur der von der antifaschistischen Linken als provokativ empfundene Trotz der jungen Korporationsstudenten, die am 8. Mai am Heldenplatz einen Kranz niederlegen? Und das medial maßlos verstärkte Geraune zweier, in Summe durchaus respektabler Altbundesräte? Das kann es doch wirklich nicht gewesen sein.

Wir, die Zuspätgekommenen der Zweiten Republik?

Das Dritte Lager, die Menschen nationalliberaler Prägung und ein großer Teil der Kriegsgeneration – sieht man von den Schicksalen eines Wilfried Gredler, eines Herbert Alois Kraus und anderer ab – waren bei der Wiedergründung der Republik im Frühling 1945 nicht dabei. Wir waren in den Kriegsgefangenenlagern, in den Lagern für heimatlose Volksdeutsche und als „Ehemalige" auch in Glasenbach und Wolfsberg.

Und jene, die persönlich sauber durch die NS-Zeit gekommen sind, die rein physisch im April und im Mai 1945 im Lande waren, wie etwa die alten Landbündler der Zwischenkriegszeit, Hartleb, Schumy, Thoma, auch ihnen blieb politische Wiederbetätigung vorläufig versagt. Die Besatzungsmächte lizenzierten alles, nur keine nationale Partei. Das ermöglichte erst der einsetzende Kalte Krieg. Die Rolle, die westliche Geheimdienste, insbesondere der amerikanische

Burckhard Breitner

Anton Reinthaller

Friedrich Peter

Bilder: ZZ/Archiv

CIC, im Hintergrund bei der Gründung von VdU und FPÖ gespielt haben, kann nur erahnt werden. Tatsache bleibt allerdings, dass in den Frühlingstagen des Jahres 1945, als die Vertreter der neu- oder wiedergegründeten demokratischen Parteien durch Wien und andere Städte Österreichs spazierten und sich die Republik aufteilten – dir das Palais Todesco, mir die Löwelstraße, dir diese Großbank, mir diese Versicherung – die Vertreter des Dritten Lagers nicht dabei waren.

So gesehen entbehrt es nicht einer gewissen inneren Logik, dass dieses Lager auch heute beim 60-Jahr-Jubiläum der Republik nicht dabei ist.

Wir, die Mit-Besiegten von 1945?

Nicht erst seit der Moskauer Deklaration und der damit verbundenen Entstehung der Opfertheorie, wonach die Österreicher eben das erste Opfer des Hitlerschen Nationalsozialismus´ waren, fühlt sich das offizielle Österreich ja auch durchaus zu Recht als Mit-Sieger von 1945. Am deutlichsten machte dies wohl auch das österreichische Ansinnen, von den Deutschen nach dem Kriege Reparationen zu fordern.

So gesehen war dieses Dritte Lager nach dem 8. Mai 1945 gewissermaßen der repräsentative Vertreter der Besiegten.

All dies war natürlich nur möglich mit dem gleichzeitigen Ausstiegsversuch der Österreicher aus der deutschen Geschichte und aus der deutschen Verantwortung. Und jene, die diesen Ausstieg nicht mitmachen wollten, die unverbesserlich und unbelehrbar die „deutsche Volks- und Kulturgemeinschaft" als primäre Identifikationsebene pflegten, die sich der deutschen Nation, sprich der deutschen Kulturnation zugehörig fühlten und die österreichische als „ideologi-

Otto Scrinzi

Alexander Götz

Norbert Steger

Bilder: ZZ/Archiv

sche Mißgeburt" abtaten, waren demnach mit ebensolch zwingender Logik die Mit-Besiegten von 1945.

Es ist zwar klar, dass der Befreiung vom nationalsozialistischen Joch heute ausnahmslos von allen Österreichern mit Dankbarkeit gedacht werden kann. Dass man seitens des Dritten, des nationalliberalen Lagers allerdings der Besetzung des Landes durch die alliierten Armeen nicht als Befreiung gedenken kann.

Der Krieg endete damals für alle Deutschen und damit auch für alle Österreicher. Sie wurden damals alle auch von der NS-Tyrannei befreit. Die hunderttausenden vergewaltigten Frauen aber, die von Haus und Hof vertriebenen Volksdeutschen, die in Kriegsgefangenschaft schmachtenden ehemaligen Soldaten, die vom Bombenkrieg Traumatisierten, die Schwerverwundeten, sie haben sich den Begriff Befreiung summa summarum aber gewiß anders vorgestellt.

So gesehen war dieses Dritte Lager nach dem 8. Mai 1945 gewissermaßen der repräsentative Vertreter der Besiegten. Kein Wunder also, dass es in unseren Tagen, heute im Jahre 2005 bei Befreiungs- und damit Siegesfeiern nicht Teilhabe üben kann.

Wir, die Ex-Offo-Verteidiger des Tätervolkes?

Nachdem die Deutschen als „Besiegte von 1945", (so der Philosoph Bernard Willms) als Tätervolk eines – den Definitionen der Political Correctness zufolge – einmaligen und unvergleichbaren Menschheitsverbrechens stigmatisiert wurden, ergibt es sich aus der sozio-historischen Logik, dass das Dritte Lager als einziges politisches Lager der Zweiten Republik auch Teil dieses Tätervolks war, beziehungsweise ist und damit zwangsläufig auch die Exculpierungs-Rituale des deutschen Tätervolks mitzuvollziehen hatte.

Gleichzeitig aber fand in Österreich die Vergangenheitsbewältigung und Re-Education nicht in jenem Maße statt, wie dies bei den Westdeutschen unter amerikanischer Federführung und bei den Mitteldeutschen, beziehungsweise späteren „DDR"-Bürgern unter sowjetkommunistischer Federführung über die Bühne ging. Aus der politischkorrekten pflicht-antifaschistischen Sicht des beginnenden 21. Jahrhunderts bedeutet dies nicht mehr und nicht weniger, als dass das Dritte Lager, der nationalfreiheitliche, beziehungsweise nationalliberale Anteil der Österreicher – so sehr er 60 Jahre nach Kriegsende auch geschrumpft sein mag – nichts anderes ist als der nicht umerzogene, das heißt volkspädagogisch nicht entsprechend gleichgeschaltete Teil des deutschen Tätervolkes. Jener Teil, der die Reflexe, die unterschwelligen Abwehrhaltungen und die Verweigerungs- und Vermeidungs-

Das Dritte Lager war nach 1945 der repräsentative Vertreter der Besiegten.

rituale in Hinblick auf die deutsche Schuld und damit auch auf die NS-Verbrechen aufrecht erhielt und zum Teil unterbewußt auch noch aufrecht erhält.

Aufgrund dieser einigermaßen skurrilen, dennoch aber völlig logischen Folgerung, hat sich in diesem Lager, welches das Erbe der alten deutschen Freiheit, begründet auf den Barrikaden Wiens und Berlins im Jahre 1848, weiter trägt, so etwas wie die vermeintliche Pflicht zur Ex-Offo-Verteidigung der an den Pranger der Weltgeschichte gestellten Deutschen ergeben. Aus dieser Sicht der Dinge lassen sich auch die heftig kritisierten Aussagen des Ex-Bundesratspräsidenten in spe, Siegfried Kampl und des Nach-wie-vor-Bundesrats John Gudenus verständlich machen. Beide sind keineswegs unverbesserliche Altnazis, sondern ausgewiesene Demokraten mit reichen Verdiensten um die Allgemeinheit und jahrzehntelanger solider Arbeit in demokratischen Vertretungskörpern. Beide stehen sie aber für Werthaltungen, die in camera caritatis in diesem Dritten Lager nach wie vor häufig vorzufinden sind.

Das Stigma der Besiegten gilt es abzuschütteln.

Wir, die Überwinder der historischen Hypotheken!

Diese drei historischen Hypotheken, das Bewußtsein, zu den Zuspätgekommenen der Zweiten Republik und damit zu den Schmuddelkindern dieser Zweiten Republik einerseits, andererseits zu den Besiegten von 1945 zu gehören und keineswegs zu den Mit-Siegern und Befreiten, sowie schließlich und endlich in der vermeintlichen Pflicht zu stehen, alle Verbrechen der Besiegten von 1945 wider besseren Wissens irgendwie verteidigen zu müssen, diese drei Hypotheken sind es, die dieses Dritte Lager bis zum heutigen Tag an den Rand des rot-weiß-roten Gemeinwesens drücken. Sie zu überwinden würde also bedeuten, dieses Lager von diesem Rand wieder in die Mitte der österreichischen Gesellschaft des 21. Jahrhunderts zu führen. Ob als erfolgreiche politische Kleinpartei, oder bloß als kleine gesellschaftlich-kulturelle Gruppe, ist eine Frage von sekundärer Bedeutung.

Das Stigma der Besiegten, das man unter dem Motto „vae victis“ nach wie vor vermeintlich zu tragen hat, gilt es abzuschütteln. Ein Krieg, der vor mehr als einem Menschenalter beendet wurde, ist genauso zu historisieren wie der deutsch-französische Krieg von 1870/71, der Krim-Krieg des 19. Jahrhunderts oder die Napoleonischen Kriege.

Gewiss, die Feindstaaten-Klausel der Vereinten Nationen, sowie andere völkerrechtliche Diskriminierungen gegenüber den Deutschen, aber auch schlicht und einfach antideutsche Reflexe auf den verschiedensten Ebenen, lassen es nicht völlig in Vergessenheit geraten, wer Sieger war und wer Besiegter. Es spielt aber eindeutig eine untergeordnete Rolle für das deutsche Volk als Ganzes und für die Berliner Republik im speziellen. Warum sollte es dann für eine kleine politische Gruppe wie das nationalliberale Lager in Österreich überhaupt noch eine Rolle spielen?

Und dass wir erst drei Jahre nach Kriegsende, ohne unmittelbare Lizenzierung durch die alliierten Besatzungsmächte in die politische Landschaft der Zweiten Republik zurückkehren durften, muss heute schon gar keine Rolle mehr spielen. Wenn wir an der Proporz-Aufteilung der Republik zwischen Rot und Schwarz nicht teilnehmen durften, sollte dieses Lager diese Tatsache eher als Chance nützen, wie dies bereits unter dem Bärentaler einmal geschehen ist. Was schließlich diese verhängnisvolle Neigung betrifft, sich immer wieder zum Ex-Offo-Verteidiger des Nationalsozialismus´ und des Dritten Reiches machen zu lassen, so kann hier nur eine eindeutige und nicht mehr mißzuverstehende Neu-Positionierung Abhilfe schaffen: Die Verbrechen, die im deutschen Namen vom NS-Regime begangen wurden, können weder verleugnet noch verharmlost, oder gar durch irgendwelche Aufrechnungen relativiert werden. Und sie können auch nicht durch zweifellos vorhandene historische Kausalketten aus der Welt geschafft werden. Die Willkür des Versailler Vertrages kann völkerrechtliche Gewaltakte, die nach der Angliederung deutschsprachiger Gebiete auch nicht mehr durch das Selbstbestimmungsrecht der Völker entschuldigt werden können und schlicht und einfach Angriffskriege waren, nicht rechtfertigen. Und der rote Terror der revolutionären Bolschewiken samt ihrem Klassen-

Bild: Schneeweiß-Arnoldstein

Kranzniederlegung anläßlich der Staatsvertragsfeiern 2005

Wahn kann den Rassen-Wahn der selbsternannten braunen Herrenmenschen, bis hin zur Ausmordung angeblich rassisch minderwertiger Bevölkerungsteile so wie des europäischen Judentums, nicht im geringsten exkulpieren. Ob die eine oder andere Facette, das eine oder andere Detail in den Abläufen dieses in seiner Art zweifellos einmaligen Menschheitsverbrechens nicht völlig stimmig ist, falsch oder gar übertrieben interpretiert und dargestellt wurde, ist ebenso völlig unerheblich für die moralische Beurteilung dieser Verbrechen.

60 Jahre, ein ganzes Menschenleben nach diesen Verbrechen, sollte sich auch das nationalliberale Lager Österreichs davon lösen. Jene Vertreter dieses Lagers, die durch ihre Biographie in diese Verbrechen verstrickt waren, haben gebüßt. Wer von diesen Männern (und es handelte sich interessanterweise ausschließlich um Männer) wirklich die alten burschenschaftlichen Ideale von der Ehre und von der Freiheit vergessen hat und die Menschenwürde Unschuldiger oder gar Schwächerer wie Frauen und Kinder mit Füssen getreten hat, verdient auch 60 Jahre später nicht unsere Fürsprache und unserer Verteidigung. Wir haben aber deshalb längst nicht das Recht, mit der Gnade der späten Geburt über Menschen zu urteilen, die in tragischer Verstrickung, durch die Zufälligkeit ihrer Zeitgenossenschaft mit schrecklichen Ereignissen in Berührung kamen, eben mit den blutigen Tragödien des 20. Jahrhunderts.

Die Zweite Republik hat ihren 60. Geburtstag gefeiert. Vertreter des Dritten Lagers sind dabei nicht zu Wort gekommen.

Das Eintreten für historische Wahrhaftigkeit ist eine edle Aufgabe. Und die Meinungsfreiheit ist eine der großen Tugenden des Liberalismus´. Gegen Gesinnungsterror anzugehen, ist Teil dieser Meinungsfreiheit. Meinungsfreiheit beinhaltet aber auch das Recht auf Provokation und das Recht auf Dummheit. Beides sollte das nationalliberale Lager in Österreich tunlichst meiden, wenn es um die tragische Zeitgeschichte des 20. Jahrhunderts geht.

Wir, die Vorkämpfer einer neuen österreichischen Identität!

Der vormalige polnische Außenminister Bronislaw Geremek hat jüngst bei einem Europa-Kolleg völlig zutreffend erklärt, dass man zukunftsweisende und nachhaltige Politik nur betreiben könne, wenn man über ein entsprechend abgesichertes Geschichtsbild verfüge. Dementsprechend ist die jüngst vom Kärntner Landeshauptmann als Reaktion auf den Fall Kampl getätigte Aussage, Politiker sollten sich lieber nicht zu zeitgeschichtlichen Aussagen hinreißen lassen, sich überhaupt nicht mit Zeitgeschichte befassen, schlicht als Unsinn abzutun.

Um nun das traditionelle Dritte Lager wieder zu neuer geistiger Prägewirksamkeit für die Gegenwart und die Zukunft des Landes und seiner Menschen zu führen, müssen wir einerseits mit unserem Geschichtsbild ins Reine kommen, um andererseits auf dieser Basis an einer neuen österreichischen Identität, frei von Lebenslügen und Opportunismus arbeiten zu können.

Wenn wir diese österreichischen Lebenslügen, wie die Opferrolle, auf die wir uns nach 1945 leichterdings zurückgezogen haben und alle damit verbundenen Unwahrheiten, wie etwa den Ausstieg Österreichs aus der deutschen Geschichte, die Leugnung seiner Zugehörigkeit zur deutschen Volks- und Kulturgemeinschaft und ähnliches mehr, bekämpfen wollen, müssen wir uns aber von unseren eigenen Lebenslügen abschieden. Insbesondere national orientierte Gruppierungen und Persönlichkeiten sind dazu geradezu gezwungen, die gesamte Geschichte ihrer Nation anzunehmen, die Höhen und die Tiefen.

60 Jahre, ein ganzes Menschenleben nach diesen Verbrechen, sollte sich auch das nationalliberale Lager Österreichs davon lösen?

Auch daraus resultiert die Notwendigkeit, die Verbrechen des Nationalsozialismus' vorbehaltlos zu verurteilen. Erst dann können wir uns auch zu Fürsprechern der deutschen und österreichischen Opfer der grauenhaften Katastrophen des 20. Jahrhunderts aufschwingen.

Die Vertreibung von etwa 15 Millionen Deutschen aus dem östlichen Mitteleuropa, bei der wohl an die 3 Millionen unschuldiger Menschen zu Tode kamen, ist ein solches Verbrechen. Dieses Menschheitsverbrechen an den Pranger zu stellen, ist aber nur dann möglich, wenn man die Vorgeschichte mit ihren Untiefen, insbesondere den deutschen Ostfeldzug – Präventivschlag-These hin, stalinistische Bedrohung her – in seiner ganzen Dimension sieht.

Und der Bombenkrieg gegen deutsche, aber auch andere, italienische, französische Städte durch die angloamerikanische Luftwaffe, kann erst dann als ungesühntes Menschheitsverbrechen angeprangert werden, wenn man sich der Tatsache stellt, dass der Terror gegen die Zivilbevölkerung auch ein Mittel der deutschen Kriegsführung war. Obwohl wir wissen, dass die Opferzahlen der deutschen Luftangriffe auf Rotterdam oder Coventry vergleichsweise geringfügig sind im Vergleich mit dem, was in Hamburg, Dresden und anderen deutschen Städten geschah.

Schließlich bleibt die erschütternde Tatsache, dass in diesem Zweiten Weltkrieg nahezu 10 Millionen Deutsche, Soldaten und Zivilisten zu Tode kamen. Im Vergleich dazu nicht einmal eine Million Franzosen, wenige hunderttausend Briten. Diese 10 Millionen sind der schrecklichste Blutzoll eines mittel- und westeuropäischen Volkes. Und der verbrecherische Charakter des NS-Regimes ändert an dieser tragischen Dimension gar nichts. Allerdings muss man im selben Atemzug das Grauen der sowjetischen Opferzahlen zur Kenntnis nehmen. Mindestens doppelt so viele Sowjet-Bürger kamen zu Tode, wobei für einen Teil wohl Stalin selbst die Verantwortung tragen dürfte (was das Grauen nicht verkleinert).

All das bedeutet in letzter Konsequenz so etwas wie eine Historisierung der schrecklichen Menschheitsverbrechen des 20. Jahrhunderts. Die NS-Verbrechen werden durch die Aufarbeitung der Verbrechen an den Deutschen in keiner Weise relativiert und verkleinert und der Einmaligkeit ihrer Dimension nicht beraubt. Ein Volk, in diesem Fall das deutsche und das österreichische, kann allerdings eine zukunftsweisende Identität nur gewinnen, wenn es die schrecklichen Opfer, die es selbst zu bringen hatte, auch beim Namen nennen darf, wenn diesbezüglich Ross und Reiter genannt werden, also Täter und Opfer. Und Trauerarbeit darf nicht länger durch Tabus behindert werden, wonach die Sieger nur gut und die Besiegten nur schlecht waren. Österreich hat erst nach der Waldheim-Affäre begonnen, die Fragwürdigkeit seiner Opferrolle zu relativieren und aufzuarbeiten. Allzu sehr wurde es im Zuge dieser Aufarbeitung allerdings in die Rolle des „ugly german", des hässlichen Deutschen, gedrängt und allzu einseitig als „Nazi-Land" geprügelt. Wenn man nun im 21. Jahrhundert in der Lage sein wird, den österreichischen Anteil an den Verbrechen beim Namen zu nennen, werden wir auch in der Lage sein müssen, den österreichischen Anteil an den Opfern schrecklicher Verbrechen zu nennen. Und wir werden auf der Basis dieser doppelten Erkenntnis in der Lage sein, unsere Rolle in der tragischen jüngeren deutschen Geschichte zu definieren und zu akzeptieren.

Warum sollte es dann für eine kleine politische Gruppe wie das nationalliberale Lager in Österreich überhaupt noch eine Rolle spielen?

Diese ehrliche Sicht auf unsere Geschichte und das damit zu gewinnende geläuterte Geschichtsbild wird uns erst befähigen, unseren Platz in der europäischen Integration der Zukunft zu finden: Nicht nur als Nettozahler und nicht nur als Sündenböcke, sondern als „Kerneuropäer", als Europäer der ersten Stunde, als Erben des alten Heiligen Römischen Reiches Deutscher Nation und damit als durch eine tausendjährigen Geschichte ausgewiesene Europäer.

Gerade dieses Dritte Lager wäre solcherart – auch wenn es in der Innenpolitik mangels Quantität nur eine geringere Rolle zu spielen vermag – berufen, die österreichische Identität auf eine neue Ebene zu stellen. Nicht die populistische 30-Prozent-Partei des Bärentalers vermochte die „Dritte Republik" durch hohle Erneuerungs-Schlagworte herbeizureden.

Vielleicht kann hingegen das kleine und im Moment so ohnmächtig erscheinende Dritte Lager durch radikale Wahrheitssuche, schmerzhaft auch gegen die eigenen Reihen, solcherart das geistige Klima für eine erneuerte und damit „dritte Republik" schaffen.

zur ZEIT Die Edition 1

Die vorliegende, erweiterte Neuerscheinung wurde nach Denunzierung des Autors, Strafanzeige, Beschlagnahmung der Unterlagen und Verfolgung durch Staatspolizei und Justiz jetzt nach endgültiger Einstellung des Strafverfahrens wieder möglich.

Auf der Suche nach der historischen Wahrheit rechnet der mutige österreichische Autor, als Frontoffizier des Zweiten Weltkrieges selbst Zeitzeuge des Geschehens, mit der Geschichtslüge von der Alleinschuld Deutschlands ebenso ab wie mit der wegen nachgewiesener Fälschungen abgesetzten Wehrmachtsaustellung und deren Förderern. Er zeigt aber auch auf Grund neuester Forschungsergebnisse schonungslos auf, dass nicht nur Hitler, sondern auch Stalin, Churchill und Roosevelt schwere Schuld auf sich geladen haben und dass Kriegsverbrechen von allen am Krieg beteiligten Völkern begangen wurden und auch heute noch begangen werden.

3. Auflage!

Ich bestelle .... Exemplare des Buches
von Heinz Thomann zum Preis von 19,90 Euro:
[exklusive Versandspesen]

„Von Sarajewo bis Nürnberg“

Name: ....

Adresse: ....

Unterschrift: ....

Einzusenden an: „Zur Zeit“, 1030 Wien, Engelsberggasse 4